麻类产业经济分析与可持续发展对策

(2017—2019年)

国家麻类产业技术体系产业经济研究室、加工研究室　组织编写

彭源德　陈继康　谢纯良　段盛文　赵浩含　杨宏林　编著

中国农业科学技术出版社

图书在版编目(CIP)数据

麻类产业经济分析与可持续发展对策：2017—2019年／彭源德等编著. --北京：中国农业科学技术出版社，2023.10
　　ISBN 978-7-5116-6471-6

Ⅰ.①麻… Ⅱ.①彭… Ⅲ.①麻类作物-种植业-经济发展-研究报告-中国-2017-2019 Ⅳ.①F326.12

中国国家版本馆 CIP 数据核字(2023)第 200836 号

责任编辑　崔改泵
责任校对　李向荣
责任印制　姜义伟　王思文

出　版　者	中国农业科学技术出版社
	北京市中关村南大街 12 号　　邮编：100081
电　　　话	（010）82109194（编辑室）　　（010）82109702（发行部）
	（010）82109709（读者服务部）
网　　　址	https://castp.caas.cn
经　销　者	各地新华书店
印　刷　者	北京建宏印刷有限公司
开　　　本	185 mm×260 mm　1/16
印　　　张	10.25
字　　　数	246 千字
版　　　次	2023 年 10 月第 1 版　2023 年 10 月第 1 次印刷
定　　　价	100.00 元

◀━━ 版权所有·翻印必究 ━━▶

资助项目

国家麻类产业技术体系（CARS-16）

前　言

国家麻类产业技术体系自启动以来，在提升麻类作物生产效率、挖掘麻类产业潜能等方面，发挥了重要支撑作用。"十三五"期间，国家麻类产业技术体系围绕麻类作物高产高效种植与多用途关键技术研究、非耕地麻类作物种植关键技术研究、地膜用麻高效生产及成膜技术研究与示范、纤饲两用麻类作物绿色生产技术研究与应用、麻类作物固土保水及逆境种植技术等创新与集成示范方面开展了大量工作，促进了麻类产业经济的发展。

麻类产业经济研究室作为国家麻类产业技术体系的重要组成部分之一，承担着对我国麻类产业发展进行战略规划，构建产业经济信息平台，以及解决产业经济环节中出现的各种问题的任务。麻类产业经济研究室在国家麻类产业技术体系的指导下，通过对麻类作物种植、加工和贸易，以及麻类多用途综合利用数据的系统收集和整理，进行麻类产业经济分析，为麻类产业的可持续发展提供战略性对策。

产业经济的发展是产业发展形势的风向标。随着麻类产业科技进步和我国农业农村发展形势的深刻变化，深化分析国内外麻类产业种植、加工和贸易情况就显得尤为迫切。本书针对国内外麻类多用途综合利用进行产业经济分析，重点分析国内外麻类种植、加工、贸易发展现状及趋势，进一步探讨了各类麻类产品的市场竞争力和生产、加工，以及贸易情况，以期为产业可持续发展提供指导。本书作为国家麻类产业技术体系产业经济研究的阶段性成果，旨在为提升我国麻类资源高效综合利用水平，满足农业现代化对资源节约与环境友好的要求起到积极的推动作用。

该书主要有三个特色。第一，力求数据的准确性、真实性、及时性和有效性。本书采用最新的麻类统计数据。数据截至2019年12月底，并主要来源于国家统计局、各麻类试验站的试验、长沙海关、相关麻类网站、产业经济研究室的相关调查，以及统计年鉴。第二，力求多方法、多角度分析。定性分析与定量分析相结合，文字描述与图表相结合，直观地描述了国内外麻类产业种植、加工和贸易发展状况。第三，力求抓准问题、找出对策。本书从麻类产业经济研究的视角出发，在整理和分析最新真实数据的基础之上，针对各种麻类在种植、加工和贸易方面存在的主要问题，给出相应的政策建议。

国家麻类产业技术体系自2008年成立以来，经过多年的发展取得了一系列成果，而且体系平稳健康发展。"十三五"期间，产业经济研究室围绕麻类产业技术体系重点任务及我国麻类产业发展现状进行研究，希望能促进我国麻类产业持续健康发展，产业经济系列报告也将继续出版，并将更加紧密地联系麻类产业发展实际，敬请广大读者继续关注。

展望"十四五"，产业经济研究室将结合麻类体系"十四五"重点任务，开展麻地膜与纤饲两用麻类作物产业经济分析，重点围绕纤饲两用麻类作物饲料化养殖产业链模式及推广应用、麻地膜和育秧膜生产技术/产业链模式及推广应用开展产业经济分析，为麻类作物种植农户、加工企业和技术研发单位提供有效的对策建议，对于促进麻类产业转型升级和整体效益提升，实现麻类产业绿色、循环、开放和共享的良性发展具有重要的实践意义。本书第一章到第六章主要由王宇航、钟宏东、杨紫薇、赵思祺、郭潇繁提供技术资料，第七章主要由谢纯良提供技术资料。

由于我国麻类产业种植、加工和贸易分布广泛，相关数据的调查统计较为困难，加之时间有限，本书未能详实地对我国各麻类产业经济发展进行全面的分析，存在些许不足甚至错误，欢迎批评、指正。

国家麻类产业技术体系产业经济研究室
2022 年 12 月

目 录

第一章　我国麻类产业发展总体分析 1
　一、主要麻类产品市场开发情况 1
　　（一）亚麻与苎麻 1
　　（二）工业大麻 1
　　（三）黄/红麻 2
　　（四）剑麻 2
　二、主要麻类市场变化情况 4
　三、麻类产业发展的主要问题 5
　四、未来麻类产业发展趋势分析 6
　　（一）麻类出口产品向高档次、高附加值方向发展 6
　　（二）持续发展麻类综合利用技术 6
　　（三）发展麻类绿色无公害脱胶技术 7
　　（四）加强麻类农业组织间多形式合作 7
　五、未来麻类产业发展建议 7
　　（一）加强麻类产业向环境友好型转变 7
　　（二）优化麻类种植区域布局 7
　　（三）加强麻类科技研究，提高科技贡献率 8
　　（四）加强麻类产业联合，建立高档品牌 8
　　（五）合理布局产业链结构 8
　　（六）加强进口麻类原料的安全储备 8

第二章　苎麻产业经济分析报告 9
　一、世界苎麻种植、加工与贸易情况 9
　　（一）世界苎麻种植情况 9
　　（二）世界苎麻加工情况 13
　　（三）世界苎麻贸易情况 14
　二、国内苎麻种植、加工与贸易情况 15
　　（一）我国苎麻种植情况 15
　　（二）我国苎麻加工情况 20
　　（三）我国苎麻贸易情况 22
　三、苎麻产业发展趋势分析 26
　　（一）种植环节 26
　　（二）加工环节 26
　　（三）贸易环节 27

四、我国苎麻产业存在的主要问题及政策建议 … 27
  （一）主要问题 … 27
  （二）政策建议 … 28

第三章 亚麻产业经济分析报告 … 30
一、世界亚麻种植、加工及贸易情况 … 30
  （一）世界亚麻种植情况 … 30
  （二）世界亚麻加工情况 … 34
  （三）世界亚麻贸易情况 … 36
二、国内亚麻种植、加工及贸易情况 … 39
  （一）国内亚麻种植情况 … 39
  （二）国内亚麻加工情况 … 43
  （三）国内亚麻贸易情况 … 44
三、亚麻种植、加工及贸易环节的发展趋势分析 … 51
  （一）种植环节 … 51
  （二）加工环节 … 52
  （三）销售和进出口贸易 … 53
四、我国亚麻产业存在的主要问题及政策建议 … 54
  （一）主要问题 … 54
  （二）政策建议 … 56

第四章 黄/红麻产业经济分析报告 … 58
一、世界黄/红麻种植、加工及贸易情况 … 58
  （一）世界黄/红麻种植情况 … 58
  （二）世界黄/红麻加工情况 … 63
  （三）世界黄/红麻贸易情况 … 64
二、国内黄/红麻种植、加工及贸易情况 … 69
  （一）国内黄/红麻种植情况 … 69
  （二）国内黄/红麻加工情况 … 75
  （三）国内黄/红麻贸易情况 … 78
三、黄/红麻种植、加工及贸易环节的发展趋势分析 … 84
  （一）红麻种植前景 … 84
  （二）黄/红麻加工前景 … 85
  （三）黄/红麻贸易前景 … 85
四、我国黄/红麻产业存在的主要问题及政策建议 … 85
  （一）主要问题 … 85
  （二）政策建议 … 87

第五章 工业大麻产业经济分析报告 … 88
一、世界工业大麻种植、加工与贸易情况 … 88
  （一）世界工业大麻种植情况 … 89

（二）世界工业大麻加工情况 …………………………………………… 96
　二、国内工业大麻种植、加工与贸易情况 ………………………………… 98
　　（一）我国工业大麻种植情况 …………………………………………… 98
　　（二）我国工业大麻的加工情况 ………………………………………… 108
　三、工业大麻种植、加工及贸易环节的发展趋势分析 ………………… 110
　　（一）种植环节 …………………………………………………………… 110
　　（二）加工环节 …………………………………………………………… 111
　　（三）贸易环节 …………………………………………………………… 113
　四、我国工业大麻产业存在的主要问题及政策建议 …………………… 113
　　（一）主要问题 …………………………………………………………… 113
　　（二）政策建议 …………………………………………………………… 114

第六章　剑麻产业经济分析报告 …………………………………………… 116
　一、世界剑麻种植、加工与贸易情况 …………………………………… 116
　　（一）世界剑麻种植情况 ………………………………………………… 116
　　（二）世界剑麻加工情况 ………………………………………………… 121
　　（三）世界剑麻贸易情况 ………………………………………………… 123
　二、国内剑麻种植、加工与贸易情况 …………………………………… 126
　　（一）我国剑麻种植情况 ………………………………………………… 126
　　（二）我国剑麻加工情况 ………………………………………………… 127
　　（三）我国剑麻贸易情况 ………………………………………………… 128
　　（四）我国剑麻主产区发展情况分析 …………………………………… 129
　三、剑麻种植、加工及贸易环节的发展趋势分析 ……………………… 129
　　（一）剑麻种植发展趋势分析 …………………………………………… 129
　　（二）剑麻加工及贸易发展趋势分析 …………………………………… 131
　四、我国剑麻产业存在的主要问题及政策建议 ………………………… 132
　　（一）主要问题 …………………………………………………………… 132
　　（二）政策建议 …………………………………………………………… 133

第七章　麻类副产物综合利用 ……………………………………………… 136
　一、食用菌基质化利用 …………………………………………………… 136
　　（一）苎麻副产物栽培食用菌 …………………………………………… 136
　　（二）黄/红麻副产物栽培食用菌 ……………………………………… 136
　　（三）亚麻副产物栽培食用菌 …………………………………………… 136
　　（四）工业大麻副产物栽培食用菌 ……………………………………… 137
　二、饲料化利用 …………………………………………………………… 137
　　（一）苎麻嫩茎叶的饲用价值 …………………………………………… 137
　　（二）亚麻籽粕的饲用价值 ……………………………………………… 137
　　（三）火麻籽粕的饲用价值 ……………………………………………… 138
　三、材料化利用 …………………………………………………………… 138

（一）造纸与包装材料 …………………………………………………… 138
　　（二）板材 ………………………………………………………………… 139
　　（三）燃料乙醇 …………………………………………………………… 140
　　（四）护肤品原料 ………………………………………………………… 141
　四、功能食品应用 …………………………………………………………… 142
　　（一）食用价值 …………………………………………………………… 142
　　（二）药用价值 …………………………………………………………… 146
主要参考文献 ……………………………………………………………… 150

第一章　我国麻类产业发展总体分析

一、主要麻类产品市场开发情况

麻类作为一种纤维植物,因富含天然纤维而被大面积种植。麻类纤维因具有良好的吸湿透气、防虫防霉、静电少以及抑制细菌滋生等优势,被广泛应用于纺织、家具以及服装行业[1]。目前,常见的麻类品种主要包括亚麻、苎麻、红麻、黄麻、大麻以及剑麻等。根据2019年国家统计局发布的数据,目前我国苎麻的种植面积最大,占麻类作物种植总面积的46.85%[2]。近年来,随着我国部分省份逐渐放开对工业大麻的限制,其种植面积持续扩大,工业大麻的种植面积占到20.79%。其次是亚麻与黄/红麻分别占到19.12%与9.34%。由于受限于地域、种植成本以及剑麻紫色卷叶病影响,我国剑麻的种植比例一直较低,仅占麻类作物总种植面积的3.89%。作为农业大国,我国的麻类资源相对其他国家更加丰富。根据联合国粮食及农业组织(FAO)的统计数据,2019年我国麻类纤维总产量达到23.39万吨,种植总面积达到65.93千公顷,麻类纤维成交总额达到310.52亿元。我国是世界上亚麻及苎麻机织物的最大出口国,其种植面积和纤维产量均占世界的90%以上。2019年,我国的亚麻籽产量达到34万吨,排在全球第二位,仅次于加拿大。接下来,针对各类麻类产品市场开发情况展开说明。

(一) 亚麻与苎麻

我国苎麻产量占世界总产量的90%以上。苎麻作物种植以个体农户为主。我国苎麻纺织工业对国际市场的依存度很高,我国纺织行业的国际依存度是30%,而苎麻纺织的国际市场依存度高达90%。我国是世界上亚麻及苎麻机织物最大出口国,根据国家统计局的最新数据,我国亚麻及苎麻机织物出口数量及金额总体呈增加趋势。在出口数量方面,从2000年到2019年,我国亚麻及苎麻机织物出口数量从24 186万米增长至33 806.93万米,增幅达39.8%,年均增长2.1%;在出口金额方面,从2000年到2019年,我国亚麻及苎麻机织物出口金额从37 786万美元增长至105 277万美元,增幅达178.6%,年均增长9.4%。

(二) 工业大麻

因为工业大麻具有独特的物质构成和纤维结构,使得其纤维具有众多优良的性能,目前广泛应用于医药、工业以及食品等方面[3]。我国工业大麻的种植与加工需要得到当地政府的审批,目前云南、黑龙江、吉林三个省已经获准在省级农业科学院的指导下发展工业大麻产业,其他省也在积极争取当地政府的批准。2020年,云南省申请种植面积超过 13 万公顷，获批许可种植 1.33 万公顷，供种量能够满足当前需要，但仍具有较大的市场潜力。近年来，随着政府的支持以及国内工业大麻种植技术的不断改进，从 2015 年开始，国内工业大麻种植面积与产量迅速提高，其中 2017 年的种植面积与产量均达到了最高点（2.19 万公顷与 12.47 万吨）。从 2000 到 2019 年，国内工业大麻平均种植面积为 1.17 万公顷，其中 2019 年国内种植面积为 1.26 万公顷，低于 2018 年的 1.86 万公顷。在产量方面，2000—2019 年的总产量达到 82.85 万吨，年均产量达到 4.14 万吨，其中 2019 年国内产量为 7.14 万吨。近五年的总产量为 39.99 万吨，年均产量达到 7.99 万吨。

（三）黄/红麻

黄麻作为一种天然植物纤维，在植物纤维的利用率方面仅次于棉花。部分黄麻种植国还利用黄麻生产一些装饰品和服装。红麻是一种古老的环保作物，作为一种多用途可持续利用的再生资源，红麻常被用来生产麻袋、麻绳以及地毯。由于黄/红麻纤维的这些特性，使得它们在麻纺领域之外的其他许多领域也得到了广泛的开发和利用。根据国家统计局最新公布的数据，由于下游行业和国际市场需求的减少，近年来我国黄/红麻种植面积和产量均出现明显下降的趋势。在种植面积方面，我国黄/红麻种植总面积从 2000 年的 5.005 万公顷降至 2019 年的 0.616 万公顷，下降幅度高达 87.69%；在总产量方面，从 2000 年到 2019 年，我国黄/红麻总产量从 12.59 万吨降至 2.92 万吨，降幅达 76.8%。近 20 年的黄/红麻总产量为 147.01 万吨，年平均产量为 7.35 万吨。从 2000 年到 2019 年，我国黄/红麻进出口的各项指标波动较大，黄/红麻的出口数量与总金额远大于进口数量与总金额。2019 年我国黄/红麻的出口数量为 8 吨，总金额为 10.1 万美元，均创下了历史新低。

（四）剑麻

剑麻是一种多年生热带硬质叶纤维作物，主要生长在非洲、拉丁美洲以及亚洲等地区，是当今世界用量最大、范围最广的一种硬质纤维。剑麻纤维质地坚韧、耐磨、耐盐碱、耐腐蚀，广泛应用在运输、渔业、石油、冶金等各种行业，具有重要的经济价值。近年来，受限于地域、种植成本以及卷叶病等因素的影响，我国剑麻种植面积有所减少，需求仍大于生产，每年还要进口大量纤维。目前，我国的剑麻产量只占全球剑麻产量的 6% 左右，一半以上剑麻原料依靠进口。在今后相当长的一段时期内，世界性剑麻资源短缺问题依然存在，供求平衡仍难以解决。从 2005 年到 2019 年，国内剑麻种植面积与产量基本保持稳定的趋势，而 2005 年以前的波动相对较大。相对于国内其他麻类作物，近 20 年间，国内剑麻平均种植面积为 0.34 万公顷，其中 2019 年国内种植面积仅为 0.26 万公顷，为历史新低。在产量方面，2000—2019 年的总产量达到 32.64 万吨，年均产量达到 1.63 万吨，其中 2019 年国内产量为 1.39 万吨。近五年的总产量为 7.07 万吨，年均产量达到 1.41 万吨。

麻类产业的研究一直受到各个国家的重视，麻类纤维的用途正在被逐渐开发。目前麻类作物主要被应用于以下几个方面。

第一,纺织与工业。亚洲作为全球最大的苎麻与黄/红麻产地,一直致力于麻类脱胶技术的研究及纺织行业的升级。例如,孟加拉国与马来西亚对黄/红麻的育种、栽培和脱胶技术进行了更深入的研究。同时,印度和孟加拉国等纺织业较为发达的国家对黄麻平纹布、麻袋布的生产工艺进行了升级和改良。以法国、荷兰为代表的欧洲国家在麻类产品加工方面有着深入的研究。法国、比利时以及荷兰等国家是亚麻制品的主要生产地,围绕亚麻纤维研究了亚麻纤维在服装领域的应用,将亚麻作为纺织原料,制作服装、家用布匹、家具和艺术制品等。美洲作为剑麻的主要产地,一直致力于麻类作物纤维的遗传改良与生产加工。例如,美国、墨西哥以及哥伦比亚等国家将剑麻用于制作地毯、衣物、车内装饰、纸张等,并将其应用到塑料工业、生物工业以及电子行业中。

第二,食用产品。黄麻具有多糖含量高、氨基酸种类多以及膳食纤维多等特点,中国农业科学院麻类研究所的科研人员开发出具有保健功能的蔬菜与特色面条等,使得麻类植物变成了可以食用的农作物。由于大麻籽中含有丰富的蛋白质,以及磷、钾、镁、钙、锌等矿物质,因而以工业大麻为重要原料的大麻奶已经在不少国家上市。根据锡安市场调查的数据,仅 2018 年全球大麻奶的市场规模已达 1.85 亿美元,预计将保持 15.5% 的年增速。另外,全球约有 50 个国家正在生产大麻奶,而北美已经成为最大的消费市场。另外,美国的 Verde Leaf 公司一直以来始终专注于开发大麻饮料、大麻食品以及大麻外用品等新产品,并将最好的 CBD 产品推向市场,以确保消费者能够拥有更高的生活水准和状态。Verde Leaf 公司正式推出高级风味 CBD 气泡苏打水,该产品已经于 2020 年秋季在全美的便利店、杂货店和零售店销售。

第三,饲料。苎麻与亚麻可用来制作家畜饲料。例如,饲料中掺入 20% 的苎麻粉喂养奶牛等,可代替部分精饲料,从而起到控制成本、提高经济效益的作用。据测算,采用苎麻青贮料饲喂奶牛每头每年可节省 600 元,饲喂肉牛每头每年可节支增收 920 元,并向相关部门推介了"饲用苎麻种植+苎麻青贮料养肉牛"的方案,进而缓解饲料资源短缺对我国畜牧业发展的影响。此外,利用麻骨栽培食用菌,利用麻纤维制造乙醇以及麻碳,可以提高麻类产品的经济效益。另外,亚麻籽中的能量含量很高,且含有大量矿物质和钾,因而用亚麻籽榨油后的残渣来喂养鸡、鸭、猪、牛等家畜,不仅可以提高农产品的营养价值,而且可增强家畜的免疫力。

第四,医药研发。首先,亚麻纤维中含有的亚麻酸物质具有杀菌、防霉的功效,普通病菌在亚麻面料上很难附着生存,是制作抗菌口罩的理想面料之一。亚麻面料超强的透气性、吸湿性,使佩戴者感觉更清爽舒适。此外,加入亚麻屑加工而成的活性炭夹层,可以大大提升病菌灰尘的过滤性。因此,以"亚麻口罩布+亚麻活性炭过滤芯"的组合最为热门,不仅可以有效过滤病毒、细菌、尘螨、挥发性化学物质等,还能避免 pm2.5 悬浮颗粒直接吸入人体。其次,大麻含有的酚类化合物可用于制造麻醉药物,四氢大麻酚(THC)能用来治疗青光眼、哮喘、癌、癫痫、半身不遂等疾病。另外,大麻二酚(CBD)目前已被 FDA 批准用于治疗难治性癫痫,并且在炎症性以及增殖性疾病中显示出良好的治疗作用。目前的研究表明,CBD 可能是治疗痤疮、过敏性皮炎、银屑病和皮肤肿瘤等疾病的有益工具。

第五,环保与麻地膜生产。苎麻具有枝叶繁茂、根系蔓延以及较强的固土能力等优势，因此相对于其他草本作物，苎麻更有利于防止水土的流失。此外，苎麻可以在含有重金属的环境中生存，通过种植苎麻，可以有效降低土壤中的重金属含量，提高水土的质量。目前，国内外以麻类纤维为原料，并配合天然抗菌抗虫物质制成了麻地膜。该地膜可以改善土壤质量，防治病虫害。同时由于易降解，从而降低了对农田的污染，保护了环境。目前，麻纤维膜生产岗位团队在"十三五"期间研制出了防虫型、防草型、拒水型与渗水型等不同功能的麻地膜产品，并通过农业农村部的鉴定认可，获得国家发明专利授权。以黄麻纤维和秸秆等低成本纤维为原料，研究出新工艺配方的麻纤维膜生产原料，成本下降了50%左右。另外，麻纤维膜生产岗位团队研制的"全自动麻膜复合育苗盘压制机"，功效达到500~600盘/小时，可生产麻膜钵毯穴盘和麻膜平盘两种产品。

第六，其他商业开发。当今世界对麻类多用途的研究也日益增加，使得麻类作物有了一些新的应用价值。比如，通过提取工业大麻中的大麻二酚（CBD），研发出了多种香水与护肤品等生活用品，培育出了饲养家畜家禽的新饲料，制作（造）出人造肉、大麻茶，以及肥皂、香水、美容产品、凉席和膜状无纺型材料等。

二、主要麻类市场变化情况

2020年初突发的新冠肺炎疫情对我国麻类产业种植、加工与贸易产生了一定的影响。随着疫情的逐步控制，2020年纺织业出现明显复苏迹象。据国家统计局统计的数据，全国纺织企业利润总额为731亿元，降幅同比收窄25.2%，产能水平回归正常，3.3万家规模以上麻纺企业利润率为3.8%，同比上升1.2%。2020年上半年全国范围内的纺织业企业共盈利19 260.7亿元，4—6月的降幅相较1—3月缩小9%。

（1）因国外市场对大麻机织物出口需求减少，我国的大麻机织物出口量下降明显。据中国产业信息网数据显示，2019年1—12月中国大麻机织物出口数量为179.8万米，同比下降36%。特别是中美贸易摩擦，在一定程度上影响了亚麻及苎麻机织物的出口。2019年1—12月中国大麻机织物出口金额为983.4万美元，同比降低47%，说明中国大麻机织物市场需求量降低的同时价格也有所下降。

（2）苎麻价格趋于平稳。据中国产业信息网公布的数据显示，2019年中国麻类产量23.39万吨，较2018年增产3.08万吨，同比增长15.16%。其中苎麻纺织品加工生产能力和出口量均占麻类的40%以上。全国苎麻种植平均人工费用仍处于较高水平。由于收成不佳，虽然前期扩大了种植面积，但实际收获产量却无法大幅提升。据中国麻纺织行业协会统计的数据，苎麻市场货源量不丰，市场需求保持平稳，2020年苎麻原麻调拨价格为2.4万~4.0万元/吨，全国苎麻纺织生产能力约为15万锭。相比近两年的价格上涨，目前苎麻原料的价格基本平稳。

（3）亚麻及苎麻机织物出口量略有下降，国外市场需求萎缩。

由图1-1与图1-2可以看出，从2011年到2019年，我国的亚麻及苎麻机织物出口数量与出口金额的波动比较明显，其中总的出口数量为259 756.49万米，出口总金额达到8 331.38百万美元；平均出口数量为28 861.832 2万米，平均出口金额为

92 570.888 9万美元。据中国产业信息网数据显示，2019年1—12月中国亚麻及苎麻机织物出口数量为33 807万米，同比下降2.9%。特别是中美贸易摩擦，在一定程度上影响了亚麻及苎麻机织物的出口。2019年1—12月中国亚麻及苎麻机织物出口金额为105 262.8万美元，同比降低1.3%。虽然亚麻及苎麻机织物的市场需求量稍有下降，但亚麻及苎麻机织物的价格却有所上升。

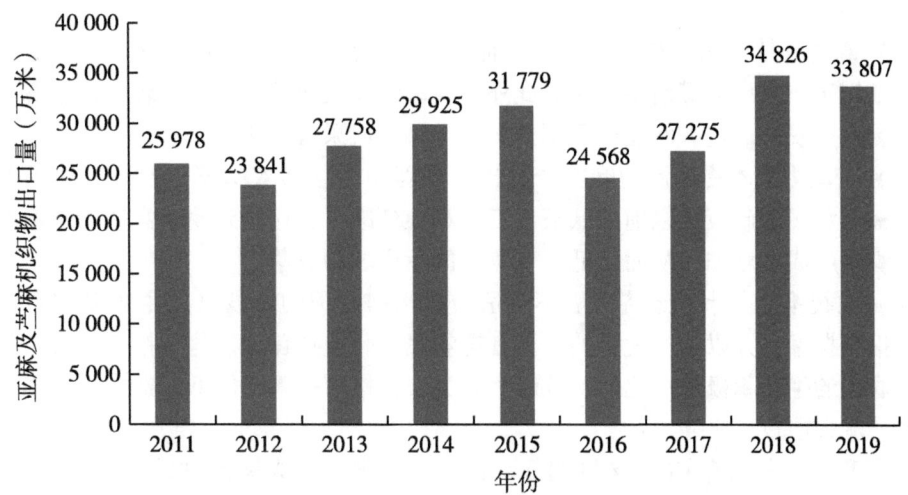

图1-1 2011—2019年我国亚麻及苎麻机织物出口数量走势图
（数据来源：国家统计局）

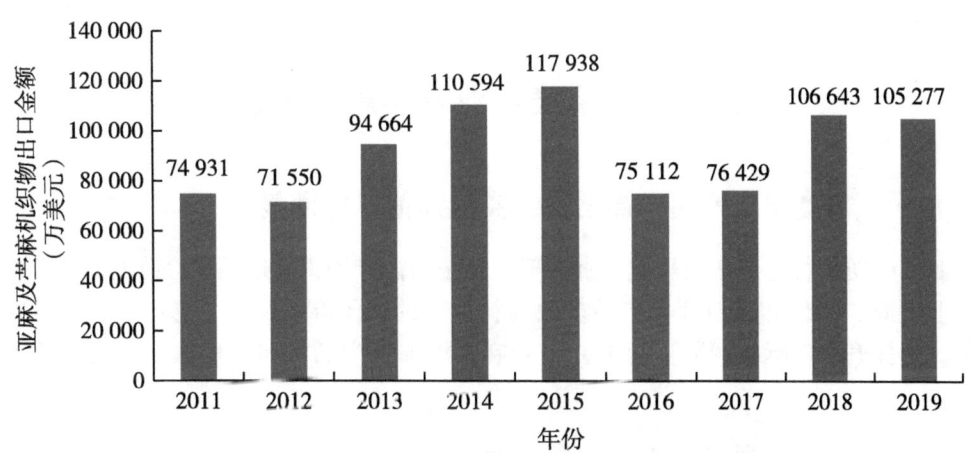

图1-2 2011—2019年我国亚麻及苎麻机织物出口金额走势图
（数据来源：国家统计局）

三、麻类产业发展的主要问题

作为麻类种植大国，我国的麻类产品数量比较丰富[5]。然而，与其他国家相比，我国的麻类产业在麻类技术创新投入、产品质量以及本土市场占有率等方面存在诸多不足，进而影响了我国麻类产业的健康发展[6]。主要体现在以下几个方面。

（1）麻纺织品的高端品牌数量依然较少。麻纺织品出口多数为初加工的精干麻、麻条、麻纱、胚布等初级产品，其产品技术含量低、附加值低、经济效益差。由于麻纺织品的产业高端品牌和销售渠道尚未建立，麻类产业的可持续发展受到严重制约。

（2）麻类科技转化率有待提高。当前，国内麻类研究存在科研分散、重复和成果应用周期短于产出周期等诸多问题。此外，我国农民文化程度普遍比较低，但麻类科技的主要受众是农民。这些问题严重制约了麻类科研成果的转化效率。

（3）劳动力成本提高制约麻类产品出口的竞争力。随着国家出台一系列提高工人收入和福利水平的政策，以前的低廉用工红利逐渐减少，这导致属于高劳动密集型产业的麻纺织生产成本增加，从而降低了企业在国际市场的竞争力。

（4）农技推广与市场经济发展不相适应。当前我国的农技推广主要以政府为主导来确定推广技术，并以增产为目的，没有把农民增收放在首位。这种推广方式，不能充分激发农民的生产积极性。此外，政府对麻类农技推广投入比较低，造成农技推广人才待遇差、流失严重。

（5）我国工业大麻CBD含量偏低。目前，我国工业大麻品种的CBD含量普遍较低，主要种植的'云南一号'和'云南七号'CBD含量分别为0.4%和0.9%，新品种云麻8号的CBD含量也不过0.3%，而目前美国的高CBD含量已超过16%，低含量种子也能达到6%。相比较而言，国内工业大麻六亩地产出的CBD与美国一亩地的产出相当，差距比较大。

四、未来麻类产业发展趋势分析

（一）麻类出口产品向高档次、高附加值方向发展

我国麻纺织行业近年来虽然一直在努力开拓内需市场，但还是难以改变以出口为主的行业格局。2020年出口麻类产品多数为初加工的精干麻、麻条、麻纱、胚布等初级产品。为提升出口麻类产品竞争力，未来麻类深加工产品将向高档次、高附加值方向发展。

（二）持续发展麻类综合利用技术

近年来，通过综合利用技术已实现最大限度地利用麻类植物的各个部分，包括纤维、种子、秆等。麻类综合利用技术有助于减少化石燃料的使用，降低对环境的污染。例如，利用麻类纤维制造可降解的纺织品，可以减少合成纤维对环境的负面影响。同时，麻类植物生长过程中吸收二氧化碳，有助于减缓气候变化。麻类的综合利用也促进了相关产业的发展，创造就业机会，增加经济收入。通过提高麻类产品的附加值，可以提升相关产业的竞争力，推动经济的可持续发展。麻类综合利用技术能够提供多种不同

用途的产品，满足不同行业和消费者的需求。例如，麻类纤维可用于纺织、建材、医药等领域，麻籽可以提取食用油和制作健康食品，麻类废弃物可以用于生物质能源和肥料等。

（三）发展麻类绿色无公害脱胶技术

麻类脱胶过程中使用的化学物质可能会对环境造成污染。这些化学物质在处理过程中可能会排放到水体或土壤中，对生态系统造成负面影响。脱胶过程中产生的废液或废渣含有高浓度的碱性物质和其他化学残留物。处理和处置这些废物需要特殊的措施，以确保不对环境和人体健康造成危害。2021年麻类生物脱胶清洁生产技术的大面积推广将有效缓解传统麻类脱胶的问题。

（四）加强麻类农业组织间多形式合作

不同的农业组织在麻类种植、加工、销售等方面可能具有不同的资源和技术优势。通过多形式合作，可以实现资源的整合与共享，充分利用各方的优势，提高麻类农业的综合效益。例如，种植合作社可以提供土地和劳动力，加工企业可以提供加工技术和市场渠道，形成产业链条的良性循环。麻类农业的发展需要大量的劳动力参与，加强组织间合作可以提高劳动力的利用效率。通过合作，农民可以获得更多的资源和技术支持，提高麻类的产量和品质，从而增加农民的收入。

五、未来麻类产业发展建议

（一）加强麻类产业向环境友好型转变

近年，国家加强对环境的保护，这对麻类产业既是机遇也是挑战。当前，我国麻类产品存在严重的污染和高能耗等诸多问题。化学脱胶需要将脱胶过程中产生的废水和废渣进行集中处理，如中和、沉淀、过滤等，以减少废物对环境的污染。不仅要确保废水排放符合环境保护标准，而且要采取合适的废渣处置方式，如资源化利用或安全填埋。同时，依靠龙头企业和高校、麻类所等具备相当科研实力的单位，运用高新技术对当前落后的生产方式进行改革和创新，攻克脱胶和后处理中的环境污染难题。

（二）优化麻类种植区域布局

我国地域广阔，其麻类种植有较强的地域性。优化生产区域布局，调整种植结构需要做到以下几点：一是进行区域分析，考虑气候条件、降水量、温度范围等因素。了解不同区域的麻类种植潜力和适宜程度，选择最适合种植的区域。二是根据麻类的生长特性和市场需求，合理安排不同品种的种植结构。考虑品种的适应性、产量和市场潜力，实现品种的多样化和种植结构的优化。三是在区域布局中充分考虑生态环境保护，避免种植区域与重要生态功能区相冲突。保护生物多样性，能够减少农药和化肥的使用，推广有机种植和生态农业模式。

（三）加强麻类科技研究，提高科技贡献率

麻类产业的科技研究是长期持久的过程。建议政府应该加大扶持和投入，扶持高校与企业的科研机构，来提高麻类生产的科研贡献率。一是改良麻类品种和栽培方法；二是研发麻类机械来提高种植、收割、剥制与制纤效率；三是开发麻类产品新用途。

（四）加强麻类产业联合，建立高档品牌

当前，国内麻类行业存在组织松散、产品重复高、企业相互制约等诸多问题。建议加强产业联合，组成结构化的麻类行业组织，来提高企业之间的合力。在麻类产业开展多种形式联合的基础上，合力发展麻类产业，形成一些高档品牌，从而提高产业竞争力，开拓国内外市场。

（五）合理布局产业链结构

从整体上合理布局麻类产业链结构，需要以市场需求为导向，建立具有竞争力的品牌。注重品牌建设和市场推广，提升麻类产品的知名度和竞争力，为整个产业链的发展提供市场支撑。在麻类产业链结构中，重视创新与技术支持。通过加强技术研发、创新和知识产权保护，提高麻类产业的技术水平和竞争力。建立产学研合作机制，促进技术交流和技术转移，推动产业链的技术进步。

（六）加强进口麻类原料的安全储备

新冠肺炎疫情的暴发暴露了部分企业存在麻类原料储备不足的问题。麻类产业需要支持麻类企业和种植户统筹做好两方面准备：一是麻原材料储备。当部分麻类原材料的储备低于安全库存水平时，要及时补充，避免麻原料和产品价格的剧烈波动。二是农资储备。要进行必要的农资储备，以满足一定时期的麻类种植的需要。

第二章 苎麻产业经济分析报告

一、世界苎麻种植、加工与贸易情况

(一) 世界苎麻种植情况

1. 总体情况

图 2-1 显示了世界苎麻种植面积的走势，总体上呈现先上升后下降的变动趋势。近两年世界苎麻种植面积有小幅度上升，但上升幅度不大。20 年间，全球苎麻平均种植面积为 9.09 万公顷。近五年来，平均种植面积为 3.74 万公顷。2000—2007 年，世界苎麻种植面积处于增长阶段；2007—2017 年，世界苎麻种植面积呈现大幅度下降的态势，从 2007 年的 14.40 万公顷下降到 2017 年的 2.79 万公顷，总共下降 11.61 万公顷，降幅达到 80.63%。2018 年世界苎麻种植面积为 2.92 万公顷，相比 2017 年有小幅度上升；2019 年世界苎麻种植面积为 3.16 万公顷，相比 2018 年上升 8.22%，但也仅为 2007 年世界苎麻种植面积的 21.94%。

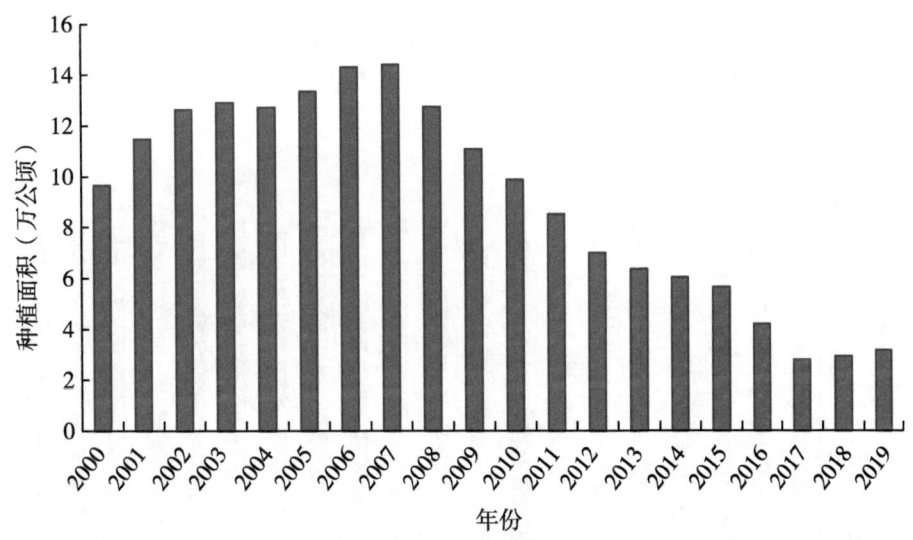

图 2-1 世界苎麻种植面积走势图
(数据来源：FAOSTAT)

世界苎麻年产量在 2000—2019 年的变动趋势与种植面积的变动趋势相同，总体呈现先上升后下降的趋势（图 2-2），近两年产量有小幅度上升。2000—2019 年的总产量达到353.69万吨，年均产量达到17.68万吨；近五年的总产量为36.32万吨，年均产量达到7.26万吨。2000—2007年，世界苎麻产量呈现上升趋势，从16.35万吨上升至29.45万吨，增幅为80.12%；2007—2017年，世界苎麻产量大幅下降，共下降了24.10万吨，降幅比例达到81.83%。2018年，世界苎麻产量为5.66万吨，相对2017年上升5.79%；2019年，世界苎麻产量为6.06万吨，相对2018年上升7.07%。

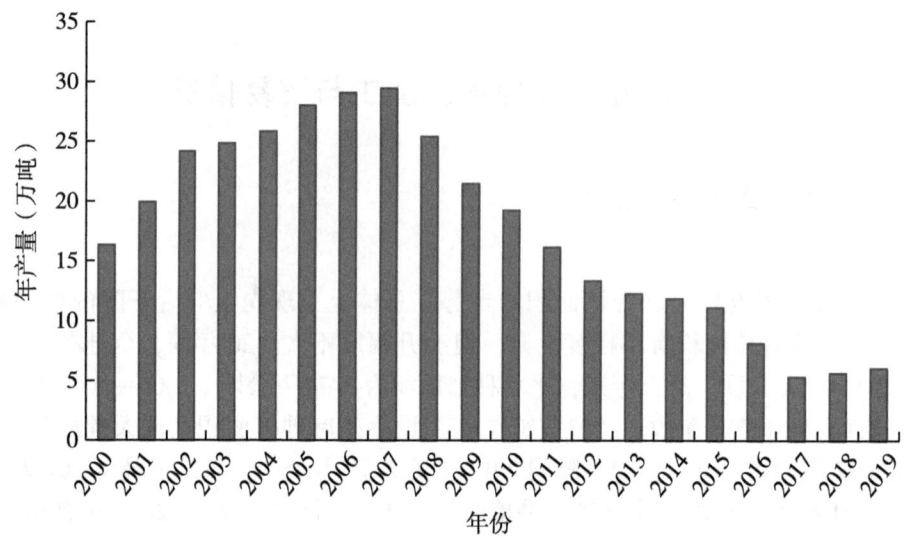

图 2-2　世界苎麻年产量走势图
（数据来源：FAOSTAT）

从图2-3可以看出，世界苎麻单产的变动较为平缓，2000—2005年世界苎麻单产缓慢上升，从1.69吨/公顷上升至2.10吨/公顷，增长24.26%。2005—2009年，世界

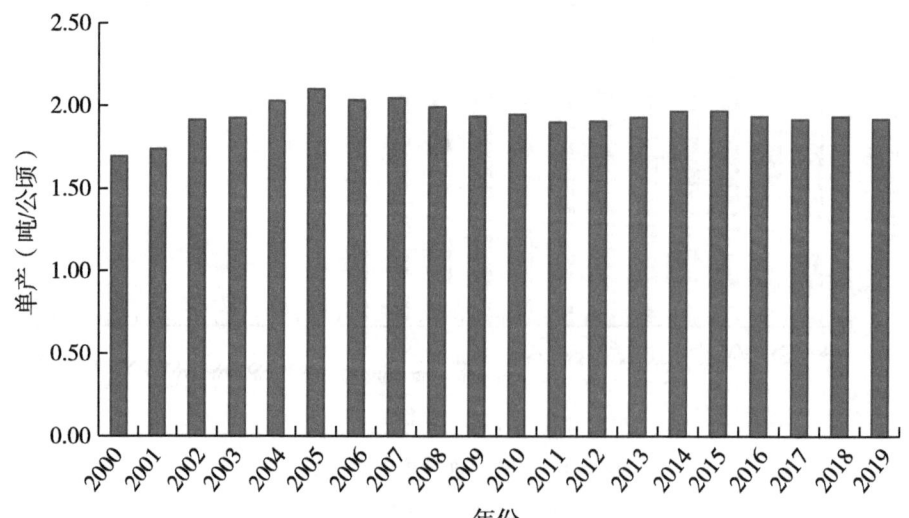

图 2-3　世界苎麻单位产量
（数据来源：FAOSTAT）

苎麻单产平缓下降，从 2.10 吨/公顷下降至 1.94 吨/公顷，下降 7.62%。此后，世界苎麻单产在 1.95 吨/公顷上下波动，变动幅度比较平缓。

2. 苎麻主产国种植情况

联合国粮食及农业组织的统计数据库显示，世界苎麻主产国为中国、巴西和老挝，其中中国的苎麻种植面积明显高于其他两个国家，为世界最主要的苎麻种植国家（表 2-1）。2017 年中国苎麻种植面积占世界苎麻种植面积的 97.13%，2018 年中国苎麻种植面积占世界苎麻种植面积的 97.60%，2019 年中国苎麻种植面积占世界苎麻种植面积的 97.78%，其余国家苎麻种植面积占世界苎麻种植面积不到 3%。对比三个国家的苎麻种植面积变动情况可发现，只有中国的苎麻种植面积变动较大，呈现先上升后下降的趋势，与世界苎麻种植面积变动趋势一致，说明中国是世界最主要的苎麻种植国家。

表 2-1　2000—2019 年世界主产国苎麻种植面积　　（单位：万公顷）

年份	种植面积		
	中国	巴西	老挝
2000	9.56	0.05	0.05
2001	11.39	0.04	0.06
2002	12.51	0.05	0.06
2003	12.76	0.05	0.06
2004	12.58	0.05	0.06
2005	13.20	0.05	0.06
2006	14.17	0.04	0.06
2007	14.28	0.04	0.06
2008	12.61	0.04	0.07
2009	10.98	0.02	0.07
2010	9.76	0.04	0.06
2011	8.40	0.04	0.06
2012	6.90	0.02	0.06
2013	6.28	0.02	0.07
2014	5.95	0.01	0.07
2015	5.57	0.01	0.07
2016	4.13	0.01	0.07
2017	2.71	0.01	0.07
2018	2.85	0.00	0.07
2019	3.09	0.00	0.07

数据来源：FAOSTAT

表 2-2 反映了世界苎麻主产国年产量变动趋势,可以看出只有中国苎麻年产量变动较大,呈现先上升后下降的变动趋势。但近两年产量有小幅上升,与世界苎麻年产量变动趋势一致;巴西和老挝的苎麻年产量变动平缓。中国苎麻的年产量远远高于巴西和老挝,是世界最主要的苎麻种植国家。

表 2-2　2000—2019 年世界苎麻主产国年产量　　　　　　(单位:万吨)

年份	中国	巴西	老挝
2000	16.10	0.10	0.16
2001	19.70	0.09	0.16
2002	23.85	0.14	0.17
2003	24.50	0.14	0.17
2004	25.48	0.12	0.18
2005	27.71	0.12	0.18
2006	28.74	0.12	0.19
2007	29.13	0.11	0.20
2008	25.04	0.10	0.22
2009	21.17	0.05	0.23
2010	18.94	0.08	0.22
2011	15.84	0.10	0.23
2012	13.03	0.06	0.23
2013	11.99	0.05	0.24
2014	11.60	0.01	0.25
2015	10.84	0.02	0.25
2016	7.86	0.02	0.26
2017	5.08	0.01	0.26
2018	5.39	0.00	0.27
2019	5.79	0.00	0.27

数据来源:FAOSTAT

由表 2-3 可以看出,在这三个主要苎麻生产国中,巴西的苎麻单产波动较大(表2-3),其中 2013—2014 年波动最大,从 3.30 吨/公顷下降至 0.74 吨/公顷,下降77.58%。中国的苎麻单产变动平缓,保持在 1.90 吨/公顷上下。老挝的苎麻单产明显高于中国和巴西,2017 年老挝的苎麻单产比中国高 103.74%,2018 年老挝的苎麻单产比中国高 103.70%,2019 年老挝的苎麻单产比中国高 108.02%。从单产增长率来看,老挝苎麻单产增长率更快,中国和巴西单产整体呈下降趋势,其中巴西单产波动较为剧烈。老挝单产增长率高的原因是,其地处东南亚地区,热量和水资源充足,具有得天独厚的环境优势。

表 2-3　2000—2019 年世界主产国苎麻单产　　　（单位：吨/公顷）

年份	中国	巴西	老挝
2000	1.68	2.16	2.97
2001	1.73	2.25	2.91
2002	1.91	2.87	2.93
2003	1.92	2.56	2.95
2004	2.03	2.22	2.92
2005	2.10	2.15	3.00
2006	2.03	2.73	3.17
2007	2.04	2.72	3.28
2008	1.99	2.29	3.38
2009	1.93	3.30	3.45
2010	1.94	2.25	3.47
2011	1.89	2.63	3.51
2012	1.89	4.13	3.57
2013	1.91	3.30	3.69
2014	1.95	0.74	3.79
2015	1.95	1.80	3.73
2016	1.91	1.80	3.78
2017	1.87	0.94	3.81
2018	1.89	—	3.85
2019	1.87	—	3.89

数据来源：FAOSTAT

（二）世界苎麻加工情况

1. 世界苎麻产品

苎麻是世界上重要的纤维作物，对纺织工业具有极其重要的意义，而且在建筑、医药，以及农副产品等领域也都有较广的应用。世界公认的苎麻加工产品主要有三类：苎麻织物、苎麻纤维以及苎麻纱线。

（1）苎麻织物

苎麻织物在湿润状态下的强度尤其高。在遇水后具有良好的膨润性，有利于保持纤维的稳定性。然而，其抗皱性和耐磨性较差，容易出现折缝处的磨损。其特性使其可以用于制作各种类型的服装，包括衬衫、裤子、裙子、外套等。它具有轻盈、透气的特点，使得它在夏季的服装中特别受欢迎。

（2）苎麻纤维

苎麻纤维的拉伸强度较高，比棉纤维和大部分植物纤维都要强。这使得苎麻纤维在纺织品中具有良好的耐磨性和耐用性，适用于制作高质量的纺织品。苎麻纤维具有较高的耐热性，能够承受高温处理。这使得苎麻纤维在染色和整理过程中更加稳定，不易变形或褪色。苎麻纤维具有良好的吸湿性能，能够迅速吸收和释放水分。苎麻纤维具有良好的透气性，能够使空气流通，帮助热量和湿气排出，适合制作夏季服装。

(3) 苎麻纱线

苎麻纱线光泽好，断裂强度高，断裂伸长率低，吸湿散湿性好，吸水膨胀。刚度大，毛茸多，织造困难，织物刺痒，易褶皱，耐磨性能差。苎麻纺纱线可分为长麻纱、短麻纱和小长麻纱三类；按原材料分有纯麻纱和混纺化纤织物纱；按用途分有梭织用纱、针织物用纱、特种产品用纱等。

2. 世界苎麻加工行业现状

目前，苎麻纤维的加工主要集中在亚洲地区，尤其是中国、孟加拉国、印度和越南等国家。这些国家拥有丰富的苎麻种质资源和传统的苎麻纺织工艺。同时，一些欧洲国家如法国、荷兰和比利时等也有一定规模的苎麻纤维加工产业。近年来，随着对可持续纤维的需求增加，苎麻纤维的加工和应用逐渐受到全球关注。越来越多的国家和地区开始发展苎麻纤维的种植和加工产业，以满足市场需求，并探索新的技术和应用领域。

(三) 世界苎麻贸易情况

生产者价格指数是测算价格变化的重要指标。该指标有助于考察世界苎麻近年来的价格变化，合理预测未来苎麻经济发展形势。该生产者价格指数是以2014—2016生产者价格平均值为基数，令各国2014—2016年生产者价格平均值=100。联合国粮食及农业组织的统计数据库显示，2000—2018年世界苎麻平均生产者价格指数总体呈现先上升后下降的趋势（图2-4）。2002—2012年，世界苎麻平均生产者价格指数稳步上升，从53.15上升至123.94，于2012年达到峰值。2012—2018年，世界苎麻平均生产者价格指数波动下降，2018年下降至93.33，降幅为24.70%。

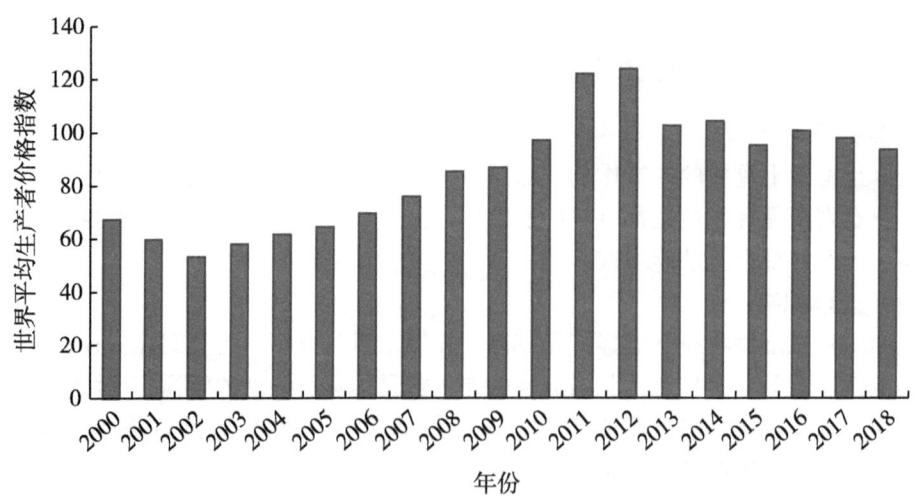

图2-4 世界苎麻平均生产者价格指数
（数据来源：FAOSTAT）

对比三个主要苎麻生产国的生产者价格指数发现，中国和巴西的生产者价格指数变动情况与世界苎麻平均生产者价格指数变动情况基本一致，总体呈现先上升后下降的趋势（表2-4）。而老挝的生产者价格指数呈现持续上升的趋势，从28.23上升至103.62，增幅达267.06%。此外，中国在2012—2013年变动幅度最大，从193.45下降至97.93，降幅为49.38%。近几年三个国家的生产者价格指数变动都较为平缓。

表2-4　2000—2018年世界主要苎麻生产国生产者价格指数

年份	中国	巴西	老挝
2000	145.91	55.93	28.23
2001	111.78	47.92	29.89
2002	86.75	45.62	33.21
2003	88.35	52.75	37.10
2004	89.94	56.95	40.11
2005	91.54	61.60	42.67
2006	93.14	68.71	48.85
2007	94.74	84.85	53.94
2008	96.33	100.70	62.85
2009	97.93	100.77	65.57
2010	112.84	115.05	72.49
2011	175.91	136.08	81.48
2012	193.45	127.01	82.40
2013	97.93	127.12	90.77
2014	97.77	117.89	96.39
2015	99.43	83.61	99.46
2016	102.81	98.50	104.15
2017	100.02	93.21	101.49
2018	—	79.73	103.62

数据来源：FAOSTAT

二、国内苎麻种植、加工与贸易情况

（一）我国苎麻种植情况

1. 总体概况

图2-5描述了我国苎麻种植面积的变化情况。我国苎麻种植面积变动情况与世界苎麻种植面积变动情况基本一致，呈现先上升后下降的变动，但近两年我国苎麻种植面

积有小幅上升。2000—2007年,我国苎麻种植面积从9.56万公顷上升至14.28万公顷,上升49.37%。2007—2017年,我国苎麻种植面积持续减少,从14.28万公顷下降至2.71万公顷,降幅达到81.02%。到2018年,我国苎麻种植面积为2.85万公顷,相比于2017年有小幅上升;2019年,我国苎麻种植面积为3.09万公顷,相比于2018年上升8.42%。

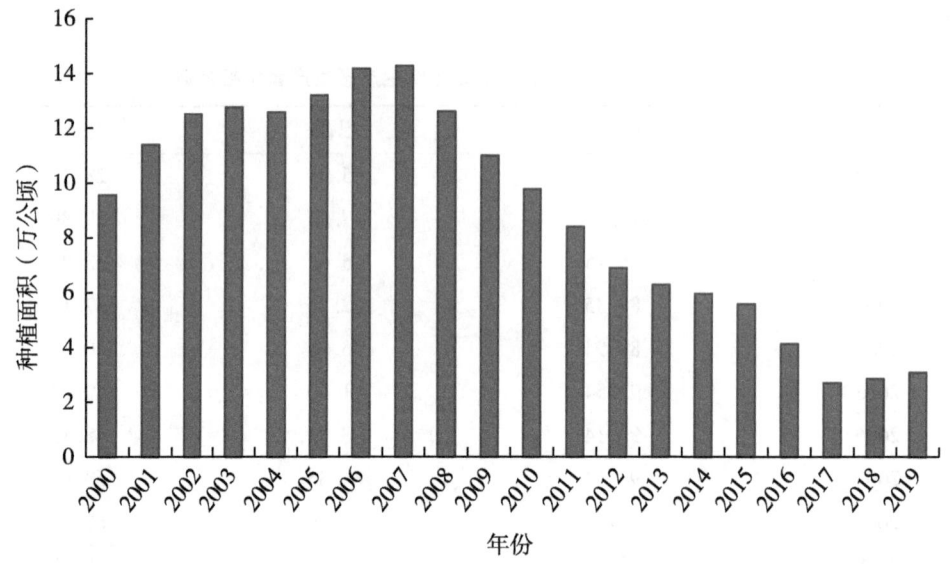

图2-5 全国苎麻种植面积走势图
(数据来源:FAOSTAT)

从图2-6可以看出,我国苎麻年产量与种植面积均总体呈现先上升后下降的趋势,但近两年有小幅上升,同时也与世界苎麻年产量的变动基本一致。这是因为我国是世界最主要的苎麻生产国,占世界苎麻产量的95%以上。我国苎麻产量变动直接导致世界苎麻产量同向变动。2000—2007年,我国苎麻年产量呈现上升趋势,到2007年达到峰值29.13万吨。2007年后,我国苎麻年产量持续下降,到2017年,我国苎麻产量下降至5.08万吨,降幅达到82.56%。2018—2019年,我国苎麻年产量有所上升,但上升幅度不大。

图2-7显示我国苎麻种植单产的波动平缓,2000—2005年我国苎麻单产缓慢上升,从1.68吨/公顷上升至2.10吨/公顷,增长25%;2005—2009年,我国苎麻单产平缓下降,从2.10吨/公顷下降至1.93吨/公顷,下降8.10%。此后,苎麻单产在1.90吨/公顷上下波动。这是由于我国苎麻种植、收割技术未能得到显著提升,育种方法、种植方法没有明显的改进,最终使我国苎麻单产没能得到显著提高。

2. 我国苎麻主产区

目前,我国苎麻的主产区仍然是江西、湖北、湖南、重庆、四川这五省(市),而且江苏、安徽、广西、浙江等地也有少量种植。全国主要省份苎麻种植面积自2006年起呈现下降趋势,其中湖南下降幅度最大,自2006年的5.46万公顷下降至2018年的

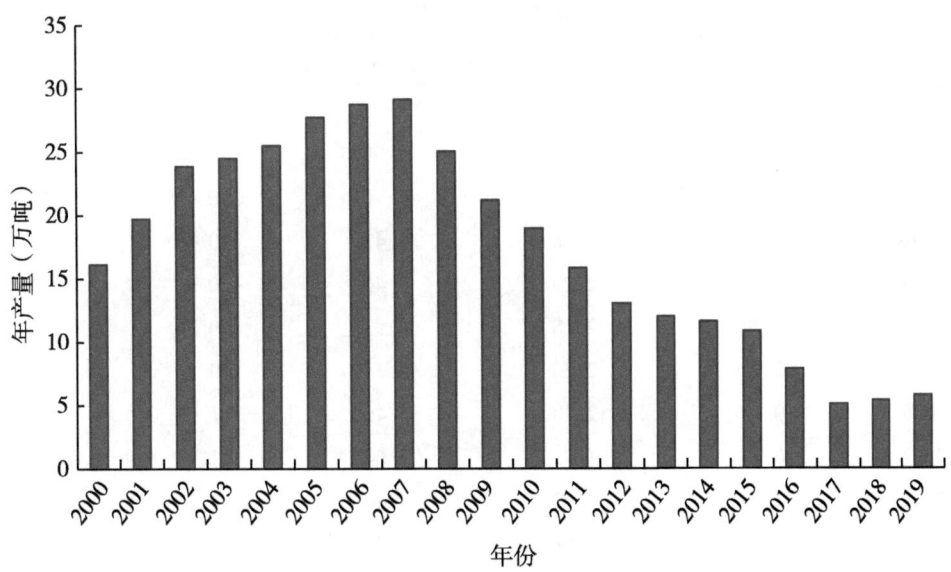

图 2-6　全国苎麻种植年产量走势图
（数据来源：FAOSTAT）

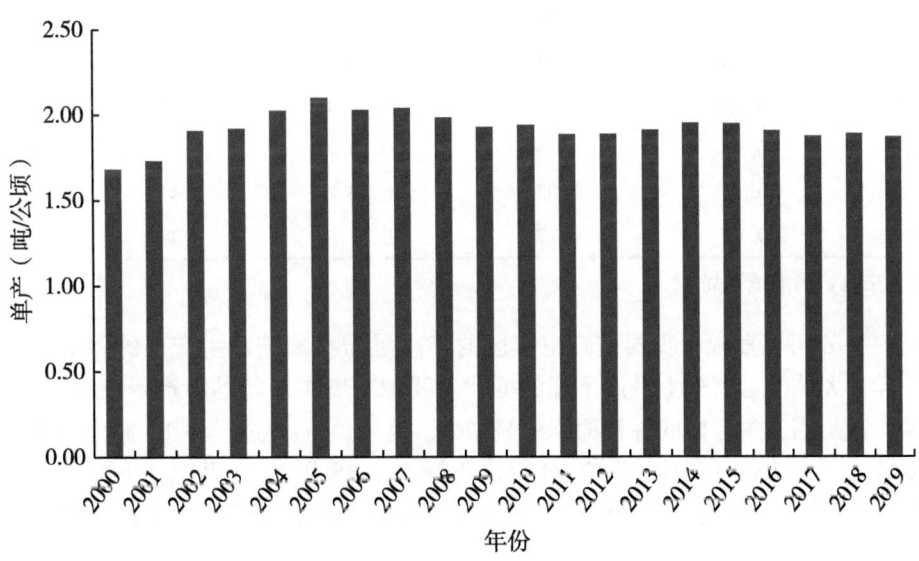

图 2-7　全国苎麻种植单产走势图
（数据来源：FAOSTAT）

0.17万公顷，下降了96.89%；重庆、四川和江西自2006年后下降较为平缓。由于我国苎麻主产区的种植面积明显减小，相应地苎麻产量也显著下降，最终导致世界苎麻产量下降。至2018年，四川为中国最主要苎麻种植省份，种植面积为1.68万公顷，占全国苎麻种植面积的58.94%（表2-5）。

表 2-5　2000—2018 年全国主要省份苎麻种植面积　　　　（单位：万公顷）

年份	全国主要省份苎麻种植面积				
	江西	湖北	湖南	重庆	四川
2000	0.90	1.94	3.37	0.54	1.93
2001	0.99	2.14	4.70	0.64	2.01
2002	0.89	2.28	5.43	0.65	2.58
2003	0.83	2.29	5.40	0.66	2.80
2004	0.74	2.18	4.93	0.71	3.26
2005	0.73	2.26	5.14	0.80	3.49
2006	0.73	2.40	5.46	1.03	3.80
2007	0.73	1.91	3.64	1.11	2.25
2008	0.78	1.32	2.46	1.11	2.21
2009	0.72	0.81	1.79	1.10	2.15
2010	0.62	0.54	1.08	1.03	2.04
2011	0.60	0.37	0.56	0.89	1.93
2012	0.55	0.23	0.36	0.68	1.81
2013	0.52	0.16	0.31	0.57	1.78
2014	0.46	0.11	0.25	0.56	1.73
2015	0.39	0.08	0.20	0.53	1.70
2016	0.37	0.05	0.17	0.44	1.67
2017	0.36	0.05	0.15	0.41	1.66
2018	0.36	0.17	0.17	0.38	1.68

数据来源：国家统计局

从表 2-6 可以发现，我国苎麻主产区的年产量与我国苎麻主产区的种植面积变化基本一样，大体上呈现先上升后下降的变化。我国苎麻主产区的年产量在 2006 年后开始下降，这是因为主产区的种植面积明显减少。其中，五个主产区中，湖南的苎麻年产量下降最大，自 2006 年的峰值 13.74 万吨下降至 2018 年 0.42 万吨，下降了 96.94%。四川和重庆自进入 21 世纪以来产量变动不大，且两个产区的年产量也基本持平。

表 2-6　2000—2018 年全国主要省份苎麻年产量　　　　（单位：万吨）

年份	全国主要省份苎麻年产量				
	江西	湖北	湖南	重庆	四川
2000	1.14	3.28	6.62	0.77	2.94
2001	1.30	3.67	9.42	0.84	3.09
2002	1.27	4.10	12.81	0.87	3.66
2003	1.02	4.43	12.43	0.91	4.27

(续表)

年份	全国主要省份苎麻年产量				
	江西	湖北	湖南	重庆	四川
2004	1.08	4.38	11.99	0.98	5.59
2005	1.09	4.45	13.07	1.19	6.40
2006	1.10	4.99	13.74	1.16	6.21
2007	1.10	3.97	12.12	1.51	3.91
2008	1.14	2.78	8.22	1.64	3.86
2009	0.98	1.88	5.48	1.53	3.75
2010	0.91	1.31	4.06	1.45	3.68
2011	0.89	0.93	2.40	1.28	3.50
2012	0.83	0.69	1.20	1.00	3.28
2013	0.74	0.54	0.73	0.94	3.23
2014	0.66	0.42	0.67	0.89	3.14
2015	0.60	0.29	0.55	0.84	3.09
2016	0.57	0.22	0.44	0.73	3.02
2017	0.56	0.24	0.39	0.69	2.99
2018	0.56	0.53	0.42	0.64	3.05

数据来源：国家统计局

表2-7显示了我国苎麻主产地的单产情况。从中可以看出，湖北、湖南的单产高于江西、重庆和四川。进入21世纪以来，湖北的苎麻单产总体呈现上升趋势，且自2012年湖北超过湖南成为全国苎麻单产最高的产地，但2018年其单产却急剧下降，由2017年的4 713.89千克/公顷下降至3 126.79千克/公顷，下降了33.67%。此外，湖南2011—2013年的苎麻单产也逐年下降，降幅达45.62%。江西、重庆和四川的苎麻单产总体变化平缓，有小幅度上升。

表2-7　2000—2018年全国主要省份苎麻单产　　（单位：千克/公顷）

年份	全国主要省份苎麻年产量				
	江西	湖北	湖南	重庆	四川
2000	1 270.57	1 688.51	1 964.44	1 415.65	1 520.74
2001	1 320.57	1 716.60	2 002.08	1 303.58	1 537.01
2002	1 436.68	1 795.01	2 359.17	1 349.85	1 417.25
2003	1 223.23	1 938.35	2 303.63	1 389.35	1 526.63
2004	1 463.86	2 014.02	2 432.72	1 385.53	1 714.04
2005	1 497.13	1 973.36	2 540.88	1 488.63	1 836.27
2006	1 514.05	2 082.56	2 515.94	1 131.16	1 634.81

(续表)

年份	全国主要省份苎麻年产量				
	江西	湖北	湖南	重庆	四川
2007	1 514.05	2 079.09	3 329.16	1 358.25	1 739.06
2008	1 457.98	2 099.97	3 346.01	1 478.33	1 744.82
2009	1 362.47	2 325.38	3 052.88	1 393.44	1 744.83
2010	1 467.80	2 406.73	3 745.15	1 411.72	1 806.24
2011	1 492.15	2 535.03	4 305.09	1 430.20	1 811.45
2012	1 495.48	2 939.34	3 338.49	1 483.61	1 819.42
2013	1 437.90	3 313.67	2 340.90	1 634.47	1 815.64
2014	1 431.89	3 716.59	2 719.20	1 600.51	1 819.50
2015	1 550.54	3 869.13	2 801.71	1 585.07	1 818.58
2016	1 547.39	4 196.28	2 522.79	1 657.50	1 803.44
2017	1 543.63	4 713.89	2 578.88	1 670.26	1 802.76
2018	1 554.51	3 126.79	2 511.45	1 677.43	1 818.79

数据来源：国家统计局

（二）我国苎麻加工情况

1. 我国苎麻加工行业现状

当前，我国不仅是苎麻种植大国，同时也是苎麻加工产品的主要生产国。但是我国生产的苎麻加工产品主要是中低端产品，高端苎麻加工产品较少，这主要是由于我国苎麻加工工艺和设备研发一直处于严重滞后状态造成的。在我国，苎麻剥制仍是手工加工，并且苎麻脱胶技术水平较低，机械化程度也较低。直到19世纪90年代，我国的苎麻纺织才引入机械，但是机械化水平低下，生产工艺落后，生产高端苎麻纺织品的技术有待进一步提高。但是，从苎麻的加工工艺及其产品的制造上来看，我国苎麻加工技术快速发展，相信上述问题会有效得到解决[7]。我国的苎麻加工制造业主要分布在湖南、湖北、四川、江西、重庆等主要苎麻生产省市。此外，安徽省、浙江省、江苏省等省份也有较为出名的苎麻加工龙头企业。

（1）苎麻收获剥制环节现状

苎麻收获剥制环节一直是制约麻类产业规模化发展、麻类原材料产能提升、麻农收入增长的关键环节[8]。苎麻剥制机械化具有提高生产效率、降低劳动强度、提高产品质量、促进产业发展和推动可持续发展等多重意义。机械化剥制是苎麻产业现代化发展的重要方向，可以推动整个产业链的升级和提升竞争力[9]。

相比传统的手工剥制，机械化剥制可以大大提高生产效率。机械剥皮设备能够以更快的速度进行剥离，实现大规模的苎麻纤维生产，而且可以节约人力资源和时间成本，提高生产能力，满足市场需求。我国现已研制出JBM-100型苎麻直喂式动力剥麻机等高效剥麻机，以及基于山地和丘陵地貌改进设计的FL-KB型复刮式剥麻机。机械化剥制为苎麻产业的发展提供了重要的支撑。通过引进和采用机械化剥皮设备，苎麻产业能够实现规模化生产，提高竞争力和市场份额。同时，机械化剥制还吸引了更多的投资和技术创新，促进了产业链上下游的发展。

(2) 苎麻脱胶技术发展现状

传统化学脱胶技术、脱胶方法不仅会影响精干麻的质量，也对麻类产品的进一步深加工和产成品销售产生深远影响。苎麻纤维脱胶是指将苎麻植物中的胶质物质从纤维中去除的过程。在苎麻植物的茎部，纤维通常被胶质物质包裹着，这些胶质物质主要包括果胶、木质素和半纤维素等。脱胶的目的是使纤维获得更好的质量和性能，便于后续的加工和应用。

目前，我国苎麻纤维生产过程中大量采用的是高温碱性煮练化学脱胶法。化学脱胶法的优势在于脱胶速度快、占用场地少、适于连续化生产，但是其产生的工业废渣对环境污染极大。在当前"治污风暴""环保龙卷风"等系列环保行动的高压态势，以及在全国人民渴望"绿水青山"的环保要求下，苎麻脱胶的废水已无可能再像过去那样直接排放。然而，对超标污水进行处理又会进一步加大苎麻企业的生产投入。苎麻脱胶除了化学脱胶法之外，微生物脱胶法更为绿色环保。微生物脱胶利用污水中存在的微生物使得胶质自发性溶于水。由于微生物脱胶法的污染轻、能耗低，能够有效提高苎麻纤维的质量，从而带来的经济效益也更高。苎麻的微生物脱胶法或将在我国未来麻类脱胶技术发展中占主导地位。

(3) 苎麻纺织应用现状

苎麻纺物因其结构空隙大，从而具有强透气性和吸水性的特点，在不同领域有着广泛的应用。在服装和家纺领域，由于苎麻纤维具有良好的透气性、吸湿性和舒适性，苎麻纺织品被制成衬衫、裤子、连衣裙、床上用品等，受到消费者的青睐[10]。目前，针对苎麻纺织品的功能性和时尚设计的研究在不断推进，以满足不同消费者群体的需求。在工业领域，苎麻纤维的高强度和耐磨性使其适用于制作过滤布、工业用绳索、输水管道、防护装备等。在农业领域，苎麻纺织品可用于果蔬包装、农膜、温室覆盖材料等。

随着科技进步和纺织技术的发展，苎麻纺织品在一些创新应用领域也得到探索。例如，利用苎麻纤维的导电性能，研究人员正在开发苎麻纺织品用于电子和智能纺织品。此外，苎麻纤维与其他纤维材料的混纺也在不断尝试，以提供更加多样化的产品性能。总体而言，苎麻纺织品的应用领域正不断扩大。其天然的特性和环保优势使其成为可持续发展和时尚产业的重要应用材料。随着技术的进步和消费者对环保产品需求的增加，预计苎麻纺织品的应用将继续扩展，并在未来取得更多的突破和发展。

(4) 苎麻副产物栽培食用菌的现状

当前，苎麻副产物的利用未能得到充分发挥，包括苎麻的叶、骨、壳、根等。行业重点加工的苎麻纤维实际仅占苎麻植株的约5%。苎麻植株的叶部通常在纺织工业中被忽视。然而，苎麻叶富含纤维素、叶绿素、维生素和矿物质等营养物质，可用于动物饲料、食品添加剂、草坪覆盖材料等。苎麻植株的果壳富含纤维素和木质素等成分，可作为生物质能源原料、动物饲料、床上填料等。苎麻骨作为苎麻副产物中特殊的原料，其质地疏松以及不板结的优点使其成为优良食用菌栽培基质的主要材料。苎麻植株的根部富含多种矿物质和植物营养素，可用于草坪、土壤改良剂等。高效利用苎麻的副产物，发挥其营养价值和物理特性，有助于推动麻类综合利用的发展。

2. 我国苎麻加工龙头企业

（1）江西恩达麻世纪科技股份有限公司

江西恩达麻世纪科技股份有限公司是一家以麻纺为主导产业的综合性纺织企业。公司是集苎麻种植，麻纺纤维纱线，各类家纺、服装麻纺面料，传统手工苎麻夏布、夏布印染和家用纺织的研发、生产、销售于一体的大型中外合作企业。产品研发水平及生产技术水平处于国际水准。公司1997年成立于"中国夏布之乡"——江西分宜。成立伊始，公司充分发挥当地传统苎麻手工夏布的天然优质性能，由一家小小的乡镇企业，发展成今天的"全国十大纺织企业"和农业产业化龙头企业。公司依托当地苎麻产地的地利优势，借助国家支持农业产业化发展的良好政策，加大科技创新投入，引进国内外先进技术，大力推进产品创新，开拓国内外纺织品销售市场。企业先后开发染色夏布，植物染色夏布，各类麻纺服装、家纺面料及麻纺家用纺织品，改变了中国夏布几千年销售坯布的历史。苎麻产品在家纺行业的应用，使得整个麻纺行业面料得于在家纺行业崭露头角，麻纺产品也有了更广阔的发展空间。

（2）湖南华升集团有限公司

湖南华升集团有限公司是全国最大的专业麻类纺织品及服装生产企业之一，拥有全国麻纺行业国家级企业技术中心和苎麻纺织业的海关免检产品。集团纺织产业下辖湖南华升洞庭麻业有限公司、湖南华升株洲雪松有限公司、湖南华升工贸有限公司、湖南华升服饰股份有限公司、湖南华升金爽纺织服装有限公司等企业，主要装备能力为长麻纺5.5万锭、棉纺5万锭、织布机1000多台，染色生产线一条，年设计生产能力为苎麻纱1.2万吨、坯布3 200万米、印染布1 200万米、服装300万件。目前，集团已经形成了涵盖脱胶、纺纱、织布、印染、服装家纺制造的完整产业链，构建了研发、生产、销售、服务的完整经营体系，并拓展出麻类纺织品的消费市场空间，打造出国内与国外、生产与消费相结合的一体化市场。

（3）湖南广源麻业有限公司

湖南广源麻业有限公司是一家以麻纺织为主的湖南省省级民营产业化龙头企业。该公司创建于1996年，坐落在中国"苎麻之乡"的湖南汉寿县蒋家嘴镇，是一家从事苎麻、亚麻、苎麻棉、亚麻棉面料研发、生产、市场营销的大型现代化企业。厂房占地面积250亩，年生产布料2 200多万米，纱线20 000吨。其具有一流的设备、一流的工程技术人员和一流的管理队伍，许多关键工序均采用大量原装进口设备，率先在同行业采用了机电一体化、纱线无接头等先进技术。

（三）我国苎麻贸易情况

1. 苎麻产品进出口数量

苎麻是我国传统的经济作物，对于我国出口创汇具有十分重要的意义。但由于近年来全球对苎麻产品的消费需求下降，加之国际经济萎靡，导致中国苎麻产品出口受到严重冲击。

由图2-8可以看出，出口方面，自2007年开始，我国苎麻纤维和短纤维的出口量呈现下降趋势，2009年的下降最为明显，由2008年的1 040.821吨下降至618.815吨，降幅达40.55%；2017年的出口量较2016年有小幅上升。进口方面，2008—2009年苎麻纤维和短纤维的进口量迅速下降，由857.308吨下降至140.175吨，降幅达83.65%。自2015年开始，由于我国的苎麻纤维产量明显过剩，我国没有再进口过苎麻纤维和短纤维。

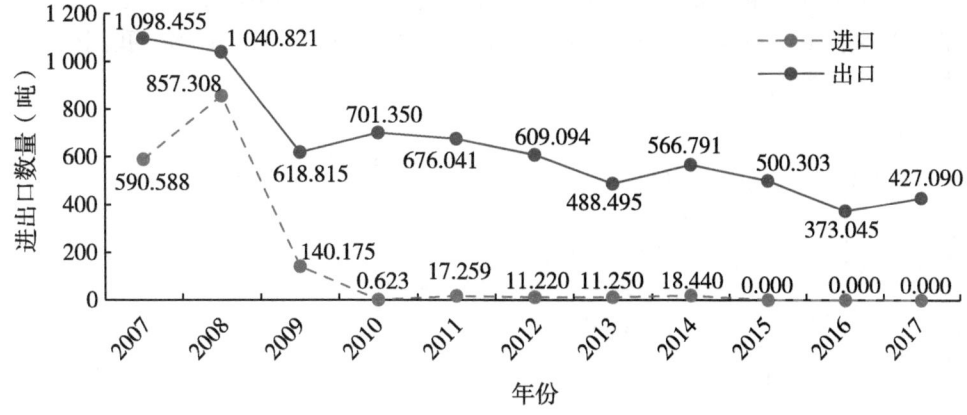

图2-8 我国苎麻纤维和短纤维进出口量对比
（数据来源：中国纺织工业联合会统计中心）

由图2-9可以看出，我国苎麻纱线的进出口数量经历了下降、上升、再下降的三个过程。出口方面，2007—2009年，苎麻纱线出口量经历了下降的过程；2010—2011年，苎麻纱线的出口量得到了较大幅度的上升，由1 807.098吨上升至4 353.049吨，上升约140.89%；但2011年后，出口量一直呈现下降趋势。进口方面，2009—2010

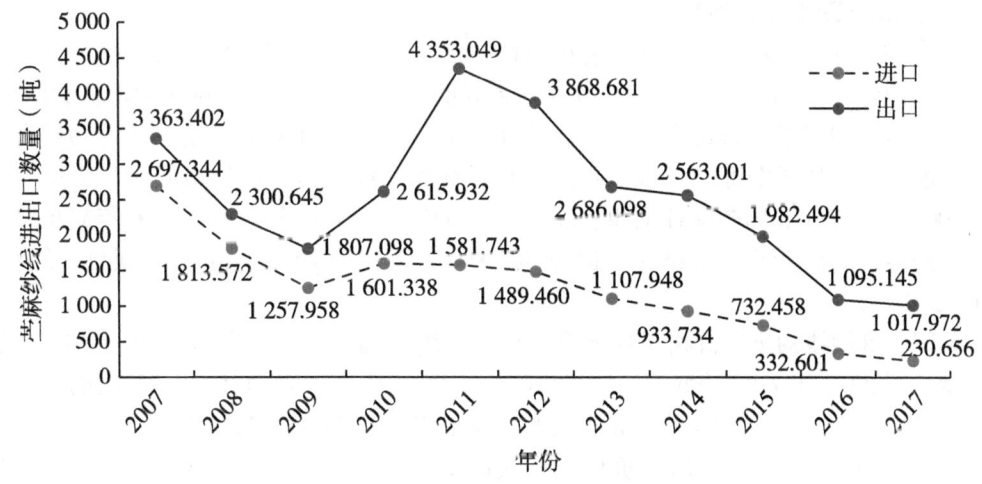

图2-9 我国苎麻纱线进出口量对比
（数据来源：中国纺织工业联合会统计中心）

年，苎麻纱线进口量有小幅度上升，此后各年均呈现下降趋势；2017年的苎麻纱线进口量为230.656吨，相比2016年的332.601吨下降了30.65%。

由图2-10可以看出，我国苎麻织物的进口数量在2007—2014年的变化幅度不大，但2015年苎麻织物的进口量大幅上升，从1 322.802千米上升至52 545.984千米，此后的2016年和2017年苎麻织物进口量在持续下降。进口方面，2007—2014年，我国苎麻织物的出口数量在持续上升，从70 398.789千米上升至144 072.362千米，上升约104.65%。2016年苎麻织物的出口量大幅下降，相比2015年下降51.25%。2017年苎麻织物出口量为65 461.494千米，相比2016年下降5.93%。由此看出，我国苎麻织物的市场也受到了冲击。

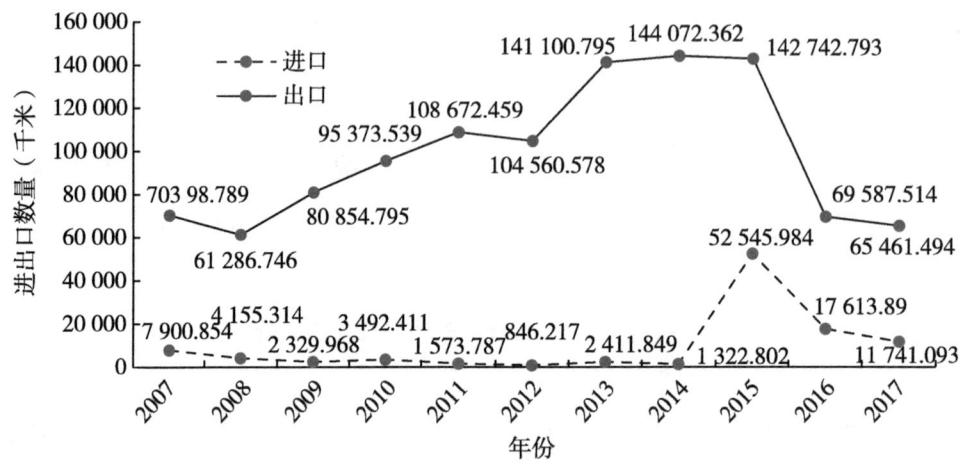

图2-10　我国苎麻织物进出口量对比
（数据来源：中国纺织工业联合会统计中心）

2. 苎麻产品进出口价格

我国苎麻纤维和短纤维进口价格在2009—2015年的波动幅度比较大，呈现出先上升后下降的趋势（图2-11），在2010年达到峰值5.00美元/千克。由于我国从2015年开始没有再进口过苎麻纤维和短纤维，故在2015—2017年不存在苎麻纤维和短纤维进口价格的变化。从图中可以发现，我国苎麻纤维和短纤维的出口价格明显高于进口价格，2007—2015年我国苎麻纤维和短纤维的出口价格持续上升，但从2016年起出口价格稍有回落。2017年出口价格为4.05美元/千克，相比于2016年的6.99美元/千克下降了42.06%。

我国苎麻纱线的进口价格呈现上升态势，但增长幅度不大，由2007年3.02美元/千克增长至2017年7.87美元/千克，增长1.61倍（图2-12）。我国苎麻纱线的出口价格高于进口价格，而且总体呈现先上升后下降的态势。2009—2013年变动幅度较大，其中2011年我国苎麻纱线出口价格达到最高值21.88美元/千克，相较于2009年的5.42美元/千克上升了3倍，此后的两年我国苎麻纱线出口价格大幅下降。2013—2017年，我国苎麻纱线的出口价格波动较小，2017年的出口价格为7.67美元/千克，相比2016年的9.19美元/千克下降了16.54%。

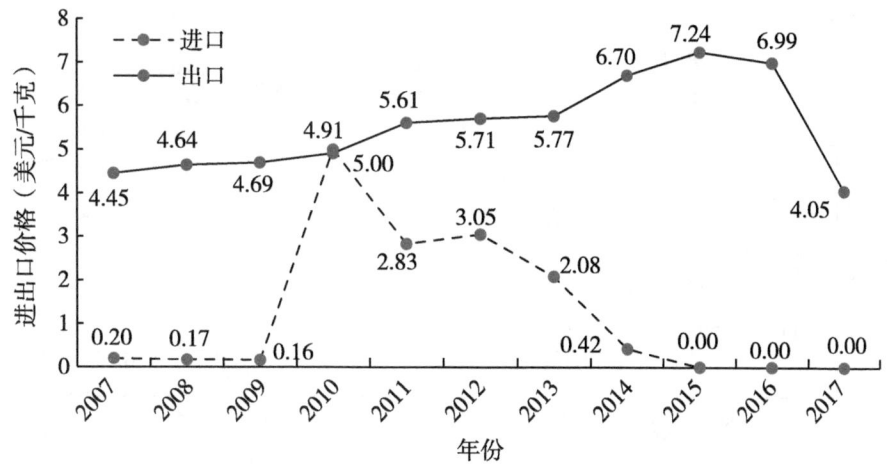

图2-11 我国苎麻纤维和短纤维进出口价格对比
（数据来源：中国纺织工业联合会统计中心）

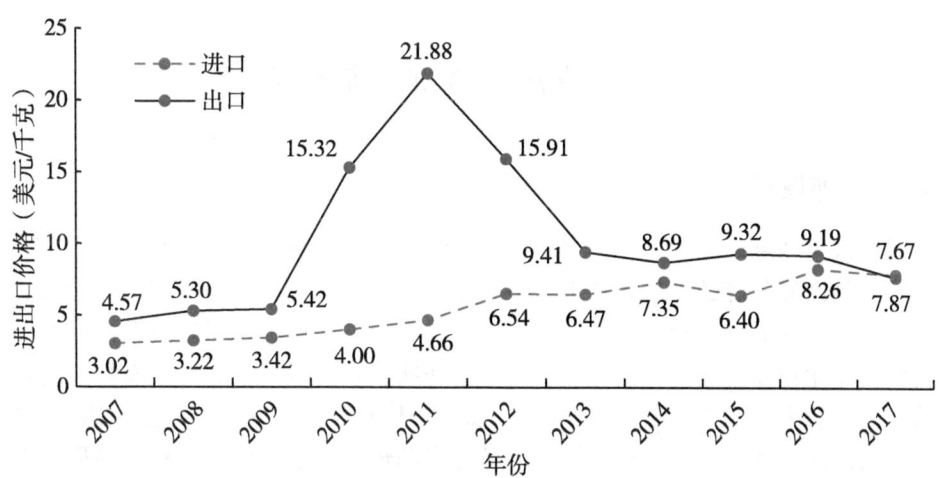

图2-12 我国苎麻纱线进出口价格对比
（数据来源：中国纺织工业联合会统计中心）

我国苎麻织物的进口价格的波动幅度较大，2012年达到峰值4.83美元/米后又迅速下降，2015年达到最低值0.13美元/米，相比于2012年下降97.31%（图2-13）。2016—2017年我国苎麻织物的进口价格稍有回升，2016年苎麻织物的进口价格为0.19美元/米，2017年苎麻织物的进口价格为0.40美元/米。出口价格方面，2007—2015年，我国苎麻织物的出口价格持续上升，但近两年苎麻织物的出口价格呈现下降趋势，2017年的出口价格为3.69美元/米，相比2016年的3.91美元/米下降了5.63%。近几年，我国苎麻织物的出口价格高于进口价格，说明我国苎麻织物的生产工艺明显处于领先地位。

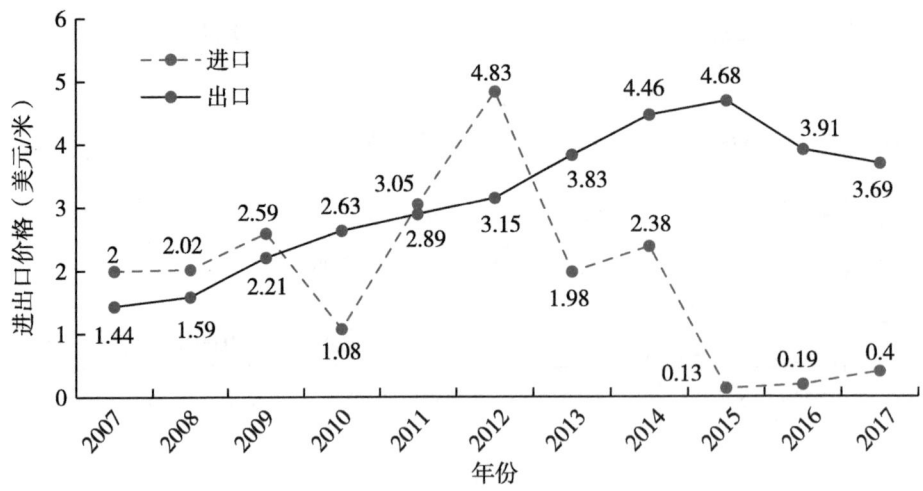

图 2-13 我国苎麻织物进出口价格对比
(数据来源:中国纺织工业联合会统计中心)

三、苎麻产业发展趋势分析

(一)种植环节

我国是世界苎麻的主产区,种植面积占世界苎麻种植面积的97%以上,其种植情况直接影响到世界苎麻的生产和加工。近年来,我国苎麻种植面积呈现下降趋势。苎麻的种植和采摘过程需要大量的人力劳动,而劳动力成本在过去几年逐渐上升。农民更倾向于转向机械化程度更高、劳动力需求更少的作物,从而减少苎麻种植面积。此外,苎麻种植对土地和水资源有一定的要求[11]。随着中国社会经济的快速发展和城市化进程的加速,农地面积减少、水资源短缺等问题逐渐凸显,这也导致苎麻种植面积减少。

我国苎麻种植面积自2007年的14.28万公顷下降至2019年的3.09万公顷,只有2007年种植面积的21.64%。苎麻种植面积严重萎缩,给我国苎麻产业发展带来了严峻的挑战。受到苎麻种植面积萎缩的影响,我国苎麻产量也呈现出大幅下降的态势。2017年苎麻产量为5.08万吨,相比于峰值2007年下降了82.56%;2018年、2019年苎麻产量分别为5.39万吨、5.79万吨,相比于2017年有小幅上升,但上升幅度不大。但我国苎麻种植单产波动平缓,近年均保持在1.90吨/公顷上下,这也说明我国苎麻种植技术没有明显提高,苎麻种植技术创新较少。因此,我国苎麻的种植面积和产量未来还有下降的趋势,但苎麻单产将保持平稳态势。

(二)加工环节

饲用苎麻的发展极大地受制于机械化收获的水平,其收获的低水平一直是困扰产业发展的瓶颈问题。近年来,苎麻剥制机械研发正不断转向轻简化收获剥制。国家麻类产业技术体系在盐碱地麻类作物全程机械化生产与高值化利用领域取得了重要进展，加快了相关科技成果集成示范与应用推广。中国农业科学院麻类研究所麻纤维产品创新团队研制成功的4BM-450型直喂式苎麻剥麻机，集碾压、刮壳、去骨、去叶及麻屑梳理一体化作业，剥麻速率达30.5千克/小时，比反拉式剥麻机提高30%以上。苎麻联合收割机割麻打捆工效达3~4亩/小时，产品具有良好的产业化应用前景。

（三）贸易环节

在国内贸易方面，国内市场对苎麻纺织产品的需求相对较少。此外，我国苎麻纺织品贸易还受到国际金融危机的严重影响，世界经济复苏的速度较慢，国外市场需求还没有大幅的提高，这也导致我国苎麻纺织品出口面临严重的困境。根据数据分析，我国苎麻制品的出口量严重下滑。2017年，我国苎麻纤维和短纤维的出口量为427.090吨，仅为2007年苎麻纤维和短纤维出口量的38.88%。2011年后，我国苎麻纱线的出口量一直呈现下降趋势，2017年苎麻纱线出口量为1 017.972吨，较上年下滑7.05%。2016年苎麻织物的出口量大幅下降，相比2015年下降51.25%。2017年苎麻织物出口量为65 461.494千米，相比2016年下降5.93%。通过贸易数据的分析可知，我国苎麻产品出口贸易仍处于下滑趋势，受国际经济不景气的影响，在未来一段时间都没有复苏的迹象。根据中国麻纺织行业协会的统计数据，苎麻市场货源量不丰，市场需求保持平稳，2020年苎麻原麻（手工原麻）调拨价格为2.4万~4.0万元/吨，全国苎麻纺织生产能力约为15万锭。相比于最近两年的物价上涨，苎麻原料价格比较平稳。

四、我国苎麻产业存在的主要问题及政策建议

（一）主要问题

1. 种植环节

一是良种选育的研究工作仍有待进一步开展。苎麻作为一个传统的农作物，其基础研究相对较少。在良种选育过程中，缺乏关于苎麻基因组、遗传变异和功能基因的详细了解可能限制了育种工作的进展。另外，苎麻的生长周期相对较长，从种子播种到种子成熟可能需要数月的时间。这导致了苎麻良种选育的周期相对较长，需要投入较多的时间和资源。

二是农民种麻效益低。据中国麻纺行业协会统计，2017年全国苎麻精干麻产量约2.6万吨，与2016年相比下降了56.67%。实际上，苎麻原材料短缺是近十年来一直困扰麻纺企业的瓶颈性难题。在四川东北部丘陵地区，农民种植苎麻的历史悠久，是传统的苎麻原材料集中产区。然而，近年以来这里农民种植苎麻的积极性显著降低，苎麻的种植面积也呈现出逐年下降的趋势。其主要原因在于长期以来苎麻价格处于低位，种植苎麻难以获得应有的效益。

2. 加工环节

一是优质的苎麻剥制设备长期缺位。我国从20世纪50年代就开始了苎麻剥制机械

的研究与推广，但直到目前为止手工刮麻器和小型刮麻机仍然是应用范围最广的刮麻机械。简易的手工刮麻器成本低廉，使用和维护都很简单。小型刮麻机工效较高，理论上是手工刮麻器的 5 倍以上，但实际工效仅提高 3 倍左右。另外，研制的一些大型苎麻剥制机械，诸如复刮式、打击轮式、全浮式、双滚筒式等或多或少都存在工效不高、劳动强度大、工作性能不稳定以及鲜茎出麻率低、纤维变色、纤维绕缠等问题，致使麻农和麻纺企业难以接受。

二是苎麻纺织初加工技术仍然处于较低水平。在苎麻纺织品的生产和经销环节，我国的苎麻企业主要以传统夏布、麻纱等初级产品为主，缺少对苎麻纤维进行织造、印染、服装等精深加工的下游企业，以及相关生产工艺、技术、设备和人才。苎麻产业加工技术目前仍以传统的生产模式和工艺为主，缺乏对先进加工技术的采纳和应用。苎麻初加工和深加工的发展仍缺乏健全的产业链配套，包括上下游配套企业、技术服务机构和市场推广等。苎麻初加工和深加工产品的开发和市场拓展受到严重制约。

3. 贸易情况

一是苎麻产品过度依赖国外市场。国外市场对苎麻产品的需求较高。其中，苎麻纺织产品的国际市场依存度超过 90%。这是由于消费者在这些市场对环保、可持续性和天然纤维的关注度较高。相比之下，国内市场对苎麻产品的认知和需求较低，消费者习惯和偏好也不同，导致苎麻产品在国内市场的消费较为有限。此外，国际贸易中存在着一些贸易壁垒和竞争压力，如关税、质量认证和国际竞争对手等。这可能会对苎麻产品的出口造成一定的限制和挑战，阻碍苎麻产品在国际市场上获得更大的份额。

二是我国缺乏苎麻产品的大宗交易市场，且产品单一。我国现阶段缺乏苎麻的大宗交易市场，导致苎麻交易的流通性差，苎麻收购价格不高。现阶段我国苎麻收购的对象多以农户个体为单位，而农户的议价能力较弱，应对市场变化的能力也较差。此外，我国现阶段的苎麻产品较为单一，如纺织品中，纯苎麻纺织品居多。当前，市场对纯苎麻产品的需求逐渐萎缩，这也对我国的苎麻贸易产生了严重的影响。

4. 产业政策

苎麻相比其他经济作物在市场上的需求和经济效益相对较低。农民更倾向于选择更具市场竞争力和收益的作物进行种植，从而导致苎麻种植规模较小。苎麻的种植技术相对较为复杂，需要一定的技术和管理水平。如果农民缺乏相关的培训和支持，就难以实现规模化种植，进而限制了农民对苎麻种植的投入。此外，苎麻产业链上下游环节的协同不足，也可能导致难以获得政策上支持的研发经费。长期缺乏国家及有关部门的资金支持会导致投资和资源的分散化，将会制约整个产业链的发展和规模化种植的实现。

（二）政策建议

1. 强化科技支撑良种选育，保障麻农种植收益

为加快种植环节良种选育进程，提升麻农经济收入：一是要加快育种环节的产业模式创新，以科技为支撑并以产业联动为抓手，不断增强麻类原材料供给产能。二是要深化实施"一麻多用"科技攻关，通过资源充分利用，提高种植效益，消减碳排放强度。三是邀请具有相关麻农科技专业知识和经验的专家对麻农进行培训，他们可以是农业科

研机构的研究人员、农业技术推广人员或有丰富种植经验的麻农。

2. 加速绿色脱胶技术、轻简化收获机械的推广应用

为促使苎麻加工环节技术改进，需要加快推进绿色脱胶技术的普及与集中脱胶厂建设，改良已有的"生物脱胶"技术和工艺，更好地融入工厂化生产。要深入分析轻简化麻机械化推广经济效益，探索轻简化机械推广方案。持续对麻类非织造技术和产品市场化应用进行研究，促进麻类产业转型升级，推动麻类产品多用途综合利用，打造麻类知名品牌。

3. 稳外扩内，促进麻纺行业可持续发展

积极开拓国内外市场，寻找新的销售渠道和合作伙伴。参加国内外的贸易展览和展销活动，提升品牌知名度和产品竞争力。与相关行业的企业建立合作关系，推动产业链的合作和共同发展。不断提高麻纺产品的质量和附加值，通过技术创新和工艺改进，改善纺织品的手感、耐久性和功能，以满足市场需求。加强质量控制和认证体系建设，确保产品符合国内外的质量标准和环保要求。推动新纺织材料的研发和应用，开发具有高附加值和环保特性的麻纺产品。

4. 加大政府财政支持，完善顶层设计

一是政府应加大财政扶持力度。在苎麻种植环节，提供种植补贴、研发经费支持和技术培训等，鼓励农民和企业参与苎麻产业，并向麻农和从业人员提供技术培训和咨询服务，提高种植技术和管理水平，推动其规模化种植和技术创新。二是扩大麻类产业链税收优惠覆盖范围，加强行业间的联合和监督管理。在研发及应用方面，建立科研机构、高校和企业之间的合作机制，加大对苎麻相关科研项目的资金投入，促进苎麻育种、栽培技术和加工技术的研发与创新。三是增加产学研合作，提高企业专利输出，做好差异化产品的开发、纱线品种转型创新。在推进产业链协同发展方面，政府应牵头加强苎麻产业链上下游环节的沟通与协作，形成产业链的整体合力，提升种植规模和经济效益；在增加市场开拓和品牌建设方面，政府应协助企业通过市场调研和推广，加大苎麻产品的市场开拓力度，提升产品知名度和竞争力，吸引更多农民参与种植。

第三章 亚麻产业经济分析报告

一、世界亚麻种植、加工及贸易情况

亚麻属于亚麻科（Linaceae）亚麻属（*Linum*），一年生草本植物，为双子叶植物。亚麻栽培具有悠久的历史。欧洲的希腊、保加利亚和格鲁吉亚等地都有公元前几世纪的亚麻遗迹。亚麻按照用途可分为三大类，分别是纤维用亚麻、油用亚麻和油纤兼用亚麻。其中纤维用亚麻习惯上被称为亚麻，后两者则被称作胡麻。

（一）世界亚麻种植情况

1. 区域分布

亚麻在全世界都有种植，但主要分布于温带。欧洲主要集中于地中海区域和黑海地区。其中种植纤维用亚麻的国家主要处于欧亚两大洲的温带和寒温带地区，这一范围的具体国家有：法国、比利时、乌克兰、白俄罗斯、罗马尼亚、匈牙利、保加利亚、俄罗斯和中国等，而法国的七个地区占75%以上的种植面积，分别为卡尔瓦多斯、滨海塞纳、索姆、加莱海峡、北部、瓦兹和厄尔。

两大洲之外种植纤维用亚麻的有加拿大、美国、埃及、巴西、智利、阿根廷等国家。主要种植油用亚麻和油纤两用亚麻的国家有加拿大、美国和中国等。其中，加拿大每年种植油用亚麻70万~90万公顷，总产量为每年110万吨，亚麻籽（用于榨油）出口量位居世界首位。

2. 种植面积

中国、俄罗斯、法国、白俄罗斯和比利时是世界主要的纤维用亚麻生产国，2019年这五个国家的纤维用亚麻种植总面积约为23.48万公顷。其中，法国种植面积超过世界亚麻总种植面积的一半。根据FAO统计数据，世界亚麻总种植面积自2008年以来呈现较为明显的下降趋势，2009年比2008年下降了约29.6%，2010—2016年种植面积在22万公顷上下。在2017年突破23万公顷后，重新突显出恢复性增长的势头，并在2018年及2019年分别达到23.7万公顷、25.94万公顷。虽然有较大的提升，但与2008年的峰值仍差距较大。全球的亚麻种植面积情况如表3-1所示。

由表3-1可以看出，在2010—2019年间，世界亚麻种植面积最大的三个国家分别是法国、白俄罗斯和俄罗斯，种植面积的平均值分别为8.04万公顷、5.01万公顷和4.51万公顷。其中法国的种植面积在2013年后出现连续增长的势头，而白俄罗斯和俄罗斯则呈现平稳下降趋势，并在2016年保持稳定。中国、比利时、英国、埃及和乌克兰等国的种植面积与前三个国家相比差距较大。从整体趋势来看，世界亚麻种植国家中仅法国保持较高的增长率。其他国家的亚麻种植面积均下降或平稳波动。中国的亚麻种植面积在2009年、2010年出现大幅度下降后，一直在低位波动。2018年种植面积虽然小幅度上升，但仍不足0.5万公顷。

表3-1 2010—2019年世界各国亚麻种植面积情况　　　　（单位：万公顷）

总产量	年份									
	2010	2011	2012	2013	2014	2015	2016	2017	2018	2019
中国	0.95	0.67	0.73	0.52	1.00	0.34	0.33	0.25	0.39	0.46
俄罗斯	4.32	4.82	5.02	4.60	4.11	4.96	4.40	4.22	4.21	4.44
法国	5.52	6.09	6.74	6.07	6.65	7.89	8.85	9.82	10.59	12.17
白俄罗斯	5.92	6.12	5.72	5.34	4.52	4.03	4.41	4.59	4.56	4.92
比利时	1.10	1.13	1.06	1.00	1.16	1.39	1.51	1.60	1.47	1.48
英国	1.10	1.04	0.94	1.00	1.05	0.99	0.78	0.68	0.62	0.56
乌克兰	0.10	0.13	0.21	0.15	0.14	0.14	0.15	0.10	0.10	0.08
埃及	0.99	1.01	1.00	1.00	0.90	0.88	0.91	0.91	0.91	0.90
荷兰	0.19	0.22	0.21	0.20	0.20	0.24	0.24	0.24	0.23	0.23
波兰	0.05	0.08	0.06	0.07	0.02	0.03	0.02	0.02	0.01	0.05
阿根廷	0.30	0.30	0.30	0.30	0.29	0.29	0.29	0.29	0.29	0.29
智利	0.26	0.26	0.26	0.26	0.26	0.27	0.28	0.28	0.28	0.28
意大利	0.01	0.01	0.01	0.01	0.01	0.01	0.02	0.08	0.06	0.07
罗马尼亚	0.00	0.00	0.00	0.00	0.00	0.01	0.00	0.00	0.00	0.00
世界总计	20.82	21.90	22.31	20.53	20.34	21.48	22.20	23.16	23.70	25.94

数据来源：FAOSTAT

除中国以外的几个主产国的情况为：法国的种植面积在2012—2013年呈现出小幅下降，但2010—2014年间在5.5～7.0万公顷的区间内波动。2010年种植面积处于低谷，为5.52万公顷。随后处于平稳上升阶段，到2012年以6.74万公顷超过白俄罗斯的5.72万公顷，稳居世界亚麻种植面积第一大国，并在2010—2019年间保持9%的年平均增长率。这不仅与法国得天独厚的自然环境和气候有关，也与法国先进的种植和收割技术密不可分。2011年至2015年，白俄罗斯从最大种植面积6.12万公顷下降到4.03万公顷，下降幅度接近35%。2015年后其种植面积保持平稳增长，2019年亚麻种植面积排名世界第二，仅次于法国。俄罗斯近几年亚麻种植面积在4万～5万公顷的区间内小幅波动，从2013年起与白俄罗斯的亚麻种植面积不相上下；比利时、英国、埃及等国家种植面积维持在1万公顷左右，与排名前三的国家差距较大；而其他国家甚至有停止亚麻种植的趋势。

3. 产量情况

从图3-1可以看出，单产在2011年出现下降后持续呈现上升并趋于稳定的势头。2014—2019年维持在3.5～4吨/公顷。上述变化的原因为种麻技术较高但自然条件不佳的国家，在市场的影响下，纷纷缩减了种植面积甚至停止种植，从而影响了世界亚麻的单产情况。随着法国、白俄罗斯、俄罗斯等传统亚麻种植国家不断改进技术，使得单产水平稳定下来。在世界亚麻纤维总产量方面，如图 3-2 所示，2011 年世界亚麻纤维总产量出现了较大幅度降低。

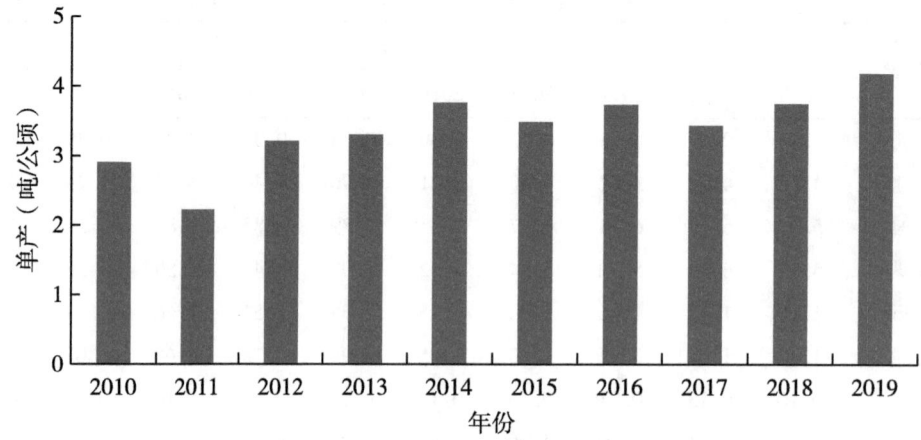

图 3-1　2010—2019 年世界亚麻纤维单产走势图
（数据来源：FAOSTAT）

与单产趋势类似，世界亚麻纤维总产量在 2011 年达到低谷后开始回升，从 2012 年的 70 万吨增长至 2018 年的 90 万吨，并在 2019 年出现了较大幅度增加，达到了 108 万吨（图 3-2）。实际上，2011 年之前世界亚麻种植进行了一轮调整，其总种植面积的锐减导致了总产量的下降。因此，在世界亚麻种植总面积不断下降的总趋势下，为了保持总产量的稳定，投入了大量资金和研究力量，从而提升了单产水平，进而实现了总产量的稳步提升。

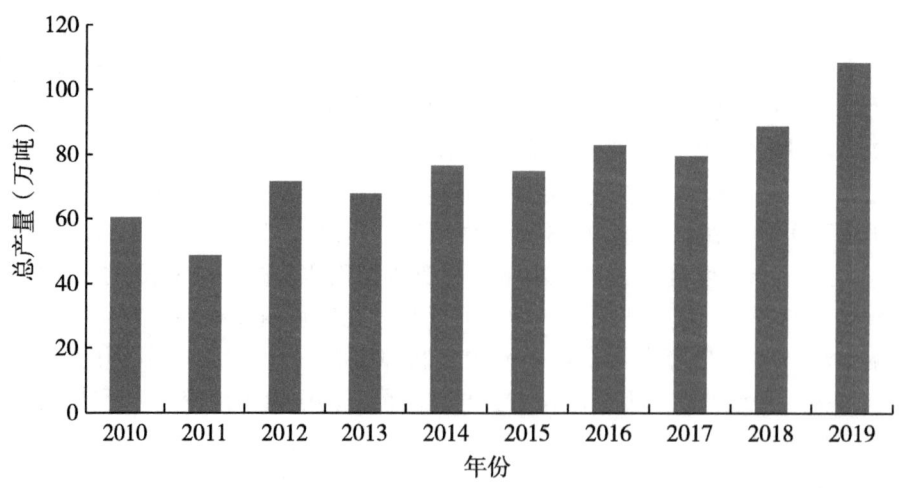

图 3-2　2010—2019 年世界亚麻纤维总产量走势图
（数据来源：FAOSTAT）

表 3-2 2010—2019 年世界各国亚麻纤维和短纤维的总产量　　（单位：万吨）

总产量	年份									
	2010	2011	2012	2013	2014	2015	2016	2017	2018	2019
中国	4.49	3.97	3.84	2.44	4.73	1.27	1.52	1.10	1.31	1.76
俄罗斯	3.52	4.35	4.61	3.90	3.72	4.52	4.12	3.88	3.67	3.85
法国	37.21	27.35	47.05	46.09	51.98	52.56	60.25	59.68	68.86	85.04
白俄罗斯	4.58	4.60	5.16	4.49	4.82	4.05	4.13	4.23	3.95	4.62
比利时	6.40	4.46	6.44	6.73	7.28	8.05	8.72	6.93	7.59	9.40
英国	1.62	1.53	1.38	1.40	1.48	1.45	1.13	0.99	0.90	0.82
乌克兰	0.04	0.08	0.18	0.11	0.09	0.12	0.13	0.13	0.07	0.05
埃及	0.90	0.91	0.84	0.85	0.78	0.76	0.78	0.78	0.77	0.75
荷兰	1.05	0.80	1.33	1.12	1.03	1.42	1.38	1.02	0.88	1.34
波兰	0.02	0.02	0.02	0.02	0.01	0.01	0.01	0.00	0.03	0.16
阿根廷	0.24	0.25	0.26	0.27	0.26	0.25	0.26	0.26	0.27	0.27
智利	0.27	0.28	0.28	0.30	0.29	0.30	0.31	0.31	0.32	0.32
意大利	0.04	0.05	0.03	0.03	0.05	0.04	0.07	0.05	0.16	0.20
罗马尼亚	0.00	0.00	0.00	0.00	0.00	0.02	0.01	0.00	0.01	0.00
世界总计	60.42	48.66	71.57	67.82	76.53	74.87	82.86	79.62	88.77	108.57

数据来源：FAOSTAT

由表 3-2 可以看出，2010—2019 年亚麻纤维和短纤维平均总产量排名前十的国家依次是：法国 53.61 万吨、比利时 7.20 万吨、白俄罗斯 4.47 万吨、俄罗斯 4.01 万吨、中国 2.64 万吨、英国 1.27 万吨、荷兰 1.14 万吨、埃及 0.81 万吨、智利 0.30 万吨、阿根廷 0.26 万吨。数据说明，法国已成为目前世界最大亚麻纤维生产国，且与其他国家的产量相比存在较为明显的优势。世界的亚麻种植中心基本处于欧洲，中国的产量排在全球第五位。

表 3-3 2010—2019 年世界各国亚麻纤维和短纤维的单产　　（单位：吨/公顷）

单产	年份									
	2010	2011	2012	2013	2014	2015	2016	2017	2018	2019
中国	4.73	5.91	5.24	4.68	4.73	3.75	4.55	4.45	3.40	3.84
俄罗斯	0.82	0.90	0.92	0.85	0.90	0.91	0.94	0.92	0.87	0.87
法国	6.75	4.49	6.98	7.60	7.82	6.66	6.81	6.08	6.50	6.99
白俄罗斯	0.77	0.75	0.90	0.84	1.07	1.01	0.94	0.92	0.87	0.94
比利时	5.82	3.95	6.09	6.73	6.28	5.81	5.77	4.35	5.15	6.34
英国	1.47	1.47	1.48	1.40	1.41	1.47	1.45	1.45	1.46	1.46

(续表)

单产	年份									
	2010	2011	2012	2013	2014	2015	2016	2017	2018	2019
乌克兰	0.40	0.62	0.86	0.73	0.62	0.87	0.89	0.94	0.68	0.68
埃及	0.91	0.90	0.84	0.85	0.86	0.87	0.86	0.85	0.84	0.84
荷兰	5.55	3.69	6.40	5.97	5.20	5.90	5.70	4.10	3.96	5.83
波兰	0.36	0.29	0.28	0.26	0.22	0.23	0.31	0.20	2.78	3.04
阿根廷	0.80	0.82	0.87	0.90	0.88	0.87	0.89	0.90	0.92	0.93
智利	1.05	1.06	1.07	1.15	1.13	1.10	1.11	1.11	1.12	1.13
意大利	3.36	3.46	3.32	3.28	3.25	3.06	3.32	3.03	2.84	2.72
罗马尼亚	—	—	0.77	1.50	—	2.43	2.26	—	1.33	0.00
世界总计	2.90	2.22	3.21	3.30	3.76	3.49	3.73	3.44	3.74	4.19

数据来源：FAOSTAT

由表3-3可以看出，2010—2019年亚麻纤维和短纤维平均单产超过1吨的国家排序依次是：法国6.67吨/公顷、比利时5.63吨/公顷、荷兰5.23吨/公顷、中国4.53吨/公顷、意大利3.17吨/公顷、英国1.45吨/公顷、罗马尼亚1.38吨/公顷、智利1.10吨/公顷。数据表明，欧洲是世界亚麻生产的中心，其单产水平位居世界前列，这与欧洲高度机械化的种植收割以及发达的科学技术紧密相关。

（二）世界亚麻加工情况

1. 亚麻相关产品

亚麻具有很高的开发利用价值，是重要的纺织工业原料。第一，亚麻纤维不仅强度是棉纤维的数倍，而且织物也更柔软，受到高档衣料厂商的欢迎；第二，亚麻纤维具有耐高温、不易裂、环保健康等独特优点，在医疗卫生、航空航天等领域具有广阔的开发前景。

5 000年前的美索不达米亚（Mesopotamia）地区就开始研究亚麻籽的食用及药用价值。亚麻籽富含的蛋白粉、亚油酸等物质不仅可以加工成食用油，还可制成多种对人身体有益的功能性保健品，因此美国国家肿瘤研究院（NCI）已把亚麻籽作为6种抗癌植物产品之一。此外，亚麻在水田、温室地膜方面的应用也被看好，不仅能够使土壤更加肥沃、提高作物产量，同时也减少了环境污染。

2. 亚麻加工行业现状

亚麻的主要生产国包括法国、比利时、荷兰、波兰、俄罗斯、中国、加拿大和美国等。这些国家拥有丰富的亚麻种质资源和加工技术，并在亚麻加工领域具有竞争优势。亚麻纺织品市场规模较小，但在一些高端市场上具有稳定的需求。亚麻纺织品主要应用于高级时装、家居纺织品、床上用品、家具等领域。

亚麻加工涉及多个工序，包括亚麻纤维提取、纤维处理、纺纱、织造和后整理等。这些工序需要专业的设备和技术，以确保亚麻纤维的质量和性能。传统的亚麻加工工艺通常依赖于手工操作，而现代化的加工厂则采用机械化和自动化生产线，提高了生产效率和产品质量。亚麻加工行业在技术创新方面也取得了一些进展。新型的亚麻纤维提取技术和纺纱工艺的发展，使得亚麻纺织品的生产更加高效和可控。此外，一些研究机构和企业也在开发新的亚麻纤维应用，如亚麻纳米纤维、亚麻生物塑料等，为亚麻产业的未来发展提供了新的空间和领域。

总体而言，世界亚麻加工行业正逐步向着可持续发展和高端市场转型。技术创新、市场拓展和环境保护意识的提高将推动亚麻产业在纺织领域的进一步发展，并为亚麻纺织品的推广和应用带来更多的机会。

3. 欧洲亚麻品种效益情况

据法国媒体报道，欧盟地区的亚麻产量占到全球的65%~70%，约有1万家企业经营亚麻种植、加工及贸易。亚麻的主要产区在欧洲的西北部，其中法国是最大的亚麻生产国，其种植面积在2019年达到85.04万公顷，种植范围包括法国的卡昂到荷兰的阿姆斯特丹地区。欧洲亚麻一直以其优良的品质而闻名。近年来，欧洲等国家培育出许多高纤、高麻率、抗病、抗倒伏的优良纤维亚麻品种。目前法国的主流亚麻品种为Califa、Drakkar、Aramis、Alizee；荷兰种植的主流亚麻品种为vesta、Avian、Lissette、Agatha。按照亚麻种子6元/千克，亚麻纤维1.2万元/吨的市场价格计算得到各品种每公顷的经济效益如表3-4。

表3-4 9种欧洲亚麻经济效益分析对比

品种	种子产量（千克/公顷）	纤维产量（千克/公顷）	经济价值（万元）
Damara	494.62	1 679.00	2.044 5
Aramis	396.47	1 607.52	1.952 8
Alizee	667.50	1 421.19	1.745 5
Avian	534.68	1 391.45	1.701 8
Lissette	601.55	1 375.69	1.686 9
Vesta	415.53	1 372.46	1.671 9
Drakkar	388.04	1 342.02	1.633 7
Agatha	635.31	1 300.54	1.598 8
Califa	734.65	1 199.60	1.483 6

数据来源：《欧洲亚麻品种鉴定初报》

4. 亚麻机械化情况

从亚麻的早期收获环节来看，欧洲目前主流的拔麻机主要由西欧国家的公司如Dehondt（法国）、Union（比利时）和Depoortere（比利时）生产制造。在亚麻的沤麻环节，欧洲市场上可用的翻麻机械包括西欧公司如Dehond和Union生产的"Dehond自走式双行翻麻机（Dchondt self-propellled double tuiner machine）"。亚麻打包机同样是以西欧的Dehondt公司、Union公司和Vlamalin公司（比利时）生产的打包机市场推广度最高。为了克服亚麻生产过程中纤维材料质量过低的问题，Union公司研发了一种新型翻麻脱粒机（Union turner-deseeder），市场前景广阔。

（三）世界亚麻贸易情况

1. 进出口贸易

从图3-3可以看出，中国亚麻进口数量一直稳居世界首位，且与其他国家相比差距较大，但其波动也比较大。2012年经历了一次进口低谷期，次年进口数量出现大幅回升，到2015—2018年保持稳定，并在2019年再次出现大幅增长。第二大进口国为比利时，与中国的进口数量保持相似的变化趋势，说明两国的进口量受世界经济波动的影响比较大。除此之外，从2015年开始，印度的亚麻进口数量开始缓慢回升；荷兰的亚麻进口数量波动较大；立陶宛、突尼斯、俄罗斯在2010—2019年的进口数量基本保持在3 000~7 000吨的水平。

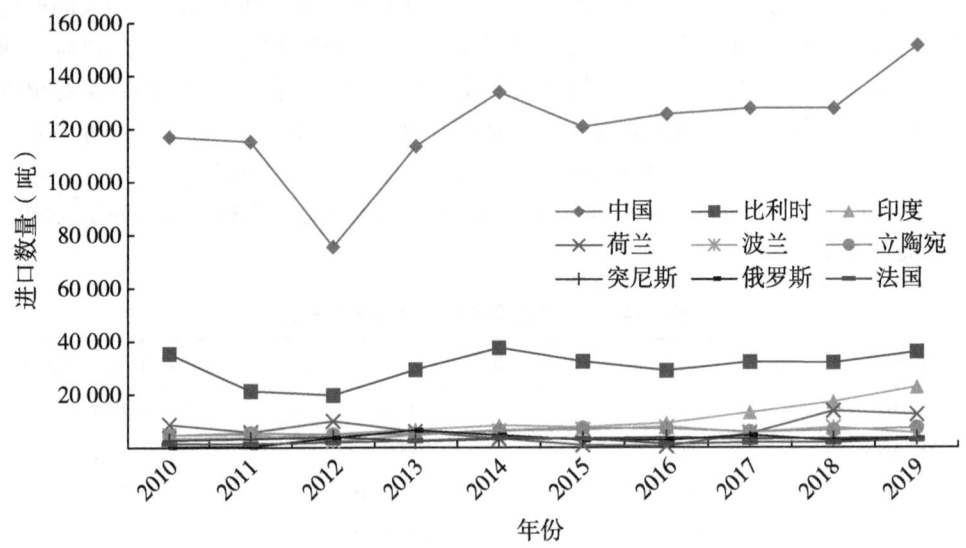

图3-3　2010—2019年世界亚麻纤维和短纤维的进口数量走势图
（数据来源：FAOSTAT）

从图3-4可以看出，世界亚麻纤维和短纤维三大出口国家分别是：法国、比利时和白俄罗斯。法国是世界最大亚麻出口国，但同样波动明显。2012年法国亚麻出口量处于低谷期，随后也出现较大幅度增长。比利时的波动趋势与法国类似，但波动幅度相对较小。与亚麻进口数量走势图进行对比可发现，比利时进出口数量均较大，亚麻进出口贸易的差额较小；而法国的进口数量仅为出口数量的1%左右，主要进行出口贸易。

2. 生产者价格指数

生产者物价指数是测算价格变化的重要指标。根据联合国粮食及农业组织统计数据（图3-5），自2010年以来，世界亚麻平均生产者价格指数总体上呈不断攀升态势（平均生产者价格指数以2014—2016年生产者价格平均值为基数，各国2014—2016年生产者价格平均值=100）。2010年，生产者价格指数为63.57，随后亚麻平均生产者价格指数持续上涨，2018年价格指数达到了2010年的两倍。

白俄罗斯作为主要的亚麻生产国，其生产者价格指数的变化对亚麻市场价格有重要

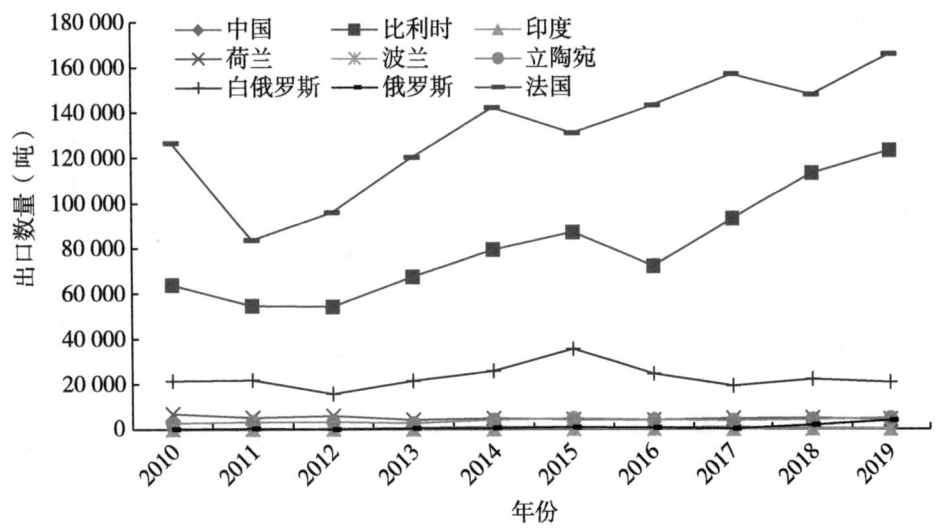

图 3-4 2010—2019 年世界亚麻纤维和短纤维的出口数量走势图
（数据来源：FAOSTAT）

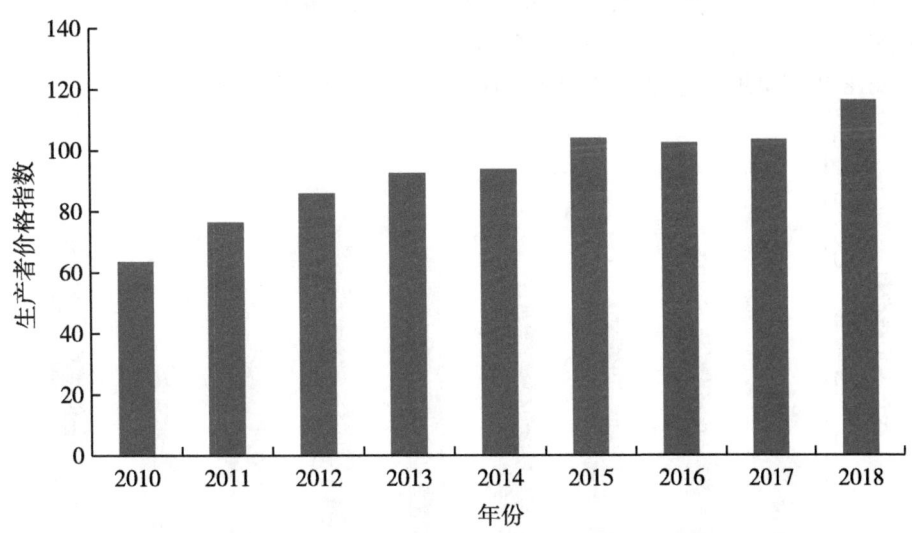

图 3-5 2010—2018 年世界亚麻平均生产者价格指数走势图
（数据来源：FAOSTAT）

影响。在 2010 年，白俄罗斯生产者价格指数只有 25.49，远低于世界平均生产者价格指数，2010—2016 年的生产者价格指数持续较快增长，并在 2014 年突破 80。2016 年，这一指数又迎来一次大幅上升，随后的 2017 年、2018 年趋于平稳。由图 3-6 可以看出，从 2010 年到 2018 年，白俄罗斯的亚麻生产者价格指数总体呈现较快的增长态势。

俄罗斯作为重要的亚麻生产国，其生产者价格指数的变化对亚麻市场价格的影响同样不容忽视。从 2010 年到 2015 年，俄罗斯的亚麻生产者价格指数总体呈现增长趋势，

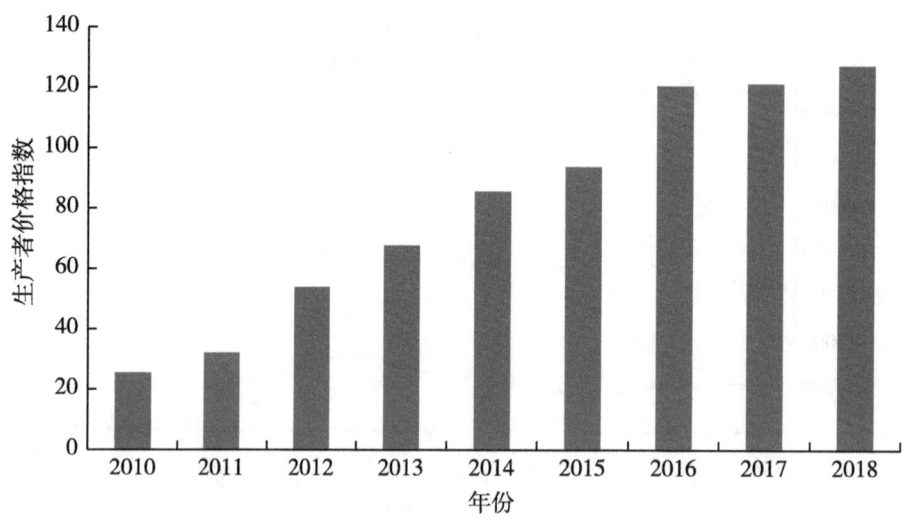

图 3-6　2010—2018 年白俄罗斯亚麻生产者价格指数走势图
（数据来源：FAOSTAT）

但增长幅度明显小于白俄罗斯，说明俄罗斯的生产者价格指数波动更小，亚麻市场整体更加稳定（图 3-7）。但在 2015 年生产者价格指数达到峰值后，开始产生剧烈波动，在 2015—2018 年间呈现 V 字形变化趋势。这可能与俄罗斯的国内经济形势有关。

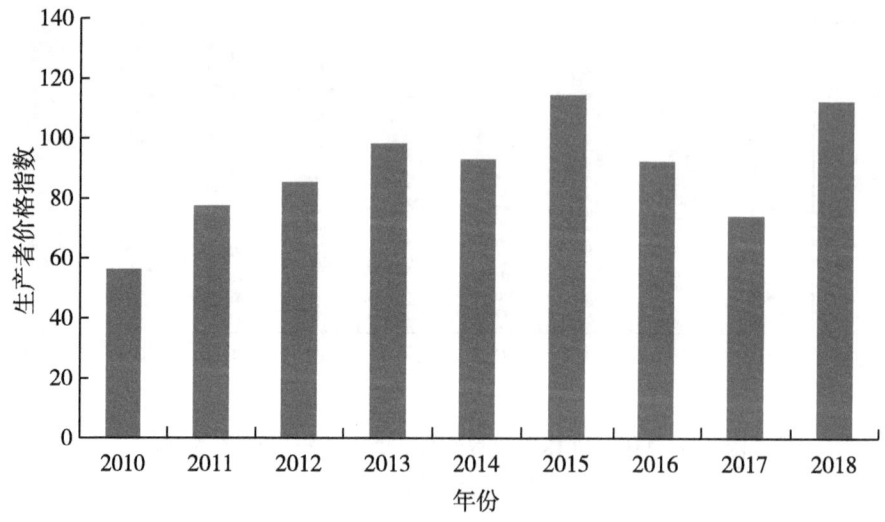

图 3-7　2010—2018 年俄罗斯亚麻生产者价格指数走势图
（数据来源：FAOSTAT）

2010—2018 年，中国的亚麻生产者价格指数相较其他国家呈现极其稳定的态势，虽然总体呈现上升势头，但十年间增幅仅 20%。这可能与 2010 后中国在亚麻种植市场的地位下降相关，较低的亚麻种植水平受国内及世界经济与贸易形势的影响相对较小。

二、国内亚麻种植、加工及贸易情况

(一) 国内亚麻种植情况

1. 总体分析

中国的亚麻栽培最早可追溯到西汉的张骞出使西域时期。中国的纤用亚麻种植历史则比较短,直至1905年才从日本引进播种[12]。当时清政府在东北三省进行亚麻试种,后来扩展到新疆、云南、湖南、浙江等地,目前我国的亚麻种植主要在黑龙江、新疆、云南等地[13]。

根据中华人民共和国国家统计局(NBSPRC)的统计数据,2008—2018年,我国亚麻整体种植面积不断下滑(表3-5)。2008年种植面积为5.67万公顷,2009年种植面积降为1.77万公顷,下降幅度为68.78%,为近10年来下滑程度最大的一次,到2010年亚麻种植面积首次跌破1万公顷,降至0.87万公顷,2017年仅为0.22万公顷,比2007年的6.67万公顷下降了96.7%,2018年略有提升,达到0.37万公顷,但仍处于较低水平。

表3-5 2008—2018年中国亚麻种植面积和产量变动情况

年份	当年数据			较上年增减					
	种植面积(万公顷)	总产量(万吨)	每公顷产量(千克)	种植面积(万公顷)		总产量(吨)		每公顷产量(千克)	
				增减数	增减(%)	增减数	增减(%)	增减数	增减(%)
2008	5.67	25.74	4.54	-1.00	-17.64	-3.31	-12.86	0.18	0.04
2009	1.77	8.59	4.85	-3.90	-220.34	-17.15	-199.65	0.31	0.06
2010	0.87	4.49	5.16	-0.90	-103.45	-4.10	-91.31	0.31	0.06
2011	0.55	3.1	5.64	-0.32	-58.18	-1.39	-44.84	0.48	0.08
2012	0.64	3.39	5.30	0.09	14.06	0.29	8.55	-0.34	-0.06
2013	0.43	2.09	4.86	-0.21	-48.84	-1.30	-62.20	-0.44	-0.09
2014	0.3	1.02	3.40	-0.13	-43.33	-1.07	-104.90	-1.46	-0.43
2015	0.27	1.1	4.07	-0.03	-11.11	0.08	7.27	0.67	0.17
2016	0.29	1.23	4.24	0.02	6.90	0.13	10.57	0.17	0.04
2017	0.22	1.08	4.91	-0.07	-31.82	-0.15	-13.89	0.67	0.14
2018	0.37	1.3	3.51	0.15	40.54	0.22	16.92	-1.40	-0.40

数据来源:FAOSTAT

在产量方面,2007—2018年国内亚麻总产量和种植面积几乎表现出同样的下降趋势,总产量由2007年的29.05万吨降至2017年的1.08万吨,在2018年有所回升达到1.3万吨,下降幅度在2009年高达66.63%,2014年后,总产量一直在1万吨上下徘徊。与此同时，亚麻单产在2007—2009年基本维持在每公顷4.3~4.9千克，随着亚麻种植技术的提高，2010年、2011年、2012年连续三年单产量超过5千克/公顷，2013年单产出现下降，2014年达到最低值3.4千克/公顷，2015—2018年的单产一直没有再突破5千克/公顷，2007—2018年的单产出现较大波动，说明我国的亚麻种植技术依然存在较大改进的空间，需要加大资金和科技投入，在种植面积下降的情况下，努力提高单产，以保持总产量的稳定。

从图3-8可以看出，亚麻的种植面积和产量占总麻类种植面积和产量的比例也在逐年下降。2007年及2008年亚麻种植面积占总麻类的比例接近40%，亚麻产量占总麻类的比例接近25.5%，亚麻仍是国内麻类的主要种植品种。2005—2008年间亚麻种植比例出现较大的下降态势，种植面积比例由47.10%降至25.61%，产量比例由62.87%降至41.13%。2010年亚麻种植比例首次降至10%以下，仅有6.53%，总产量比例也首次跌至20%以下。2010—2013年，占比保持小幅度波动，但整体趋势依然是下降，只有2012年略有上升。2014年亚麻总产量比例首次小于10%，仅占比6.18%，2017年亚麻种植比例和产量比例低于4%，至2018年上升至6%以上。

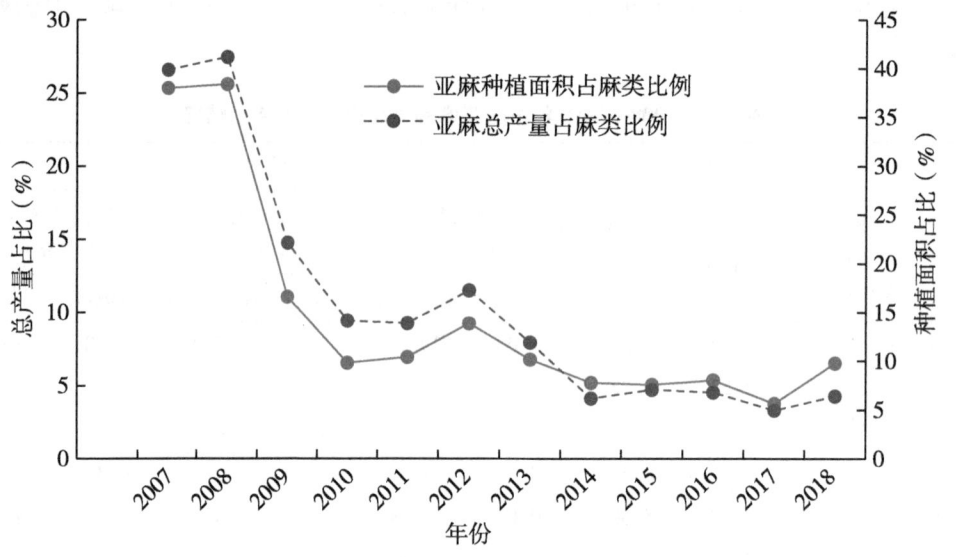

图3-8　2007—2018年中国亚麻种植面积和总产量占麻类比例

（数据来源：FAOSTAT）

2. 主产区情况

国内亚麻的主要种植省份为黑龙江、新疆、云南、内蒙古以及贵州。2018年，新疆、黑龙江、内蒙古的种植面积分别占全国的58%、26%和11%。各地区的具体种植面积情况见表3-6。

2007—2018年各地区的亚麻种植面积均处于下降趋势。黑龙江的亚麻种植面积由2007年的41 270公顷下降至2018年的960公顷，下降幅度达到97.67%，近五年内种植面积一直保持在1 000公顷左右。新疆的种植面积由2007年的13 760公顷下降至2017年的550公顷，下降幅度为96.00%，但2018年的种植面积相比2017年出现较大幅度增长，说明国家为振兴亚麻等产业发展，在传统亚麻种植区域加大资金投入，吸引农户扩大种植面积，取得了显著效果。云南的种植面积由 2007 年的 3 640 公顷下降至 2016 年的 160 公顷，下降幅度为 95.60%，在 2017 年后，云南已经没有亚麻种植。全国总种植面积在 2018 年出现大幅回升。

表 3-6 2009—2018 年中国各地区亚麻种植面积统计表　　（单位：公顷）

年份	内蒙古	吉林	黑龙江	湖北	湖南	贵州	云南	新疆	全国	同比增减
2009	800	40	11 280	0	0	160	2 250	2 510	17 700	-68.78
2010	160	40	5 250	0	0	160	480	2 110	8 700	-50.85
2011	0	20	2 570	0	0	140	110	2 700	5 540	-36.32
2012	0	0	1 580	0	0	100	1910	2 760	6 350	14.62
2013	0	0	920	0	0	280	1 060	2 050	4 320	-31.97
2014	0	0	1 360	0	0	290	250	1 120	3 020	-30.09
2015	30	0	1 410	0	0	280	160	840	2 730	-9.60
2016	0	20	1 360	0	20	290	160	940	2 900	6.23
2017	0	20	1 220	20	0	280	0	550	2 190	-24.48
2018	410	0	960	0	0	130	0	2 130	3 650	66.67

数据来源：中国种植业信息网

（1）黑龙江

黑龙江省是国内亚麻栽培较早的省份。20 世纪 50 年代后期，黑龙江省开始种植适合当地气候的"华光一号"。到 70 年代，为了迎合持续的亚麻热，省内相继建立了多个亚麻原料加工厂，亚麻种植持续增长[20]。黑龙江省在 2009 年种植面积为 1.13 万公顷，之后一直处于下降趋势，到 2012 年，由于金融危机的冲击，亚麻种植面积降到 0.16 万公顷，2013 年仅为 0.09 万公顷。受国家相关政策影响，不少麻纺企业 2014 年后开始进驻黑龙江青冈县、孙吴县等部分地区进行产业投资，推动当地的亚麻种植风潮再度掀起。2015 年亚麻种植面积回升到 0.14 万公顷，之后便维持在 1 000 公顷左右。

（2）新疆

亚麻是新疆传统的优势作物。新疆优越的自然条件给种植亚麻奠定了基础。新疆目前是全国的第二大亚麻生产基地，其中新疆西部的伊犁种植面积最广[21]。伊犁地区从 20 世纪 80 年代开始就成功引进了黑龙江省的亚麻种植技术，而且伊犁州的土地十分适合种植亚麻，且种植质量较高。

受金融危机影响，2007—2010 年新疆亚麻种植面积处于下降趋势，由表 3-6 可以看出，新疆 2009 年亚麻种植面积为 2 510 公顷，约为黑龙江省 11 280 的 22.25%。而 2011—2013 年，新疆的亚麻种植面积超过黑龙江省的亚麻种植面积，分别高出 130 公顷、1 180 公顷和 1 130 公顷。但随着国家政策以及区位因素的影响，2014 年到 2017 年新疆亚麻种植面积再度低于黑龙江省。而在 2018 年，新疆的种植面积陡增，达到黑龙江省种植面积的2.2倍,占到全国种植面积的58.36%。随着科技的不断进步和加工技术的不断提高,新疆亚麻的发展前景十分广阔。

(3) 云南

云南省属亚热带季风气候,光能资源丰富、无霜期长、年降水量为580~2 700毫米,且干湿季分明,给冬季亚麻种植提供了良好的自然条件。云南亚麻自20世纪90年代以来逐渐发展起来,目前已在大理、楚雄、丽江、保山、德宏、思茅、西双版纳、临沧等11个州市的31个县实现规模种植。2010—2011年受国际市场的影响,云南亚麻种植面积大幅下降,但2012年之后出现上升趋势。2012年亚麻种植面积为1 910公顷,超过黑龙江,仅次于新疆。2014年后,受国内整体亚麻种植趋势以及国际市场影响,亚麻种植面积大幅下跌至250公顷,相关产业发展缺乏稳定性。

在产量方面,2007—2018年全国各地区的亚麻产量均处于下降态势。从表3-7可以看出,黑龙江、新疆和云南的亚麻产量急剧下降。黑龙江亚麻产量从2007年的154 100吨下降至2018年的4 200吨;新疆亚麻产量从2007年的75 800吨下降至2017年的4 200吨,2018年小幅增长至6 400吨;2007年云南亚麻产量18 100吨,但在2017年云南已经停止种植亚麻;内蒙古在2008年前亚麻产量较大,2011年后基本停止种植,2018年重新开始小范围种植,产量仅为2 200吨;湖南、湖北两省的亚麻产量一直处于较低水平,2009年以后也基本停止种植;贵州省的亚麻产量在2007年后处于较低水平,基本稳定在500吨以下生产,未来不容乐观。

表3-7 2007—2018年中国主产区产量统计表

类别	年份	内蒙古	吉林	黑龙江	湖北	贵州	云南	新疆
总产量（吨）	2007	12 000	100	154 100	1 300	100	18 100	75 800
	2008	27 400	200	150 000	2 000	200	19 100	55 800
	2009	9 600	100	44 200		100	15 200	14 500
	2010	900	100	21 700		100	2 600	12 300
	2011		100	11 600		100	1 200	18 100
	2012			9 200		100	5 500	19 100
	2013			6 200		400	2 700	11 600
	2014			7 000		500	200	2 500
	2015			5 700		500	200	4 600
	2016			3 900		500	200	7 600
	2017			5 800		500		4 200
	2018	2 200		4 200		200		6 400

数据来源：中国种植业信息网

在单产方面,2007—2008年全国各主产区亚麻的单产如表3-8。

表 3-8 2007—2018 年中国主产区单产统计表　　（单位：千克/公顷）

年份	内蒙古	吉林	黑龙江	湖北	贵州	云南	新疆
2007	3 866.97	3 333.3	3 733.7		798.49	4 983.41	5 507.98
2008	9 421.22	5 111.11	4 119.89		1 235.75	6 027.51	4 883.72
2009	11 921.54	2 000	3 915.43		647.42	6 779.93	5 793.65
2010	5 788.46	2 500	4 138.67		687.11	5 466.39	5 830.72
2011		2 500	4 507		580.88	10 642.73	6 711.49
2012	1 000		5 806.96		877.54	2 878.06	6 925.84
2013			6 725		1 539.27	2 552.44	5 643.09
2014			5 118.12		1 698.24	956.45	2 205.88
2015		2 000	4 029.1		1 660.65	1 185.19	5 507.81
2016	1 000	2 000	2 861		1 661.92	943.13	8 113.15
2017		1 937.5	4 775.72		1 663.04		7 697.02
2018	5 248.78		4 349.33		1 285.49		3 007.04

数据来源：中国种植业信息网

（二）国内亚麻加工情况

1. 亚麻加工行业现状

中国是全球重要的亚麻生产和加工国家，主要的亚麻生产地集中在黑龙江、吉林和辽宁，以及河北和山东等省份。这些地区拥有广阔的耕地和适宜的气候条件，为亚麻的种植提供了良好的基础。我国亚麻加工行业规模庞大，涵盖了亚麻纤维的提取、纺纱、织造和后整理等环节。中国亚麻加工企业众多，包括大型综合性纺织企业和小型家庭作坊。在亚麻纺织品生产方面，中国具备完整的产业链，从原材料加工到成品制造均有较高的生产能力。

中国亚麻加工行业的技术水平逐渐提升，正在从传统的手工操作向机械化和自动化生产转变。一些大型亚麻加工企业引进了先进的生产设备和技术，提高了生产效率和产品质量。同时，中国亚麻加工行业也在加强技术创新和研发，探索新的加工工艺和产品开发，以提升竞争力。总体而言，中国亚麻加工行业在规模、技术水平和市场需求方面都具备优势。随着消费者对环保和高品质产品需求的增加，中国亚麻加工行业有望进一步提升竞争力，并不断拓展国内外市场。

2. 我国亚麻加工机械情况

中国亚麻加工机械在过去几年采用了更先进的生产工艺和自动化控制技术，取得了显著的成效，亚麻加工机械的技术水平得到逐步提升。传统的手工操作逐渐被机械化和自动化生产线所取代，提高了生产效率和产品质量的稳定性。亚麻加工机械的种类和规格逐渐增多，能够满足不同规模和加工需求的企业，包括亚麻纤维提取设备、纺纱设备、织造设备和后整理设备等，涵盖了亚麻加工的全流程。

我国的亚麻加工机械制造企业积极地通过技术创新和研发，不断推出新型的机械设备。通过引进先进技术和自主研发,提高了机械设备的性能和可靠性,满足了市场的需求。同时,我国亚麻加工机械也朝着数字化和智能化方向发展,通过采用先进的传感器、自动控制系统和数据分析技术,实现了生产过程的监控和优化,提高了生产效率和资源利用率。

尽管我国亚麻加工机械在发展中取得了显著进展,但仍面临一些挑战。例如,技术创新的速度和质量需要进一步提升,以应对市场的不断变化和需求的多样化。此外,加强与亚麻种植、加工企业的合作,深化产学研合作,加强技术交流与分享,也是进一步促进亚麻加工机械发展的重要方向。

3. 我国亚麻加工龙头企业情况

根据中国纺织工业协会2017年评选产生的结果,"第二届中国麻纺织行业十大影响力品牌"企业分别是:新申集团有限公司"新申"、浙江金元亚麻有限公司"KINGDOM"、宜兴市舜昌亚麻纺织有限公司"舜昌"、江西恩达麻世纪科技股份有限公司"恩达家纺"、黑龙江省延寿县继嘉亚麻纺织有限公司"JJ继嘉"、山西绿洲纺织有限责任公司"LZ绿洲"、郴州湘南麻业有限公司"湘郴"、绍兴吉玛良斯服饰设计有限公司"GIMARAS吉麻良丝"、湖南华升集团公司"华升自然家族"、浙江金鹰股份有限公司"金鹰GETM"。其中包含4家主营亚麻的品牌企业:"KINGDOM""新申""JJ继嘉"和"舜昌"。

浙江金元亚麻有限公司"KINGDOM":该公司成立于2003年,是香港联合交易所上市公司金达控股有限公司旗下的一家从事亚麻纤维生产的专业化生产企业。公司主要设备从法国、意大利等国进口,技术水平处于国内领先,部分达到国际先进水平。该公司拥有29 000锭亚麻纱湿纺的生产线规模,目前亚麻纱的生产能力约为11 000吨,其亚麻纤维的生产能力为全球第二。

黑龙江省延寿县继嘉亚麻纺织有限公司"JJ继嘉":该公司共拥有亚麻纱锭30 000锭,年产量6 000吨,可生产24~50Nm的各种规格亚麻湿纺机纺织、针织纱,公司产品全部出口,主要市场有印度、葡萄牙、土耳其、韩国、巴西和意大利等。其中对印度、葡萄牙的出口量居全国第一。

(三) 国内亚麻贸易情况

1. 进口方面

(1) 亚麻原料进口

由表3-9可以看出,2005年,我国亚麻原料进口达到131 622.80吨,进口金额为22 789.26万美元,均比上年出现增长。2006年进口数量较2005年增长了17.90%,但是进口金额基本保持不变,说明进口单价有较大幅度下降。之后两年,受到国际金融危机的冲击,2007年进口数量下跌7.48%,2008年相比2007年进口数量更是大幅下降了40.46%,进口金额也下滑了23.57%,说明国内亚麻企业在金融危机中出现了较大的经营风险。2009年进口数量回升24.39%,说明金融风暴的不利影响已经开始下降,但进口金额却下降20.14%。

表 3-9 2005—2020 年亚麻原料进口量和进口金额统计表

年份	进口数量（吨）	同比增减（%）	进口金额（万美元）	同比增减（%）
2005	131 622.80	7.54	22 789.26	8.09
2006	155 183.68	17.90	22 832.64	0.19
2007	143 583.00	-7.48	25 657.28	12.37
2008	85 495.92	-40.46	19 609.00	-23.57
2009	106 345.45	24.39	15 659.67	-20.14
2010	142 162.45	33.68	23 545.50	50.36
2011	144 315.32	1.51	34 797.66	47.79
2012	99 552.82	-31.02	22 436.85	-35.52
2013	140 701.71	41.33	31 734.89	41.44
2014	166 476.88	18.32	43 738.92	37.83
2015	184 011.28	10.53	43 905.97	0.38
2016	165 092.47	-10.28	41 478.15	-5.53
2017	177 930.56	7.78	38 060.23	-8.24
2018	199 800.76	12.29	50 291.63	32.14
2019	207 281.63	4.21	67 511.72	34.61
2020	163 264.25	-21.35	45 266.31	-33.16

数据来源：中国海关

随着世界经济逐步走出金融危机的阴影，中国经济稳步回升，我国亚麻原料的进口贸易在 2010 年出现双增长，进口数量和进口金额分别同比增长 33.68% 和 50.36%。在经历了 2010 年、2011 年较大的亚麻进口需求后，2012 年的进口数量和进口金额都有了相应的下跌，进口数量同比下降 31.02%，进口金额同比下降 35.52%。随着国内亚麻种植面积和亚麻产量的持续减少，2014 年亚麻的进口数量和进口金额达到新高，进口数量同比增长 18.32%，价格的上升使得进口金额同比增长达到 37.83%。2015 年亚麻进口数量和进口金额继续上升，但金额涨幅只有 0.38%，说明进口价格出现下滑。在经历了连续三年的持续上涨后，2016 年的亚麻原料进口数量和进口金额分别下降 10.28% 和 5.53%，国际市场环境波动明显。2017—2019 年，亚麻原料进口数量和金额持续回升，并在 2019 年达到新高，但是 2020 年因为新冠疫情导致的全球经济不景气，造成了中国亚麻原料进口数量与金额出现大幅下降。总体而言，2014 年后，我国亚麻原料进口数量和金额已经较为稳定，每年会有 20% 以内的波动，说明我国亚麻产业在近几年已相对稳定，但是世界总体经济形势与"黑天鹅事件"对亚麻贸易的影响也不可忽视。

（2）亚麻纱线进口

由表 3-10 可看出，2006—2008 年的亚麻纱线进口数量和进口金额呈现出以逐年递减的比率下降的态势。2009 年在进口数量基本不变的情况下，由于进口单价的大幅上涨，导致进口金额上涨 28.36%。2010—2012 年亚麻纱线进口数量和进口金额以逐年递减的比率上升，同时进口价格有所提高。从 2014 年开始，亚麻进口数量和进口金额出现下降，下降幅度分别为 6.53% 和 9.03%。2015 年亚麻纱线进口数量较 2014 年小幅下降 2.72%，但进口金额上涨了 4.17%，说明进口价格上升，国际贸易保护主义和关税政策初现端倪。受此影响，2016—2020 年的亚麻纱线进口数量和金额都出现连续大幅度下滑，降幅比例都在 30% 左右，2018 年亚麻纱线的进口量甚至下降至 2017 年的一半，2020 年下降到不足 300 吨。

表 3-10　2005—2020 年亚麻纱线进口量和进口金额统计表

年份	进口数量（吨）	同比增减（%）	进口金额（万美元）	同比增减（%）
2005	2 478.74	2.92	725.82	13.35
2006	1 550.59	-37.44	478.33	-34.10
2007	1 181.89	-23.78	433.05	-9.47
2008	937.99	-20.64	397.47	-8.21
2009	931.27	-0.72	510.21	28.36
2010	1 136.11	14.23	646.70	60.07
2011	1 466.43	29.08	942.13	45.68
2012	1 646.72	12.29	1 319.74	40.08
2013	1 725.79	4.80	1 278.72	-3.11
2014	1 613.05	-6.53	1 163.30	-9.03
2015	1 569.21	-2.72	1 211.82	4.17
2016	1 090.09	-30.53	892.12	-26.38
2017	843.67	-22.61	637.13	-28.58
2018	430.27	-49.00	455.31	-28.54
2019	480	12.01	597	31.03
2020	278	-42.23	307	-49.43

数据来源：中国海关

(3) 亚麻机织物进口

由表 3-11 可以看出，2005—2012 年，亚麻机织物的进口数量和进口金额都表现出持续下降的态势。其中 2008 年和 2009 年受金融危机的影响，下滑幅度最大。2013 年亚麻机织物的进口需求有所上升，导致进口数量和进口金额都有一定幅度的增长，且进口单价基本保持稳定。2014 年，亚麻机织物的进口数量下降幅度较大，进口金额在单价较高的水平下降幅度较小。2015—2017 年的亚麻机织物进口数量和金额同比都出现不同程度的下滑，2018 年与 2017 年保持相对持平的水平，2019—2020 年出现断崖式下降。与亚麻纱线一样，亚麻机织物的进口也受到国际经济形势的影响。

从 2005—2020 年的整体态势来看，亚麻机织物进口数量除了 2013 年出现小幅增长以外，基本保持下降的趋势，而进口金额的下降幅度要小于进口数量。亚麻纱线及亚麻机织物的进口下降可能是由于近 15 年内我国产业结构变化对于亚麻类制成品的需求下降造成的。未来可能会更多出口而不是进口相关产品。

表 3-11 2005—2020 年亚麻机织物进口量和进口金额统计表

年份	进口数量（千米）	同比增减（%）	进口金额（万美元）	同比增减（%）
2005	92 439.71	−18.67	13 113.53	−9.81
2006	82 853.00	−10.37	12 100.35	−7.73
2007	62 180.83	−24.95	10 093.53	−16.58
2008	40 449.79	−34.95	8 049.41	−20.25
2009	26 526.38	−34.42	6 272.78	−22.07
2010	21 793.12	−17.84	5 656.35	−9.83
2011	16 548.02	−24.07	5 609.90	−0.82
2012	11 579.72	−30.02	4 784.68	−14.71
2013	12 588.75	8.71	5 222.05	9.14
2014	10 334.62	−17.91	4 932.14	−5.55
2015	9 254.72	−10.45	4 327.34	−12.26
2016	7 760.98	−16.14	4 225.24	−2.36
2017	6 131.94	−20.99	4 038.16	−4.43
2018	6 184.73	0.86	4 201.52	4.05
2019	563	−91.33	3 552	−15.00
2020	348	−38.46	2 444	−31.94

数据来源：中国海关

2. 出口方面

2005 年，国际市场的亚麻服装较为流行，所以当年我国的亚麻纱线及亚麻布出口较多。2008 年金融危机导致出口量大幅下降。2010—2016 年间，随着我国亚麻种植面积的不断减少和我国亚麻国内需求的增加，以及国际大环境的不利影响，亚麻行业竞争压力加剧，亚麻纱和布的出口量有所下滑，亚麻市场处于底部徘徊态势。2017 年、2018 年，国际市场对于亚麻制成品的需求出现明显上升的态势，亚麻机织物的出口数量出现大幅度上升。在 2017 年中国亚麻大会上，中国麻纺织行业协会会长董春兴认为，随着市场对亚麻产品的大力宣传，消费者对亚麻产品的认识有所提高，亚麻企业品牌知名度也进一步提升，预计亚麻市场将重新步入一个新的发展时期。

（1）亚麻原料出口

2005 年我国亚麻出口数量和出口金额分别下降 17.19% 和 22.50%，出现这种情况主要是由于欧盟在 2005 年 1 月取消了对中国亚麻纺织品的出口配额限制，但是在当年 5 月又恢复配额限制，我国部分企业又无法及时找到新的出口市场，所以企业遭受较大损失（表 3-12）。2007—2010 年出口数量呈现稳步上升的态势，其中 2010 年的出口数量和出口金额增幅都超过了30%。2011年亚麻原料的出口数量和出口金额出现下降，下降幅度分别为24.31%和4.24%。随后2012—2013年的亚麻出口数量和出口金额又保持同步增长的势头，增长幅度接近15%。2014年出口数量出现较大幅度下降，由于出口价格的巨幅增长，导致出口金额较上年有所上升。受到2014年出口大幅度波动的影响，国家出台相关政策刺激国内消费，2015年的出口数量较上年的波动明显减小，而且略有下降。受新一轮国际贸易保护主义以及新兴市场的激烈竞争，我国2016年的亚麻原料出口再度出现较大幅度下滑，分别下降18.41%和16.26%，随着2017年、2018年的持续下降，出口数量在2019—2020年迎来谷底，已经几乎退出出口市场。

表3-12 2005—2020年亚麻原料出口量和出口金额统计表

年份	出口数量（吨）	同比增减（%）	出口金额（万美元）	同比增减（%）
2005	4 195.00	-17.19	204.53	-22.50
2006	3 173.87	-24.34	238.66	16.69
2007	3 462.79	9.10	250.54	4.98
2008	4 128.34	19.22	259.20	3.46
2009	5 148.34	24.71	328.33	26.67
2010	6 836.36	32.79	485.54	47.88
2011	5 174.60	-24.31	464.96	-4.24
2012	5 900.72	14.03	538.77	15.87
2013	6 735.01	14.14	606.64	12.6
2014	4 491.11	-33.32	611.93	0.87
2015	4 443.36	-1.06	568.73	-7.06
2016	3 625.44	-18.41	475.66	-16.36
2017	3 347.36	-7.67	426.46	-10.34
2018	2 356.84	-29.59	346.96	-18.64
2019	123	-95.02	87	-75.27
2020	150	22.37	107	23.02

数据来源：中国海关

（2）亚麻纱线出口

2005—2007年亚麻纱线出口的数量和金额都保持不断增长的趋势，其中2005年的增幅都超过了30%，之后的增长比率逐年递减，这与国际市场掀起的亚麻服装热潮逐渐消退有关（表3-13）。2008年爆发的金融危机引发全球经济衰退，导致亚麻纱线的出口贸易受到严重冲击，连续两年的出口数量和出口金额都明显下降。随着世界经济走出衰退，中国经济稳定回升，2010年我国亚麻纱线出口出现较大增幅，出口数量和出口金额同比增长61.25%和69.22%。2010—2015年亚麻纱线出口呈现增长趋势，但2015年的增幅只有不到6%。受逆全球化趋势和各国反倾销调查事件的影响，2016年的亚麻纱线出口数量和金额分别下降了14.96%和23.77%。2017—2018年，亚麻纱线出口虽然没有继续出现大幅度下降，但也只是小幅波动而没有出现上升趋势，2019—2020年出口量持续下降，并于2020年跌至2万吨以下，在亚麻纱线世界贸易市场上的份额占比也逐渐减少。

表3-13 2005—2020年亚麻纱线出口量和出口金额统计表

年份	出口数量（吨）	同比增减（%）	出口金额（万美元）	同比增减（%）
2005	16 069.63	38.23	10 542.11	43.81
2006	17 739.77	10.39	11 359.56	7.75
2007	17 779.00	0.22	11 668.85	2.72
2008	14 431.49	−18.83	10 335.88	−11.42
2009	14 387.94	−0.30	9 203.41	−10.96
2010	23 200.76	61.25	15 574.35	69.22
2011	23 733.02	2.29	21 278.78	36.63
2012	27 741.64	16.89	24 607.38	15.64
2013	28 690.93	3.42	26 336.23	7.03
2014	31 843.72	10.99	30 545.40	15.98
2015	33 742.72	5.96	31 493.64	3.1
2016	28 693.88	−14.96	24 006.55	−23.77
2017	30 628.15	6.74	23 301.69	−2.94
2018	29 863.25	−2.50	27 002.63	15.88
2019	25 200.32	−16.34	25 708.63	−5.03
2020	18 600.84	−26.75	15 915.98	−38.54

数据来源：中国海关

（3）亚麻机织物出口

2005年亚麻机织物出口价格较高，导致出口金额增幅较大，并且保持了连续两年的增长（表3-14）。2007—2009年出口数量连续三年以超过两位数的幅度下降，出口金额在2007年和2009年下降幅度也分别达到了10.88%和17.76%。随着世界经济的回暖，2010年，亚麻机织物的出口贸易大幅度提高，出口数量和出口金额同比增幅分别为34.99%和35.73%。2013—2015年出口数量和出口金额均保持上升态势，其中2014年和2015年上升趋势更加明显，出口数量和出口金额超过2011年的水平。

表3-14 2005—2020年亚麻机织物出口量和出口金额统计表

年份	出口数量（千米）	同比增减（%）	出口金额（万美元）	同比增减（%）
2005	170 864.92	9.62	34 094.51	18.04
2006	187 421.31	9.69	37 323.30	9.47
2007	154 658.33	−17.48	33 260.90	−10.88

（续表）

年份	出口数量（千米）	同比增减（%）	出口金额（万美元）	同比增减（%）
2008	135 116.92	-12.64	32 217.55	-3.14
2009	118 940.26	-11.97	26 495.71	-17.76
2010	160 559.98	34.99	35 968.34	35.73
2011	151 103.26	-5.89	43 572.43	21.14
2012	133 918.02	-11.37	38 386.18	-11.44
2013	136 604.75	2.01	40 625.12	5.28
2014	155 387.71	13.75	46 365.69	14.13
2015	174 951.27	12.59	51 177.82	10.38
2016	176 075.12	0.64	47 923.13	-6.36
2017	207 480.35	17.84	51 420.31	7.30
2018	274 338.63	32.22	73 237.52	42.43
2019	283 997.43	4.52	80 465.53	10.03
2020	214 527.48	-24.17	57 844.42	-28.63

数据来源：中国海关

与亚麻原料和亚麻纱线出口受挫一样，亚麻机织物2016年的出口不容乐观，出口数量增长不到1%，而出口金额却下降6.36%，说明受国际经济形势影响，我国部分出口企业开始压低价格，利润水平有下降趋势。2017年，亚麻机织物出口开始出现上升势头，并在2018年持续这一上升态势，在该年迎来了亚麻机织物出口量与出口金额的峰值，说明我国亚麻制成品虽然受到国际经济形势的影响，但通过合理的策略仍能提升出口数量，占据竞争优势。2019年变化不大，2020年同样因为疫情原因，出口出现大幅下滑。

3. 分析

我国的亚麻进出口贸易受国际市场的影响非常明显。2005年1月，欧盟取消了对我国亚麻织物出口配额的限制，同年5月，又对我国亚麻纱（类别号115）实施配额限制，引起了亚麻行业进出口贸易的剧烈波动。2008年金融危机引发全球经济衰退，市场充满各种不确定因素，亚麻行业外贸出现下降的同时，内需拉动的措施在短时间内也未显效，造成2008年和2009年进出口贸易出现全面负增长。随着世界经济走出衰退，中国经济稳步回升，2013—2015年，亚麻出口迎来连续三年增长态势，但随着我国劳动力成本优势和人力资本优势的逐渐消退，以及价格战的影响，加上南亚、东欧部分国家的亚麻出口价格更加低廉，导致我国2016年亚麻出口数量和金额开始下滑。从亚麻近十年的进出口整体趋势分析中可以发现，亚麻机织物在国际市场的竞争力相对较强，总体能够以向上的趋势保持出口，且在亚麻三类出口产品中占据较大的比例；亚麻纱线更多地受到国际贸易关系的影响，波动较为频繁，近年来保持相对平稳的出口水平；亚麻原料的进口波动受国际经济的影响较强，波动较为剧烈，而出口额常年保持较低水平，与另外两种亚麻产品的出口相比只占很小的比例。另外，我国为大力鼓励亚麻行业的发展，采取了一系列的扶持政策。为鼓励出口，亚麻原料及制成品一直未开征出口税。2006年，国家对包括纺织品在内的部分商品降低了出口退税率，亚麻出口税率下调至11%。为了应对国外市场萎缩，2008年，亚麻出口税率连续调整了两次。2010年之后，亚麻纱线、亚麻织布等产品的出口退税率提高到16%。2012年以后，随着互联网以及相关技术的发展，亚麻纺织行业发展面临消费需求多元化、融合创新快速化和智能深度化三个新变化，国内相关企业应当顺应时代发展要求积极主动调整策略。

而随着我国逐渐成为中端麻类产品加工国，对于原料的进口需求越来越大，同时，产成品出口越来越多。在这样的背景下，全球大宗商品价格及世界经济对我国麻类产品进出口的影响越来越明显，2020年新冠疫情的影响所产生的冲击尤为突出。因此，密切关注世界贸易及经济宏观发展并据此做出产业调整就变得越来越重要。

三、亚麻种植、加工及贸易环节的发展趋势分析

（一）种植环节

长期以来我国亚麻种植面积居世界前列。但是从2005年开始我国亚麻的种植面积急剧下降，这主要是因为我国亚麻种植、收获和加工水平偏低，导致亚麻纤维的品质较难达到企业生产加工的要求。作为全国亚麻种植面积最大的黑龙江省，其种植面积的下降是全国种植面积下降的主要推动力（图3-9、图3-10、图3-11）。

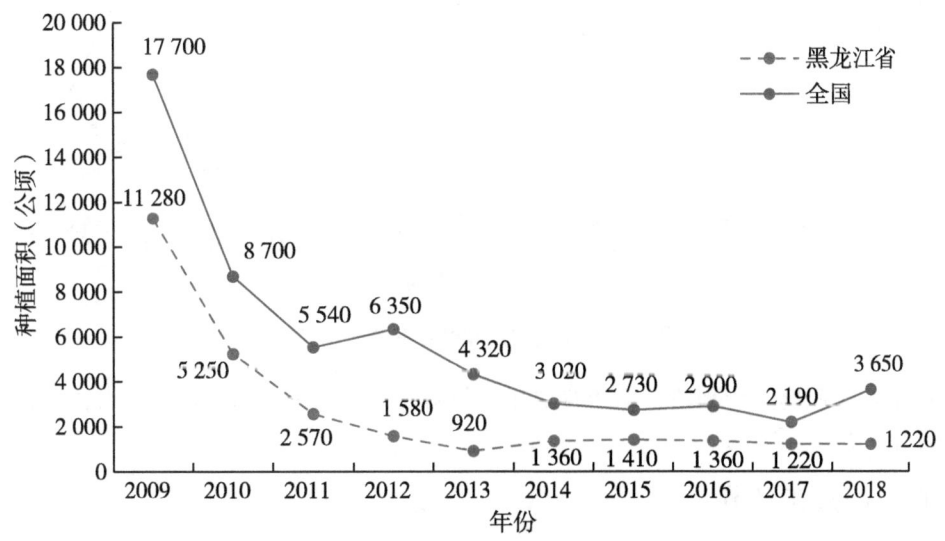

图3-9 全国和黑龙江省亚麻种植面积走势图

由图3-9至图3-11可以看出，2007—2010年，全国亚麻种植面积急剧下降，导致亚麻产量也快速下滑，2011—2018年，亚麻种植面积基本保持稳定，2018年的种植面积和产量虽然有小幅上升，但均远低于2005年的水平，这对我国亚麻加工企业产生了较为严重的原料威胁。全国各地区的亚麻单产水平波动较大，云南、黑龙江和新疆作为

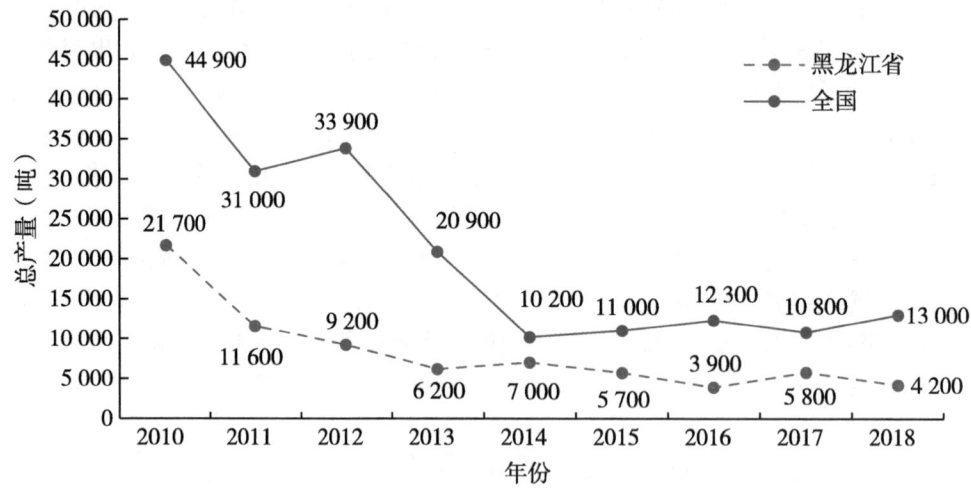

图 3-10 全国及黑龙江省亚麻产量走势图

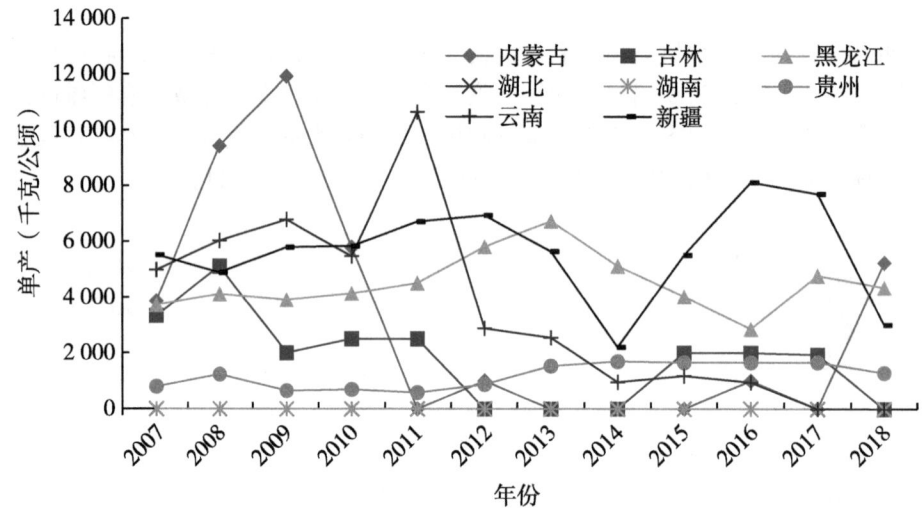

图 3-11 全国主产省区亚麻单产走势图

我国最重要的亚麻生产基地,单产波动却十分明显,因此未来加大科技投入,培育良种以稳定单产是重要方向。

(二) 加工环节

在麻类产业投资方面,麻纺行业经营状况明显回升。随着我国新冠肺炎疫情好转,2020 年第二季度纺织行业产能明显回升。依据国家统计局和中国纺织工业联合会统计数据,第二季度,纺织行业景气指数回归至扩张区间,景气指数一度达到 51.0。国家统计局数据显示,2020 年上半年,全国规模以上纺织企业营业收入降幅收窄 9%,实现值 19 260.7 亿元;利润总额降幅收窄 25.2%,实现值 731 亿元;营业收入利润里较上季度提高 1.2%,实现值 3.8%。但我国麻类产业结构等问题仍然需要引起较大关注。

1. 经过多年发展麻纺织品的高端品牌仍然较少

麻纺织品出口多数为初加工的精干麻、麻条、麻纱、坯布等初级产品，其技术含量低、附加值低、经济效益差。麻纺织仍没有建立产业高端品牌和销售渠道，从而严重制约了麻类产业的可持续发展。

2. 麻类科技转化率目前还有待提高

当前，国内麻类研究存在科研分散、重复和成果应用周期短于产出周期等诸多问题。此外，我国农民文化程度普遍比较低，但麻类科学技术的主要受众是农民。这些问题都严重制约了麻类科研成果的转化效率。

3. 劳动力成本提高制约了产品出口的竞争力

随着国家进一步出台提高工人收入和福利水平的政策，造成以前低廉用工的红利逐渐减少。从而造成属于高劳动密集型产业麻纺织的生产成本增加，致使企业在国际市场的竞争力降低。

4. 农技推广与市场经济发展不相适应

当前我国的农技推广主要以政府为主导来确定推广技术，并以作物增产为目的，未将农民增收放在首位。这种推广方式，不能充分激发农民的生产积极性。此外，政府对麻类农技推广的投入比较低，造成农技推广人才待遇差、流失严重。

（三）销售和进出口贸易

1. 亚麻进出口贸易

如图 3-12、图 3-13 所示，我国亚麻类产品的进出口类别具有显著差异，进口方面，我国对于亚麻原料的进口极具依赖性，而对于亚麻纱线及亚麻产成品的出口较多。通过进出口趋势可以看出，我国对于亚麻原料的进口需求自 2012 年起便不断增长，对于亚麻机织物的出口同样不断增长，而对亚麻纱线的出口却较为稳定。在 2020 年遭遇新冠疫情的影响后，进出口出现了双下滑的态势。

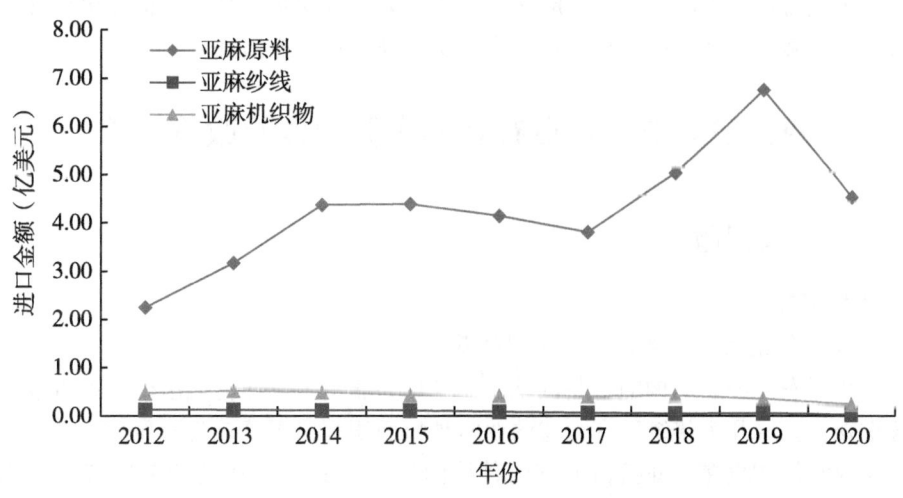

图 3-12　2012—2020 年全国主要亚麻产品进口数据走势图

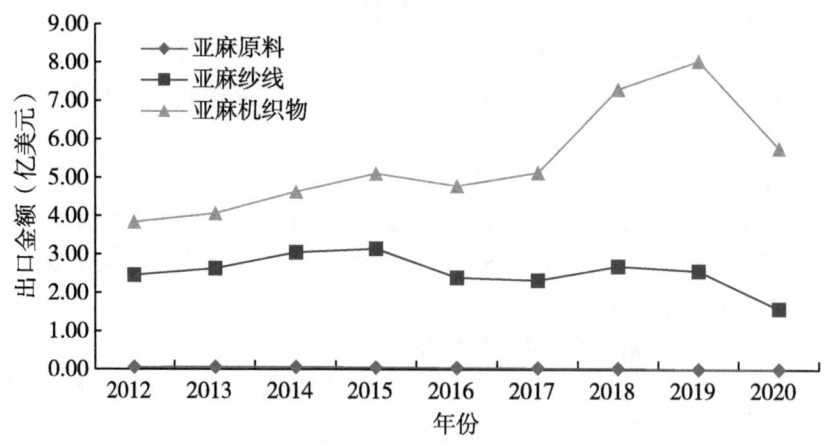

图3-13 2012—2020年全国主要亚麻产品出口数据走势图

2. 国际贸易保护主义抬头

中国遭受的反倾销案调查数量居高不下，反补贴措施已逐渐成为贸易摩擦的焦点。2008年，欧盟曾对产自我国的115类亚麻纱和苎麻纱设限。2009年，印度又对中国和中国香港地区的亚麻布征收了反倾销税。日本政府在2011年1月提交关税暂定措施法修正案，拟从2011年4月1日起取消一批来自中国的商品关税优惠措施。

2015年以来，世界经济增速放缓，逆全球化及保护主义抬头趋势仍在延续。据商务部统计数据，2017年前三季度，我国浙江省就遭遇了19个国家和地区发起的贸易救济调查案件84起，涉案金额17.85亿美元，同比增长24.1%。国际产业竞争随着国际贸易形势而更加激烈，我国亚麻产品国际贸易可能会同时受到发达国家制造业回流和新兴经济体中低端制造业崛起的影响，增长承压。此外，虽然我国麻纺织行业难以改变以出口为主的行业格局，但在此背景下，企业应当更努力开拓内需市场。2020年的出口麻类产品多数为初加工的精干麻、麻条、麻纱、坯布等初级产品。为提升出口麻类产品竞争力，未来麻类深加工产品将应该向高档次、高附加值方向发展。

四、我国亚麻产业存在的主要问题及政策建议

（一）主要问题

1. 种植环节

（1）亚麻种植面积下降，良种化程度低

由于我国农业产业结构的不断调整，亚麻作为非主要农作物无法得到各级政府部门的足够重视，我国几个传统种大省的亚麻种植面积都出现了较为明显的下降，其他经济效益高的农作物也在不断挤占亚麻的种植面积[27]。而且我国的亚麻原茎单产水平和长麻率与先进国家相比还存在一定差距，我国亚麻原茎产量仅为4~5吨/公顷。我国亚麻在品种使用上也缺乏科学规划，品种更新不及时，抗病害能力弱，严重制约了亚麻原

料加工业和纺织工业的发展。

（2）种植机械化水平低

我国播种环节多采用小麦条播机，用小麦条播机播种亚麻。在许多农村地区，亚麻的沤麻步骤依然是由农户手工操作完成，不仅生产效率低、耗费大量时间，而且劳动强度大。我国目前只有牵引式的拔麻机、脱离机、打捆机等，不能满足麻类种植的需要。

（3）企农关系不协调，生产方式落后

由于亚麻原料加工厂的垄断经营，农民承担着全部农业风险却不掌握定价权，属于市场弱势群体。厂家和麻农间的这一矛盾难以调和，致使农民种麻积极性不高。而且许多亚麻原料加工厂向麻农供应质量比较差的种子，价格还十分高；在收购亚麻原茎和种子时，不仅存在压级压价现象，而且经常收麻时拖欠农户的麻款。

2. 加工环节

（1）机械化水平低、产业化程度不高

亚麻生产设备陈旧、老化，缺乏短流程、大卷装、高效率的工艺设备，导致收货和加工的亚麻在质量上属于次品，在数量上也比平均值低[27]。另外，许多亚麻纺纱企业的规模小，经营模式单调，经济利益问题难以协调，规模化生产存在巨大难题。

（2）产品附加值低、创新科研投入不足

亚麻初加工环节主要集中于纺纱、织布等附加值低的环节，深加工方面由于技术创新和研发投入不足导致工艺水平多停留在20世纪水平，科研机构与麻农无法形成良好的对接，科研成果转化率低，不仅造成科研成果的闲置浪费，而且亚麻产品的色牢度、光泽度和平整度与欧洲等发达国家相比存在较大差距。

（3）企业资金周转困难，债务问题较为突出

国内很多亚麻企业为了提高国际竞争力而投入巨大，但是大部分企业自有资金不足，长期处于负债经营状态。加上亚麻纺织企业为了履行社会责任，开展社会公益事业，从而加大了企业的资金支出。因此，一旦市场销售情况不佳或者遇到金融危机，企业就会出现资不抵债的情况，严重者甚至有倒闭的风险。

3. 市场环节

（1）亚麻市场价格起伏大

随着我国近几年对亚麻产品的大力开发，市场需求不断提高，许多商家为了增加收益而擅自提价，导致亚麻纤维等原材料的价格上涨迅速。等到市场饱和后，不良商家又开始不断压低价格，导致亚麻市场价格波动非常大，不利于企业的健康发展。2010年后，亚麻布的国际市场销售量出现下降趋势，国内许多出口导向型企业亏损严重。

（2）原料瓶颈问题突出

随着我国亚麻种植面积的不断减少，以及国内对亚麻产品需求的提高，我国现阶段的亚麻原料主要从欧洲进口。因此欧洲出口亚麻价格一旦上涨，会对进口型企业的发展造成巨大打击。统计资料显示，2015年我国打成麻进口均价为2.99美元/千克，比2010年上涨了62.50%。2015年全国消耗亚麻纤维进口占比达87.62%，对外依赖度过高导致我国在亚麻进口原料的价格、品质等方面基本没有话语权。

(3) 贸易摩擦加剧

2015年以来，中国反补贴调查数量已跃居全球第一。各种保障措施、技术性贸易措施等新名目的贸易摩擦增多，严重影响了我国的进出口贸易。企业在信息收集与共享、联合应诉、法律抗辩、公平贸易培训、课题研究等方面合作还不深入，需要建立长效机制。

（二）政策建议

1. 加大对亚麻产业的补贴

亚麻种植面临严重的自然灾害威胁，如春旱夏涝等，同时亚麻价格波动剧烈，亚麻种植的风险较大，政府应该投入资金修建完善的农业基础设施，调动麻农种植积极性。在亚麻加工方面，提高对企业购买高科技大型设备的补贴力度，给予税收、贷款等政策优惠。在亚麻外贸出口方面，出台有利于企业的退税政策，颁布保护出口企业的法规制度等，提高本土企业的国际竞争力。

2. 优化种植区域布局，建立种植示范基地

要扩大亚麻种植面积，以缓解亚麻纺织业依靠进口原料维持生产的局面。一是在黑龙江、新疆等亚麻重要产区，积极推进"优质亚麻种植基地"建设；二是适度扩大亚麻的种植区域，例如，安徽北部和河南南部等地气候条件适宜种植亚麻，国家应该加大资金和科技投入，并给予政策扶持；三是在种植区域推进集约化、规模化种植，并且提高机械化种植水平。

3. 开展亚麻籽的深加工技术研究

应该加强亚麻栽培和种植技术的研究，把丰产性与提高亚麻籽营养特性结合起来，总结形成绿色、有机食品原料的高效栽培管理技术；亚麻籽市场前景广阔，但目前的技术还不足以充分利用亚麻籽在营养和活性等方面的优势，因此国家的政策和专项资金应该不断投入到相关生物技术和医学技术的研究领域。

4. 扩大融资渠道，缓解企业债务压力

亚麻企业为了避免在发展过程中背负沉重的债务压力，银行贷款不能作为唯一的经济来源。因此要积极扩大融资方式，如企业合作互相借款、共同经营、共担债务等。

5. 加强好产品开发，增强市场竞争力

亚麻纺织产品不仅具有吸湿、卫生性能好、色调柔和大方、穿着舒适等优良特性，而且附属产品开发价值大，所以应该投入资金不断开发多种用途的系列新亚麻纺织产品，以提升亚麻产品的附加值。其中亚麻针织产品和装饰用亚麻纺织品应该是行业新的增长点。

6. 支持行业发展，扩大企业之间的交流

政府要加强行业引导，推进产学研深度合作，联合开发更新技术设备，促进新技术在企业中的运用，扶持骨干企业做好升级。通过亚麻学会、协会等组织将全国亚麻生产者、研究者等集合起来，政府拨款资助亚麻研究，带动产业的发展，不断扩大服务范围、提高服务质量。

7. 提高机械化水平，实现集约化生产

亚麻种植、收获、加工机械化应提档升级，实现全程机械化。要引进先进的种植、收割设备，带动亚麻企业实行集约化、规模化经营，提高自动化水平，降低生产成本。同时应大力研发和推广亚麻生产的高新技术，使亚麻纺织产品的质量水平在得到较大提升的同时缩短生产交货周期，降低生产成本，提升产品竞争力。

8. 扩大内需，将资源优势转化为产业优势

目前国内消费者对亚麻及其制品的认知度还不高。据麻纺行业协会统计，目前我国麻纺织品40%内销，60%出口。因此要花大力气，加快国内市场的开拓。我们不但要学习汲取外国的做法，还要积极开拓国内市场，满足国内市场的需求。要从亚麻产品宣传、亚麻产品品牌建设和亚麻产品合理定价等方面持续努力。

9. 建立产学研创新联盟

要建立起全面可靠的技术创新体系，并按照市场需求进行生产。企业要与学校和相关科研机构充分合作，不仅要集中创新要素，还需要加快把实验室成果应用到实际生产中去，如亚麻纤维及亚麻纺织的无氯漂白技术、短麻工艺技术设备改造和终端产品的研发等。

10. 加快亚麻产业文化发展

根据《文化部"十三五"时期文化产业发展规划》，促进文化产业发展一直是我国社会全面向前发展的重要环节，要大力支持人民喜闻乐见的文化产品，不仅要具有当地的文化特色，还需要向外扩展，让更多人领略到亚麻文化产品的魅力。黑龙江省兰西县借助"中国亚麻之乡"和"中国亚麻纺编织名城"两个具有地方特色的文化称号，从旅游经济出发，既提高了当地的文化吸引力，也加快了兰西地方经济的发展。

第四章 黄/红麻产业经济分析报告

一、世界黄/红麻种植、加工及贸易情况

黄麻是一种天然纤维植物，属于麻科植物。黄麻的纤维由植物的茎部提取而来，具有优良的力学强度和耐用性，是世界上最重要的植物纤维之一。黄麻纤维长而柔韧，主要用于制造麻袋、麻绳、编织品和工业材料等。此外，黄麻还可以用于造纸、纺织品、地毯、纸浆和建筑材料等。孟加拉国和印度是主要的黄麻产区，中国也是黄麻的重要种植和加工国家。

红麻是一种亚热带纤维植物，也属于麻科植物。红麻的纤维同样由植物的茎部提取而来，具有极佳的强度和耐久性。红麻纤维光亮且柔软，具有良好的透气性和吸湿性，其主要用于制造纺织品、纺织工艺品、装饰品、家居用品和纸浆等。红麻的生产主要集中在亚洲国家，包括中国、泰国、印度和菲律宾等。

黄麻和红麻作为可再生的纤维资源，具有良好的环保性能和可持续发展潜力。它们在农业方面也有应用，如黄麻作为绿肥植物可以培肥土壤。随着科学技术的进步和市场需求的不断发展变化，黄麻和红麻产业正在努力向着提高生产效率、改善产品品质和开发新的应用领域的方向开拓前进，以适应现代经济的发展要求。

（一）世界黄/红麻种植情况

1. 黄麻种植情况

由图 4-1 可以看出，2000—2019 年，黄麻的种植面积和产量的走势大致保持一致。种植面积在 2003 年有所减少，从 2003 年到 2010 年，种植面积处于稳定状态，而产量的波动相比种植面积来说则稍大一些。在保持多年稳定后，2011 年黄麻的种植面积与之前相比有所扩大，产量也较 2010 年之前相应增加，之后的黄麻种植面积与产量继续持平。到 2019 年，世界黄麻的种植面积为 144.59 万公顷、产量为 340.58 万吨。

由图 4-2 可以看出，2000 年以来世界黄麻单产整体上保持小幅递增态势，单产水平基本维持在 2~2.5 吨/公顷，而且大多数年份波动较小，但 2009 年单产波动较大，也是 2000—2019 年单产最高的一个年度，为 2.4 吨/公顷。之后世界黄麻的单产水平较之前小幅波动。2015 年以后，黄麻单产水平继续小幅递增，到 2019 年继续保持稳定状态，为 2.35 吨/公顷。

2. 红麻种植情况

世界红麻种植主要集中在远东国家如中国、印度、泰国等。自 2001 年以来，世界

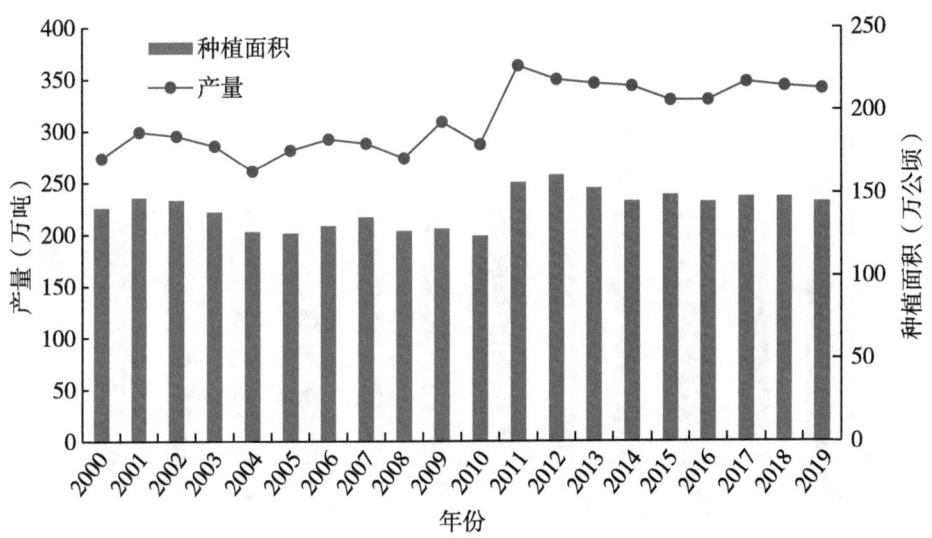

图4-1　2000—2019年世界黄麻种植面积与产量
（数据来源：FAOSTAT）

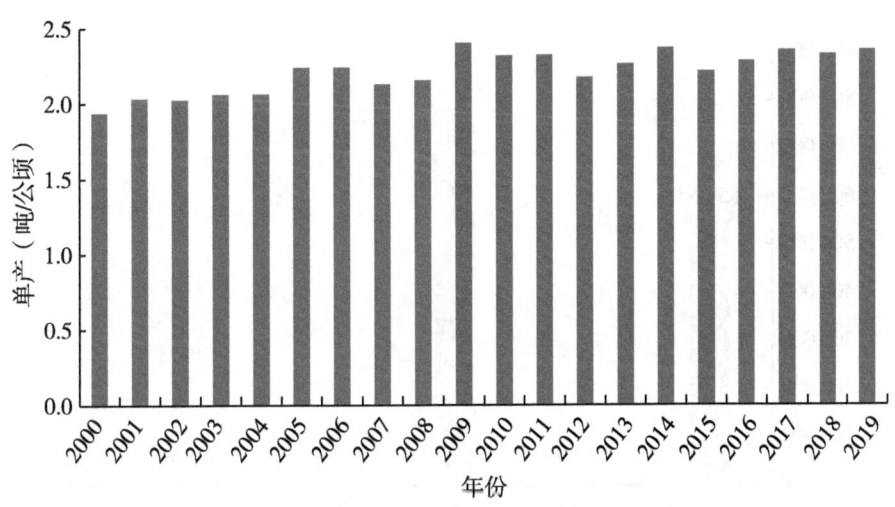

图4-2　2000—2019年世界黄麻单产
（数据来源：FAOSTAT）

红麻产量持续走低，到2012年仅为26.78万吨，是进入21世纪以来最高产量46.64万吨的57.4%（图4-3）。产量降低了近一半。与黄麻相比，红麻的产量相对较低。

3. 主产国情况

世界黄/红麻主产国主要是印度和孟加拉国。由图4-4可以看出，在2000年到2019年，这两个国家的黄/红麻平均种植面积远远超过其他国家，其中印度的平均种植面积为781 223公顷，孟加拉国的平均种植面积为553 559公顷，将印度和孟加拉国的黄/红麻种植水平与世界主要黄/红麻生产国的总种植面积相比较可以看出，印度的平均

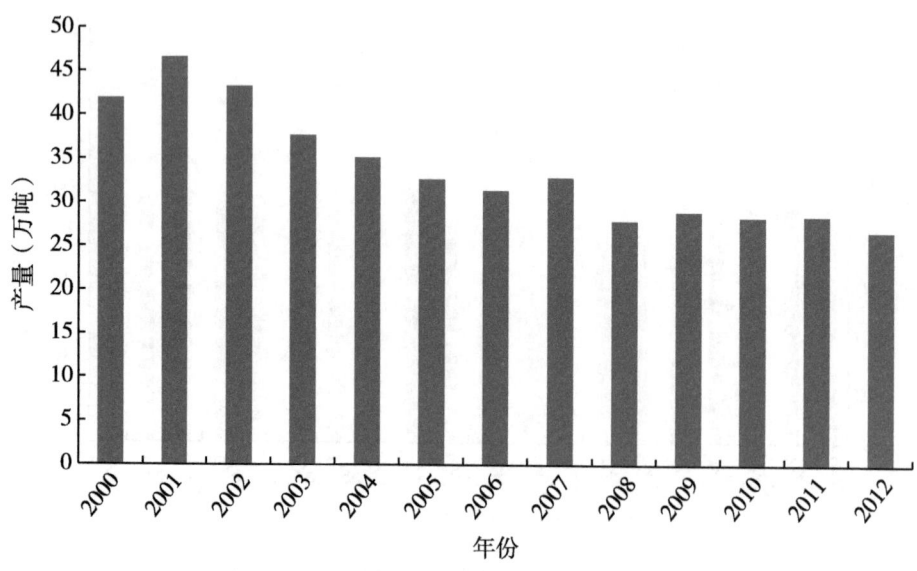

图 4-3　2000—2012 年世界红麻产量
（数据来源：FAOSTAT）

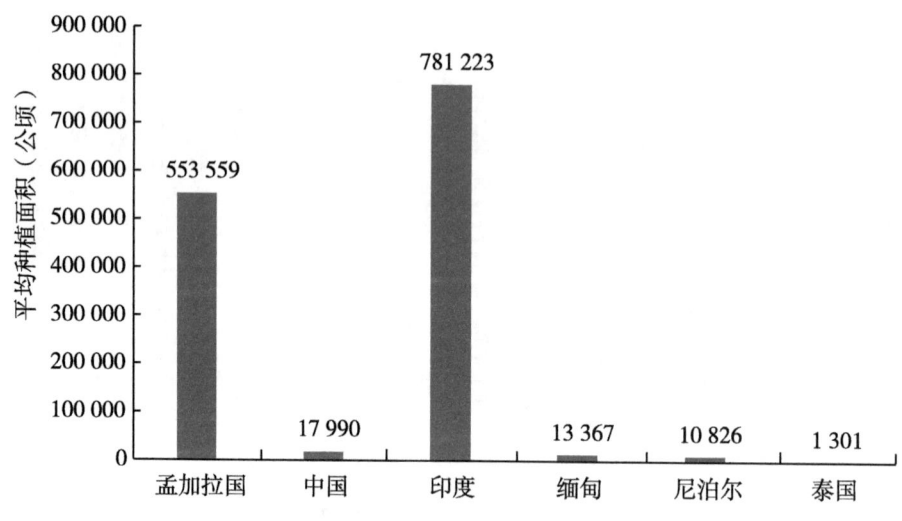

图 4-4　2000—2019 年各主产国黄/红麻平均种植面积
（数据来源：FAOSTAT）

种植面积占世界主产国总种植面积的 56.68%。从图 4-5 可以看到，印度依旧是世界黄/红麻产量第一大国，其平均产量占世界主产国的 60.57%。尽管中国作为黄/红麻种植面积和产量第三大国，但是相较于印度和孟加拉国，种植面积和产量都较低，种植面积和产量仅占到世界主产国的 1% 左右，规模相对较小。

从各主产国的黄/红麻单产情况来看（图 4-6），尽管我国的种植面积和产量较低，但是 2019 年中国的单产水平是最高的，为 3.75 吨/公顷；印度和孟加拉国次之，分别为 2.56 吨/公顷、2.13 吨/公顷；缅甸最低，仅为 1.1 吨/公顷。从此可以看出，印度和孟加拉国虽然在种植面积和产量上远超我国，但是单产低于我国，说明我国黄/红麻的育种和种植水平处于世界领先水平。

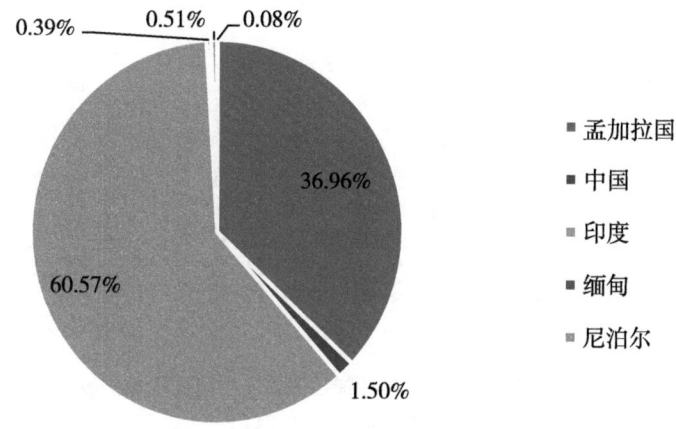

图 4-5　2000—2019 年各主产国黄/红麻平均产量
（数据来源：FAOSTAT）

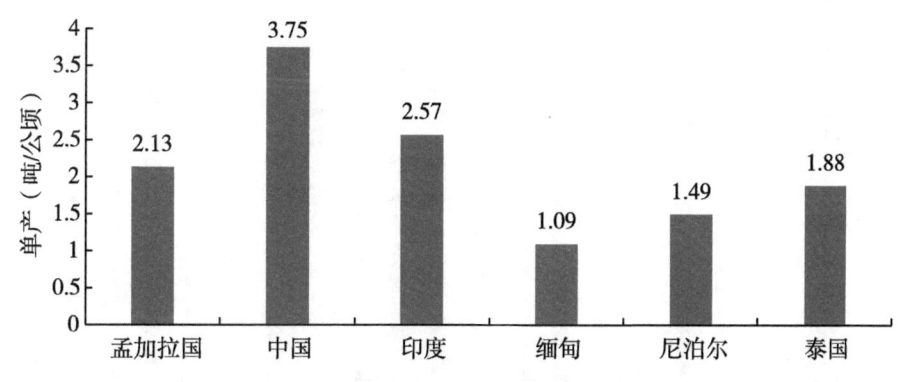

图 4-6　2019 年各主产国黄/红麻单产
（数据来源：FAOSTAT）

（1）孟加拉国

孟加拉国是世界黄麻的主产国之一，其种植面积与产量从 2000 年到 2010 年基本持平，但产量在 2006 变化稍大一些，可以看出在 2006 年时孟加拉国的单产水平有所提高。在 2011 年时，种植面积和产量均发生了大幅度增长，2011 年以后有所回落，但是整体水平依然高于 2010 年及以前，其中产量的降幅比种植面积的降幅要大。2016 年以来，孟加拉国黄麻的种植面积与产量开始稳步上升，2019 年黄麻的种植面积为 74.96 万公顷，产量为 160.05 万吨（图 4-7）。

从图 4-8 可以看出，孟加拉国的黄麻单产整体而言呈现稳步上升的趋势，但是在上升过程中，也略有起伏。在 2007 年之后，整体单产水平有所提高，2009 年达到了近年来的峰值，为 2.22 吨/公顷。但是在 2012 年又有所下降，2012 年单产仅为 1.91 吨/公顷，

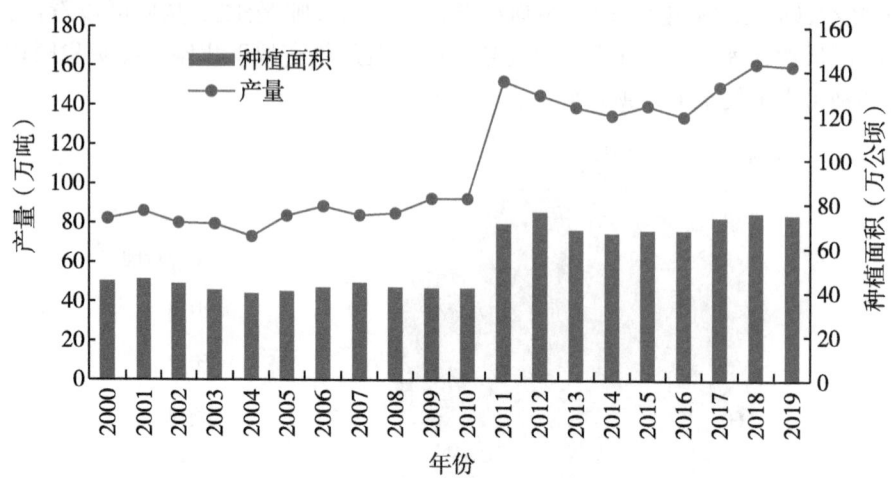

图 4-7　2000—2019 年孟加拉国黄麻种植面积与产量
（数据来源：FAOSTAT）

从 2012 年开始进入一个稳步爬升的阶段，到 2019 年孟加拉国的单产为 2.13 吨/公顷。

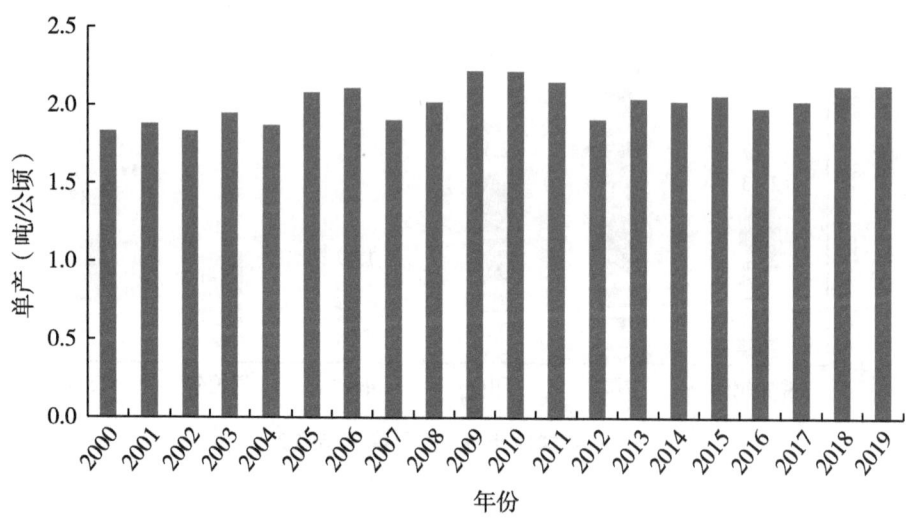

图 4-8　2000—2019 年孟加拉国黄麻单位面积产量
（数据来源：FAOSTAT）

（2）印度

印度是全球最大的黄麻生产国，约占全球产量的 55%。从图 4-9 可以看出，从 2000 年到 2019 年，印度黄麻的种植面积保持平稳，基本稳定在 70 万~80 万公顷。但相比种植面积，黄麻的产量波动相对较大，在 2009 年印度的黄麻产量达到近年来的峰值，为 202.19 万吨，2009 年之后产量有所下降，但整体来看印度的种植面积和产量呈现一个稳定发展的状态。2019 年，印度黄麻种植面积为 66.53 万公顷，产量为 170.95 万吨。

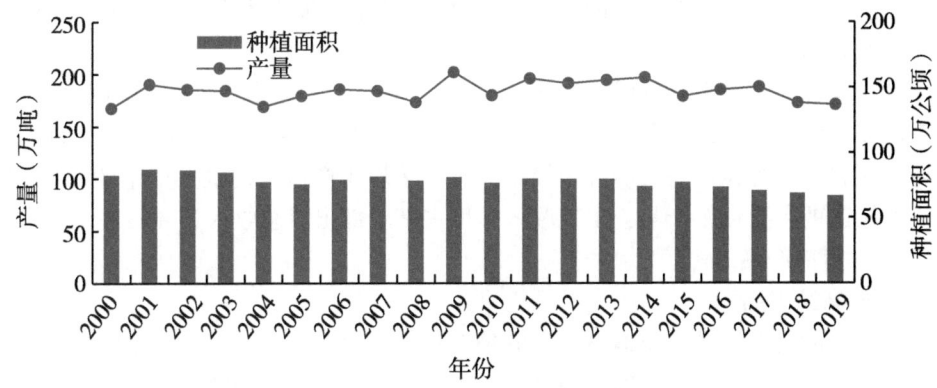

图 4-9　2000—2019 年印度黄麻种植面积与产量
（数据来源：FAOSTAT）

从图 4-10 可以看出，2000 年到 2019 年间，虽然印度的黄麻单产水平有小的波动，但整体趋势是稳步上升。2015 年以来，印度的黄麻单产水平开始不断提高，其中 2017 年达到近年来的峰值，为 2.66 吨/公顷，到了 2018 年略有下降，为 2.56 吨/公顷。这说明印度整体的黄麻培育技术在逐渐上升。

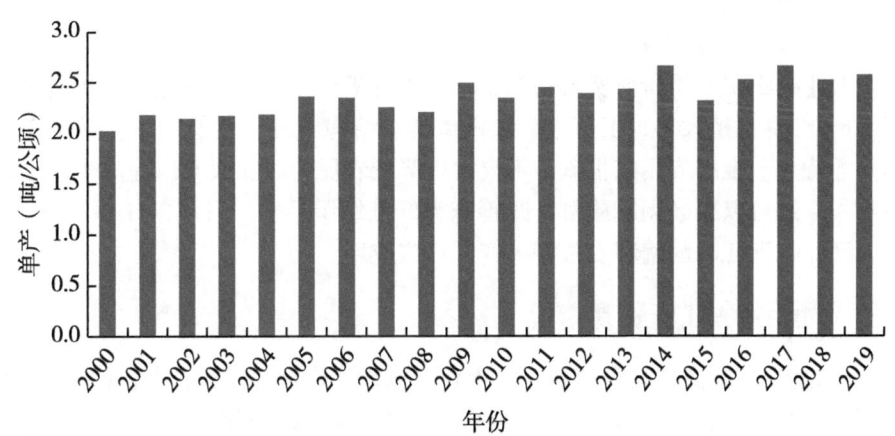

图 4-10　2000—2019 年印度黄麻单位面积产量
（数据来源：FAOSTAT）

（二）世界黄/红麻加工情况

1. 黄/红麻纺织行业发展状况

麻类剥制和脱胶制纤难度大、木质素含量高等特点使得黄/红麻纤维具有硬糙，可纺性和服用性较差等缺陷，这在一定程度上制约了黄麻行业的发展；同时，化纤材料编织袋的流行使得黄/红麻纺织品面临激烈竞争的局面。但是黄/红麻制成的纺织品具有抑菌、防霉、抗摩擦、可降解等特性，是食品类产品包装袋的首选。传统的黄/红麻产品主要包括麻纱线、麻布、麻袋等。近年来，随着科学技术的进步以及人们绿色环保意识的增强,涉及人们生活多个领域的黄/红麻纤维产品相继被生产出来,其副产物也得到很好的开发利用。

印度是全球最大的黄麻纤维织造国,也是对黄麻开发应用较为深入的国家。目前,印度有许多纺织厂把棉纱、羊毛同30%~40%的黄麻纤维进行混纺,制造出可以满足各种需要的面料;孟加拉国是黄麻种植第二大国,平均年产量约占世界产量的1/3,黄麻曾是孟加拉国的主要创汇产品,出口收入一度占其全部出口总收入的80%。

2. 世界黄麻产品

(1) 黄麻纺织品

黄麻纺织品一般可分为黄麻麻布、麻袋布和地毯底布三大类。一般用优质原料制作黄麻麻布和地毯底布,用次质原料织制麻袋布。除此之外,黄/红麻家用纺织品也开始出现在人们的日常生活中。例如,黄麻窗帘和黄麻布料具有防紫外线、隔热以及隔音的特点。利用黄麻面料生产大厅或卧室里的窗帘,会给房间营造出一种复古而又寂静的环境,能够有效提高人们的睡眠质量。

(2) 汽车内饰材料和家庭用品

由黄麻生产的汽车衬垫和内饰板已经在国内外的汽车工业中得到广泛应用,其不仅能够使化学纤维的使用减少,还能不经过纤维提取加工,直接使短纤维形式用于装饰材料中,更加绿色环保。

3. 黄/红麻加工机械设备

中国农业科学院麻类研究所研制的新一代剥麻机械4HB-480型黄/红麻剥皮机可广泛使用于黄/红麻种植大户、工厂等。该机型具有结构紧凑、性能可靠、操作安全、剥皮效率高等特点。推广应用该机械,不仅可以降低农民的收获成本、提高生产工效、增加农民收入,还可以提高剥麻质量、改善麻类纤维纺织品质。目前,4HB-480型黄/红麻剥皮机已经在浙江、河南和安徽等主产区推广应用。

(三) 世界黄/红麻贸易情况

由于世界黄/红麻的主要种植地区在南亚及东南亚地区,因此黄/红麻制品加工、出口的国家也主要集中在南亚及东南亚地区,其中,孟加拉国和印度为主要黄麻制品出口国。

(1) 黄麻出口贸易分析

由图4-11可以看出,世界黄麻的出口量在2007年经历过一个较大波动,在2007年达到峰值为72.42万吨。在2007年之后,世界黄麻的出口量开始回落,一直到2011年才开始增长,但是小幅增长后,继续开始回落,到了2019年,世界黄麻的出口量为25.05万吨,甚至低于2000年的出口量36.10万吨。

由图4-12可以看出,世界黄麻的出口额,在2000—2004年处于稳定状态,2004年之后黄麻的出口额大幅增长,2011年达到峰值为29 092万美元,2011年之后黄麻的出口额便开始进行回落,回落到2014年的16 685.5万美元后,开始小幅增长,但是从2016年又开始降低,2019年世界黄麻的出口额为17 118.5万美元。

黄麻的出口国主要是孟加拉国。通过对2018年世界范围内的黄麻出口进行分析,

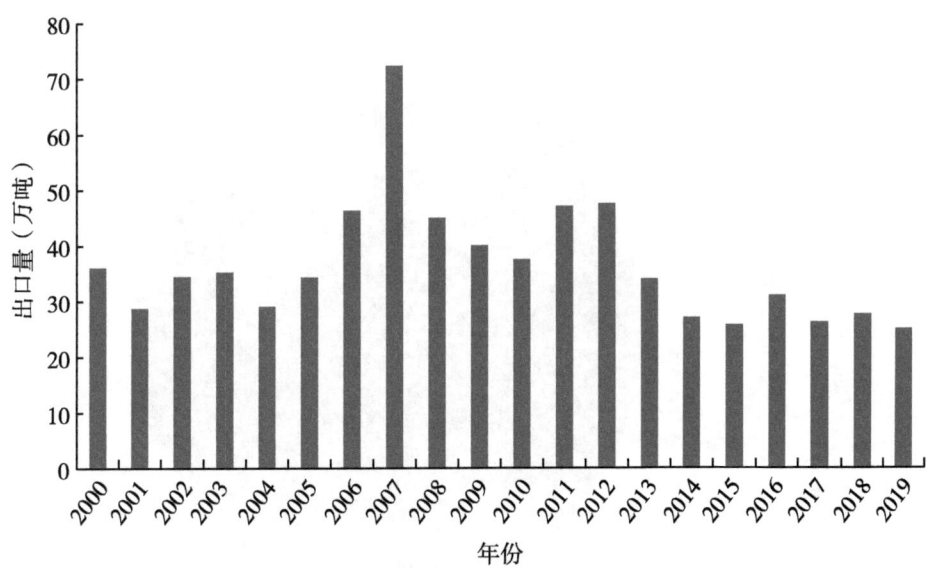

图 4-11 2000—2019 年世界黄麻出口量
（数据来源：FAOSTAT）

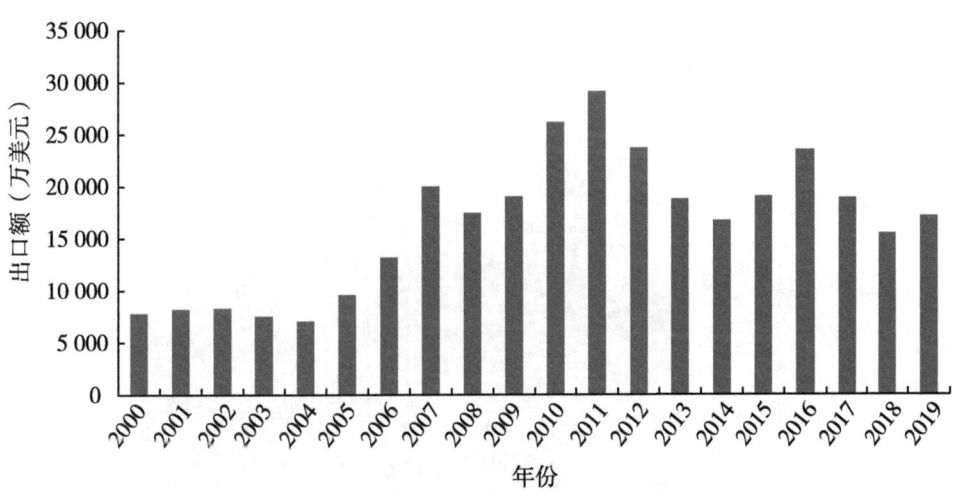

图 4-12 2000—2019 年世界黄麻出口额
（数据来源：FAOSTAT）

可以发现，黄麻出口量位列前三位的国家别分是孟加拉国、印度、坦桑尼亚，出口量分别为 185 503 吨、17 609 吨、14 400 吨，其中孟加拉国的黄麻出口量最大，占世界黄麻出口量的 74%，远超其他黄麻出口国家（图 4-13）。

根据图 4-14，2019 年黄麻出口额居前三位的国家是孟加拉国、坦桑尼亚、肯尼亚，出口额分别为 10 724 万美元、2 366 万美元、1 430 万美元，其中孟加拉国黄麻的出口额占世界黄麻出口额的 63%，远超其他出口黄麻的国家。

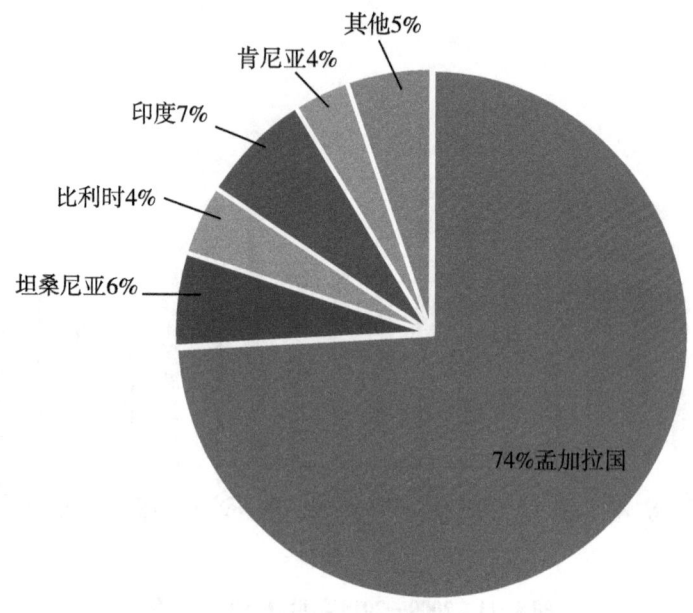

图4-13 2019年世界黄麻主要出口国出口量情况
（数据来源：FAOSTAT）

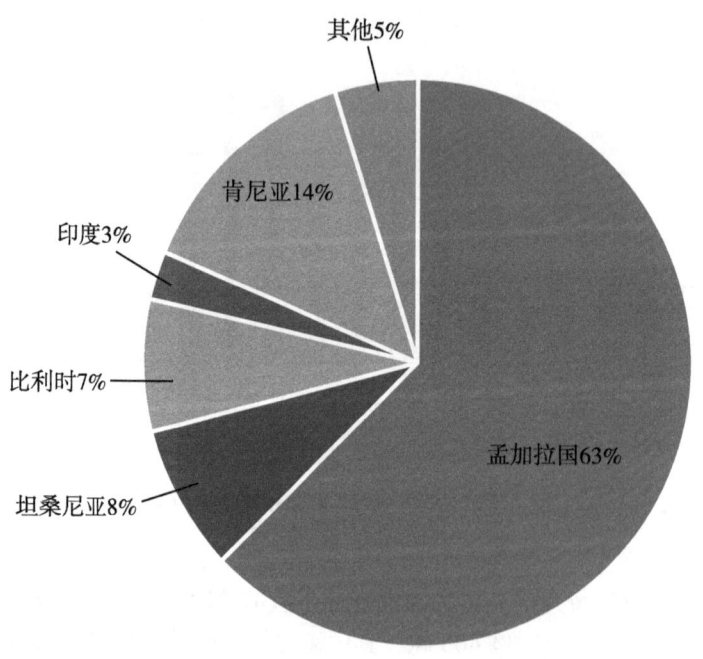

图4-14 2019年世界黄麻主要出口国出口额情况
（数据来源：FAOSTAT）

（2）黄麻进口贸易分析

由图4-15可以看出，世界黄麻的进口量在2000—2019年经历了两次较大的波动，在2000—2007年，黄麻的进口量逐步上升，其中2006—2007年时上升幅度较大，并在2007年达到峰值为62.26万吨。在2007年之后，世界黄麻的进口量开始回落，一直到2011年才开始增长，但是仅增长了两年之后，即在2012年开始大幅回落，从2014年开始，世界黄麻进口量开始稳步发展，到了2019年，世界黄麻进口量为27.86万吨。

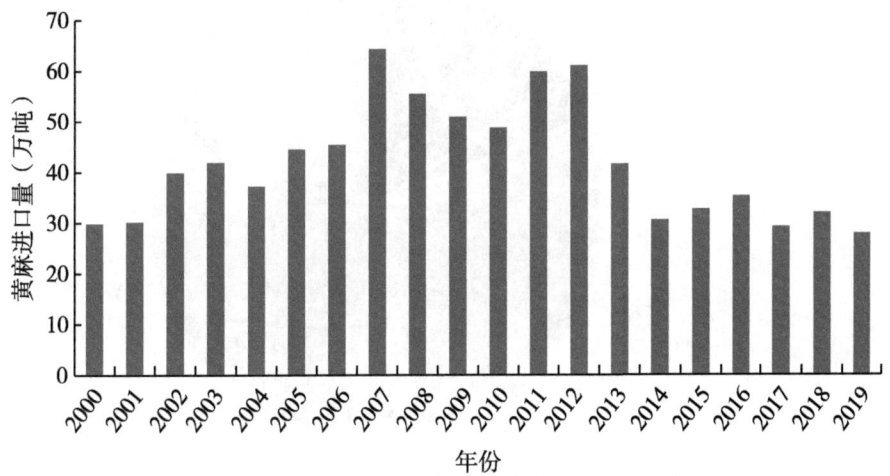

图4-15　2000—2019年世界黄麻进口量
（数据来源：FAOSTAT）

从2000—2011年，世界黄麻的进口额处于增长阶段（图4-16），其中2004年之后黄麻的进口额大幅增长，2011年达到峰值为41 577.7万美元，2011年之后黄麻的进口额便开始回落，回落到2014年的19 750.4万美元后，之后开始小幅提升，但是从2016年开始黄麻进口额又开始降低，2019年世界黄麻的进口额为19 247.9万美元。

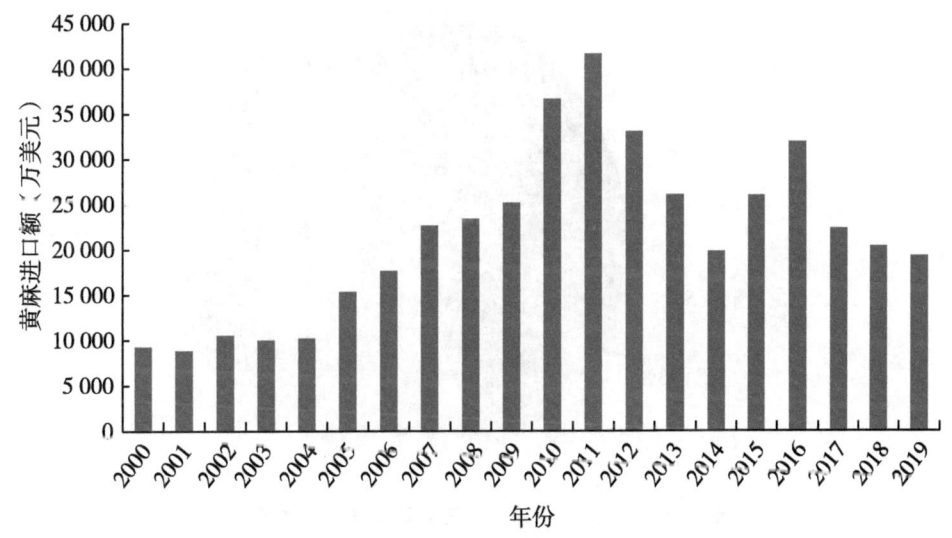

图4-16　2000—2019年世界黄麻进口额
（数据来源：FAOSTAT）

2018年世界范围内黄麻进口量位列前两位的分别是印度和巴基斯坦，进口量分别为76 231吨、44 361吨，共占世界总进口量的49%，接近世界总进口量的一半，尼泊尔与中国的黄麻进口量相当，分别占世界黄麻总进口量的16%、12%（图4-17）。

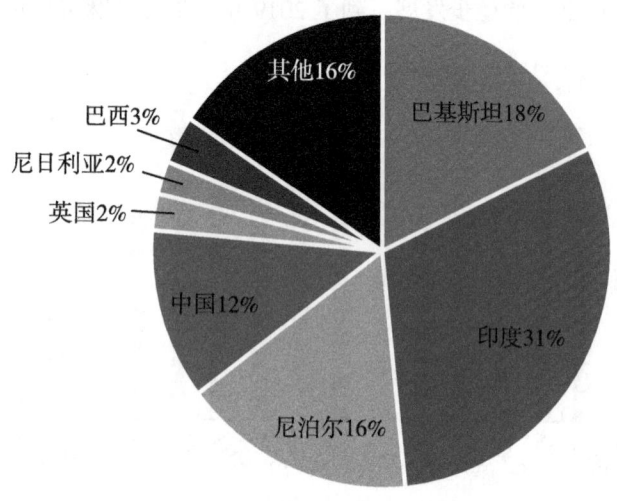

图4-17　2018年世界黄麻主要进口国进口量情况
（数据来源：FAOSTAT）

2019年黄麻进口国的进口额位列前三位的依旧是印度、尼泊尔、巴基斯坦，分别占世界总进口额的27%、15%、14%，共占世界总进口额的56%（图4-18）。其中，印度的进口额超过世界总进口额的1/4。通过与图4-17对比，可以发现巴基斯坦、印度、尼泊尔的进口额所占的比重比进口量所占的比重要小。

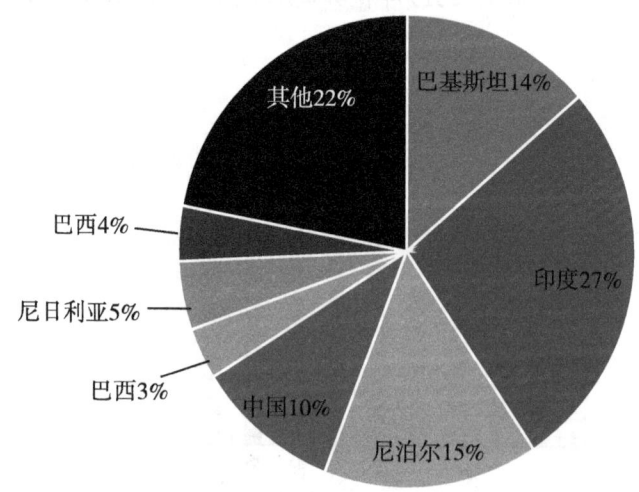

图4-18　2019年世界黄麻主要进口国进口额情况
（数据来源：FAOSTAT）

二、国内黄/红麻种植、加工及贸易情况

(一) 国内黄/红麻种植情况

1. 总体分析

我国分别在1908年和1928年从印度和苏联引入种植黄/红麻,直至1949年后,该两个品种仍为生产上的主要栽培品种。到20世纪80年代初期,我国红麻产业取得了飞速的发展,但到了20世纪90年代,塑料制品作为包装材料部分替代了红麻,导致我国黄/红麻产量大幅度减少。但是,随着国家经济的快速发展,国内劳动用工的成本大幅提升,黄麻纺纱作为一种劳动力高度密集、产品附加值相对较低,整个行业已经陷入衰退的局面。但随着国内经济水平的提高,环保理念日益深入人心,黄麻制品作为一种环保产品,应用日益扩大和增加。因为塑料制品的不可降解性,给环境带来了巨大的压力和负担,人们对于自然纤维的诉求又开始增加。同时,随着对黄/红麻综合利用技术的不断推进和创新,利用黄/红麻作为产品包装材料的技术又一次进入了人们的视野。我国红麻引种种植不足百年,但已成为世界红麻生产大国之一。尽管目前红麻生产处于调整阶段,但因其在农作物中具有生物产量高、对土壤和生态条件适应性强的优点,加之大量优良品种的育成和推广,以及先进栽培技术的普及等,我国的红麻生产有着广阔的前景。

我国山地资源较为丰富,东南沿海、长江流域等盐碱地和近海滩涂面积巨大。黄/红麻作物耐贫瘠、适应能力强,特别是红麻还具有耐盐碱、耐涝、耐旱的属性,这些特点对欠发达地区颇为适合。而且盐碱荒地、山地资源的大面积高效利用,符合我国提出的农业可持续发展理念。我国目前种植的黄麻品种主要有黄麻179、粤圆5号、闽麻5号、中黄麻1号和闽麻407等。红麻有十多种主栽品种被广泛种植,如7804、青皮3号、粤74-3、广西红皮、中红麻10号、福红2号、闽红298号和闽红31号等。

图4-19描述了2001—2019年中国的黄/红麻总产量变化情况。从图4-19可以看出,我国近年来的黄/红麻产量仅在2002年时大幅度增加,2002年达到近年来的产量峰值,为15.9万吨。从2002年起,我国的黄/红麻总体产量整体呈现不断下降的趋势。2003年以来,黄/红麻种植面积减少了85.9%,从4.052万公顷降至0.572万公顷;单产增加了103.3%,从2 462.33千克/公顷增加至5 007.61千克/公顷;总产从9.98万吨减少至2.86万吨,减少了71.3%,到2019年我国的黄/红麻产量为2.92万吨。

我国的黄麻种植面积整体趋势不断减少且不断波动(图4-20),2002年种植面积有所提升,2004—2007年、2009—2011年以及2016—2019年的种植面积都处于稳定阶段;2002—2004年以及2007—2009年的黄麻种植面积急速下降;其他年份的黄麻种植面积下降缓慢。我国黄/红麻的种植面积已经从2001年的5.18万公顷下降至2019年的0.61万公顷。

2001—2019年,我国黄/红麻的单位面积产量整体处于上升状态(图4-21),但也偶有年份单产呈现下降态势。2001年我国的黄/红麻单产为2.05吨/公顷,到2019年

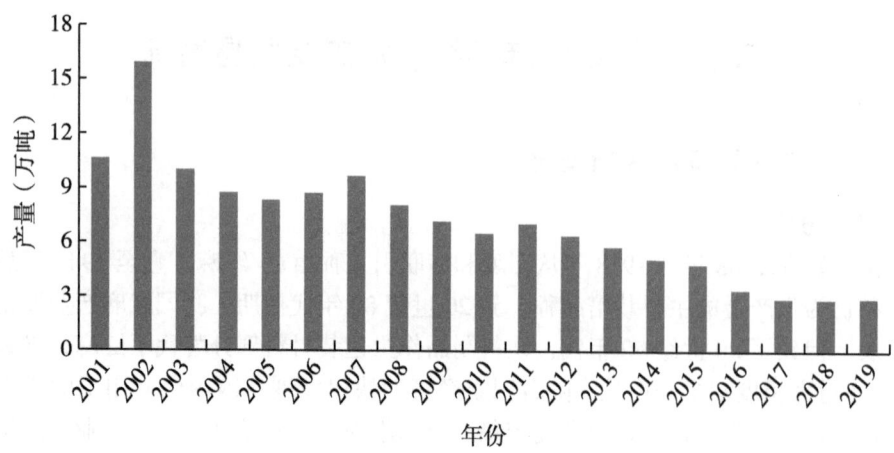

图4-19 2001—2019年中国黄/红麻产量
（数据来源：国家统计局）

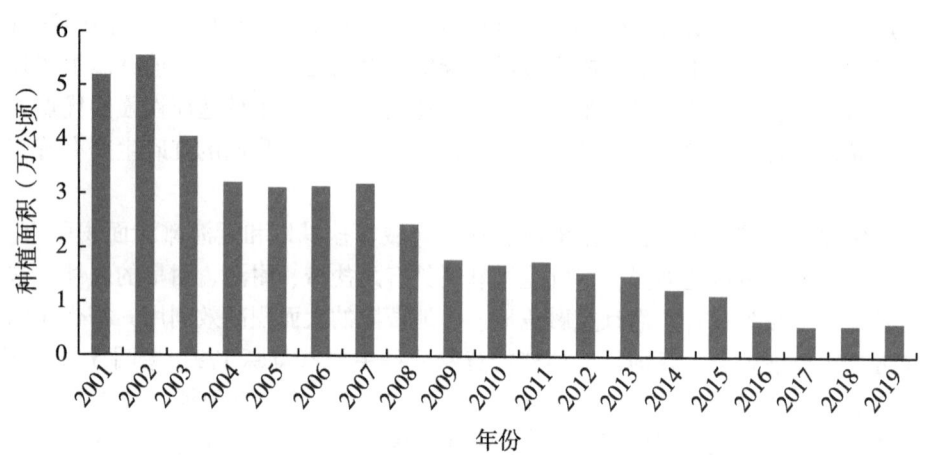

图4-20 2001—2019年中国黄/红麻种植面积
（数据来源：国家统计局）

我国黄/红麻单产已经为4.47吨/公顷。黄/红麻单产水平的不断提高，说明黄/红麻种植技术和育种水平都有较大提高，资金和科技投入成果显著。

2. 主产区情况

目前，我国黄/红麻种植面积最大的省份是河南和广西，两省的种植面积和产量总和都占全国的一半以上（表4-1）。我国优质的黄/红麻种子供应主要来自广西和福建。

2019年，我国黄/红麻总种植面积为0.616万公顷、产量为2.92万吨、单产为4.47吨/公顷。尽管全国总种植面积略有提升，但是由于单产水平的下降，导致我国黄/红麻总产量与2017年相比略有减少，整体水平与2017年、2018年基本持平。2019年，河南、广西和安徽作为我国黄/红麻种植的主产区，其总种植面积占到全国总种植面积的92%，其中河南省的黄/红麻总种植面积占到全国总种植面积的46%；而这三个

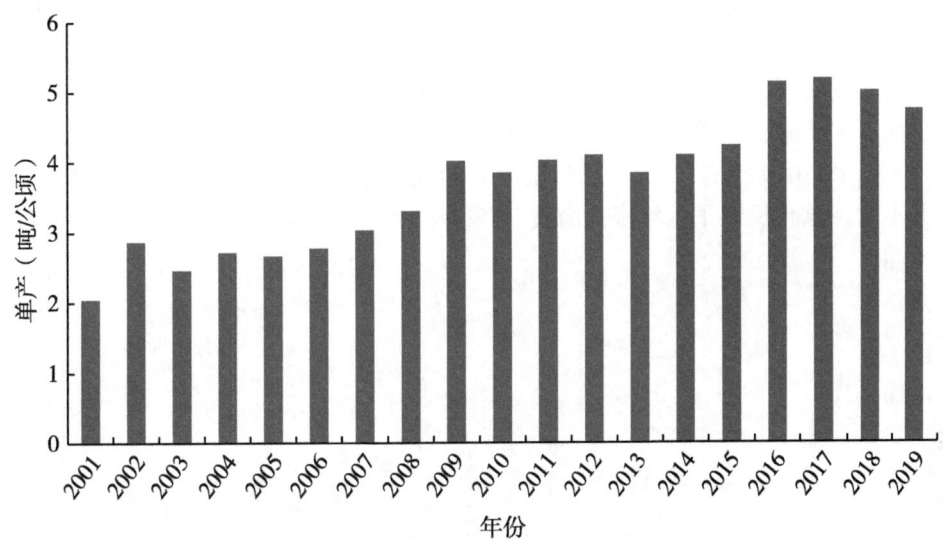

图 4-21　2001—2019 年中国黄/红麻单产水平
(数据来源：国家统计局)

省份的黄/红麻总产量则占到总产量的 96%，其中仅河南省就占到全国黄/红麻总产量的 67%。

表 4-1　2019 年黄/红麻种植面积、产量与单产

地区	面积（万公顷）	产量（万吨）	单产（吨/公顷）
全国	0.616	2.92	4.47
河南	0.282	1.94	6.86
广西	0.217	0.64	2.97
安徽	0.069	0.22	3.21
四川	0.017	0.03	1.88
湖南	0.014	0.03	2.08
广东	0.007	0.02	2.89
重庆	0.004	0.01	1.84
浙江	0.002	0.01	3.63
江西	0.001	0.01	4.53
湖北	0.001	—	2.9
福建	0.001	—	3.20

数据来源：国家统计局

（1）河南省

河南作为我国黄/红麻的主产区，种麻历史悠久。早在 19 世纪 40 年代，河南就开始种植红麻。新中国成立后，河南一直是全国黄/红麻的重要产区。从图 4-22 可以看

出，2001—2019 年，河南省的黄/红麻种植面积尽管偶有年份有所上涨，但是整体呈现出不断减少的状态，其种植面积从 2001 的 1.881 万公顷减少到 2018 年的 0.295 万公顷。河南省的黄/红麻产量变化波动比种植面积的波动变化要大一些，2002 年产量大幅上涨，而后又骤减，反映了当时单产水平的波动，2001 年时河南省的黄/红麻总产量为 2.05 万吨，而 2019 年的黄/红麻总产量为 1.94 万吨，相比于种植面积的减少，产量的变化并不大，这也反映了近年来河南黄/红麻单产水平的提高。

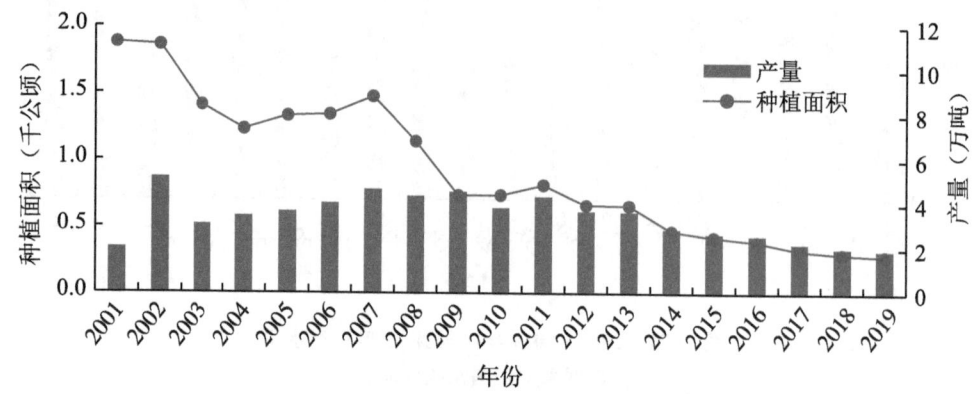

图 4-22　2001—2019 年河南省黄/红麻种植面积与产量
（数据来源：国家统计局）

2001—2019 年，河南省的黄/红麻单产水平整体是不断提高的，2001 年单产仅有 1.08 吨/公顷，2019 年已经达到 6.89 吨/公顷（图 4-23）。河南省的黄/红麻种植情况有两次迅速增长期，分别在 2002 年以及 2009 年，其余年份的单产增长较为稳定。

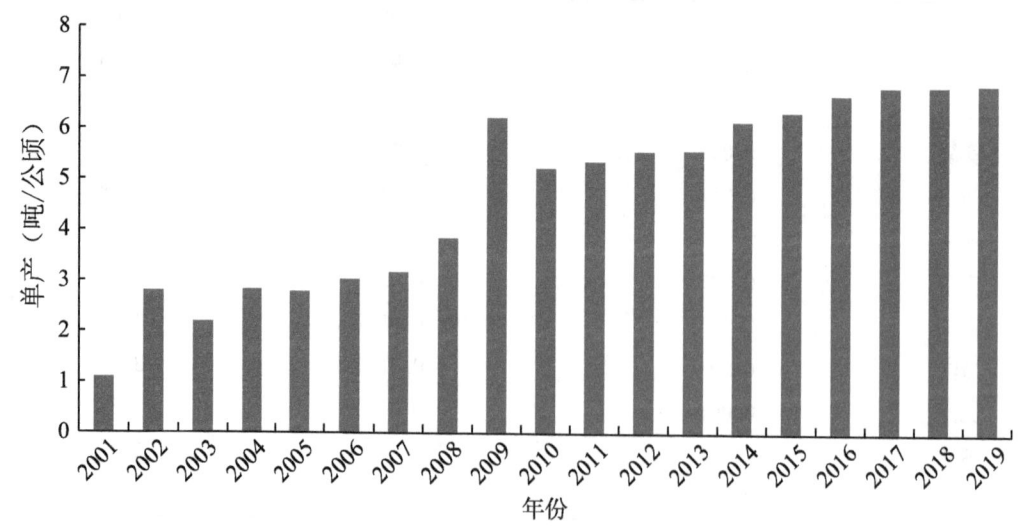

图 4-23　2001—2019 年河南省黄/红麻单位面积产量
（数据来源：国家统计局）

（2）广西壮族自治区

由图 4-24 可以看出，自 2001 年以来，广西壮族自治区的黄/红麻种植面积不断下降，2001年的黄/红麻种植面积为0.61万公顷，但到了2019年黄/红麻种植面积仅为0.22万公顷，仅占2001年种植面积的1/3。相较于种植面积的不断下降，尽管广西壮族自治区的产量也处于不断下降的状态，但是产量的波动相较于种植面积的波动要大。2001年产量为1.19万吨，到了2019年仅为0.64万吨，占2001年的近1/2。

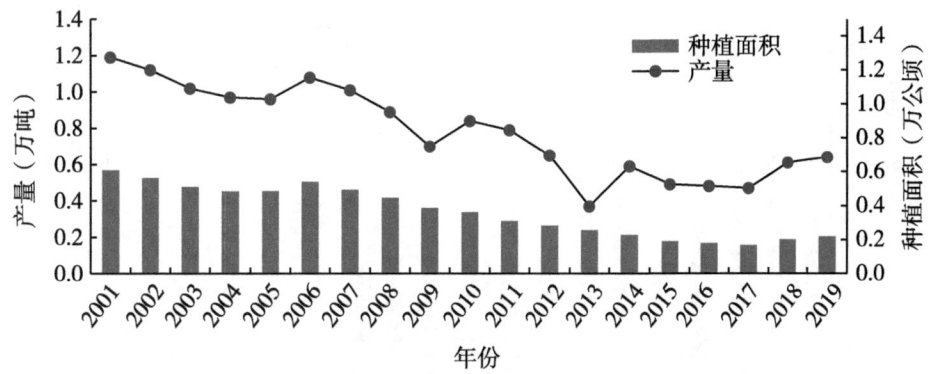

图4-24　2001—2019年广西壮族自治区黄/红麻种植面积与产量
（数据来源：国家统计局）

在2001—2009年，广西壮族自治区黄/红麻的单产保持稳定，2009年以后，黄/红麻的单产大幅提高，一直增长到2011年的2.57吨/公顷（图4-25）。但2011年之后，黄/红麻的单产水平开始下降，降至近年来的最低值即2013年的1.47吨/公顷。2013年以后黄/红麻的单产水平开始稳步提升，2018年为3.08吨/公顷，创历史新高。

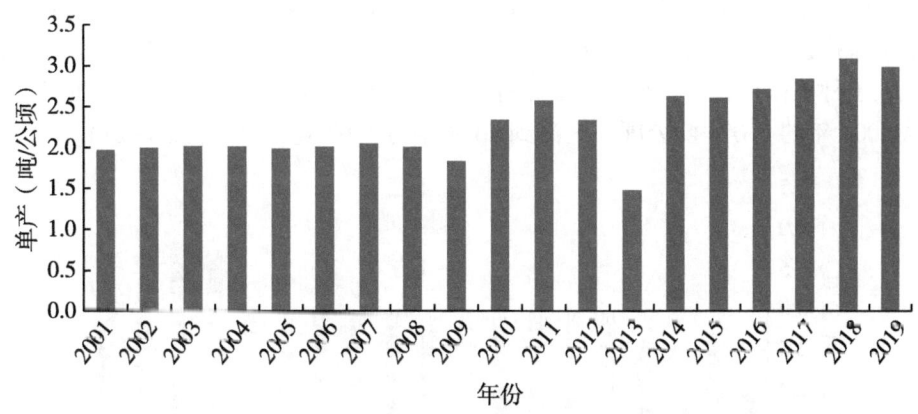

图4-25　2001—2019年广西壮族自治区黄/红麻单位面积产量
（数据来源：国家统计局）

（3）安徽省

2001年，安徽省黄/红麻的种植面积为1.02万公顷，总产量也达到2.13万吨。安徽省主要种植的黄/红麻品种为中杂红305和福建品种的红麻。从图4-26中可以看出，2002—2005年黄/红麻的种植面积连续四年下降，下降至2005年的0.85万公顷。之后，黄/红麻的种植面积便开始上升。2009—2015年种植面积锐减至0.1万公顷，随后两年黄/红麻种植面积保持稳定。2018年安徽省黄/红麻种植面积仅为0.03万公顷，到了2019年种植面积略有上涨为0.07万公顷。

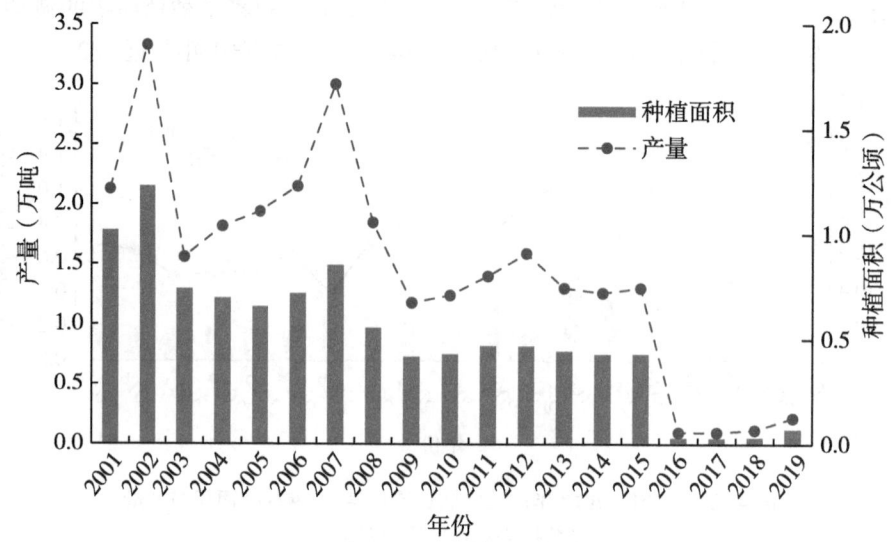

图4-26　2001—2019年安徽省黄/红麻种植面积与产量
（数据来源：国家统计局）

相对于种植面积的变化，安徽省黄/红麻的产量变化波动较大，在2002年和2007年迎来了黄/红麻产量的两个高峰，分别达到3.33万吨和3.00万吨，但随后年份出现大幅下跌，产量十分不稳定，其中2016年发生了大幅下降，仅为0.1万吨，随后两年产量水平保持稳定。2018年安徽省黄/红麻的产量水平为0.12万吨，2019年为0.22万吨。相较于种植面积和产量水平，安徽省近年来的黄/红麻单产水平整体呈现上升的势头，从2001年的2.09吨/公顷，上涨到2018年的4.02吨/公顷（图4-27）。

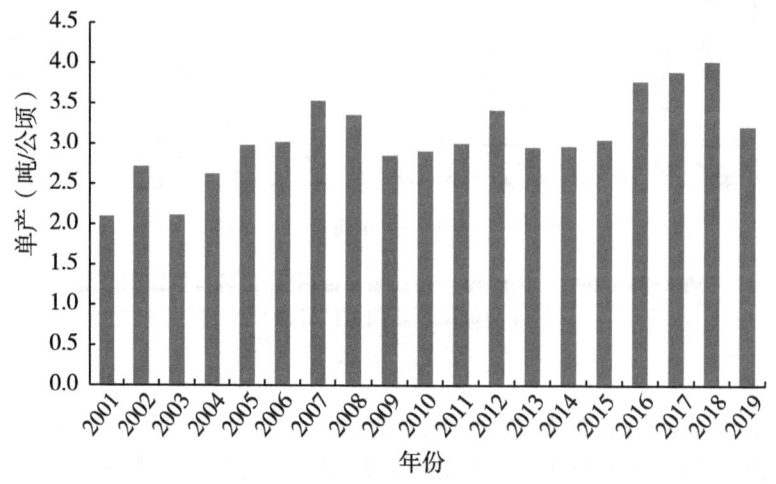

图4-27　2001—2019年安徽省黄/红麻单位面积产量
（数据来源：国家统计局）

(4) 四川省

四川省的黄/红麻种植历史悠久，是我国麻类种植的主要产区。由图4-28可以看出，2001年以来，四川省的黄/红麻种植面积和产量变化保持一致，都出现下跌势头，特别是2001—2007年，2001年的黄/红麻种植面积为0.43万公顷、产量为0.82万吨，而到了2007年，种植面积仅为0.06万公顷、产量为0.12万吨，下降幅度巨大。2008—2012年，四川省的黄/红麻种植面积和产量缓慢下降，2012年以后种植面积和产量保持稳定，2019年分别为0.02万公顷、0.03万吨。

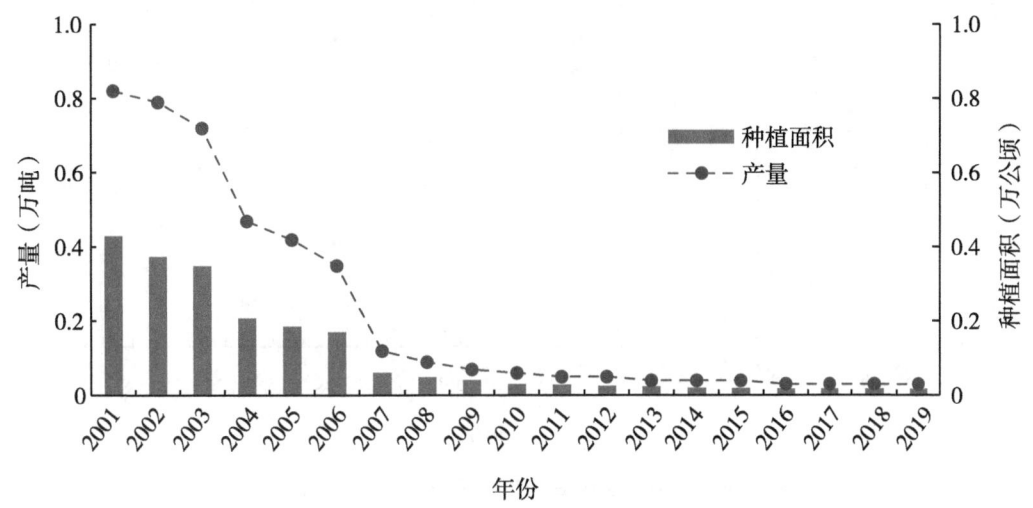

图4-28　2001—2019年四川省黄/红麻种植面积与产量

（数据来源：国家统计局）

从图4-29可以看出，四川省的黄/红麻单产水平波动较小，2001—2015年，单产水平持续上涨，达到近年来单产的最高值，为2.28吨/公顷。2005年后，四川省黄/红麻的单产水平出现了明显下降，2009年的仅为1.78吨/公顷。2009年以后，四川省的黄/红麻单产虽略有波动但是整体变化幅度不大，2018年为1.89吨/公顷。

（二）国内黄/红麻加工情况

1. 黄/红麻行业发展情况

目前，我国已经将黄/红麻多用途利用作为产业升级的突破点和新动力，大力推广新技术、新产品的运用。

(1) 黄/红麻复合材料

黄麻复合材料是一种新型绿色天然环保复合材料。我国的"黄麻脱胶工艺"技术，填补了国内外的空白，处于全球领先水平。经过对黄麻的培育、改良，将黄麻应用于复合材料、家装、家纺、汽车内饰等多个高附加值行业领域，极大地提高了黄麻的应用价值。另外，黄、红麻纤维以其可降解性和低廉的价格，不仅对于生态环境保护具有重大意义，而且在复合材料中可以部分取代玻璃等合成纤维，具有很好的发展前景。

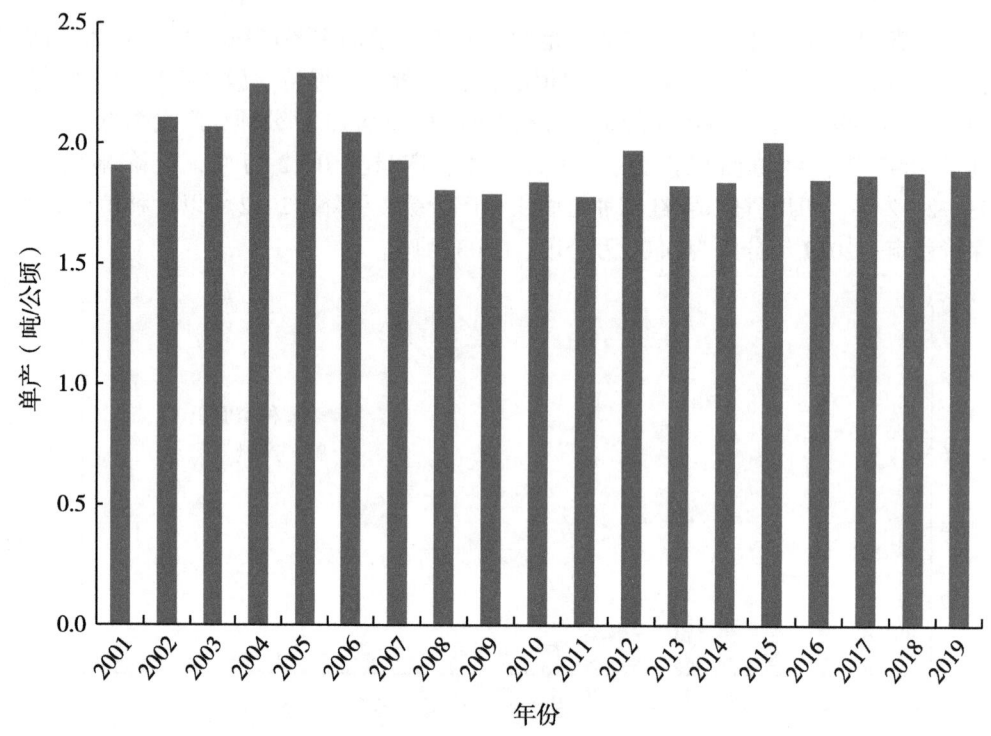

图4-29 2001—2019年四川省黄/红麻单位面积产量
（数据来源：国家统计局）

（2）黄/红麻纤维材料

使用黄/红麻麻骨制作的纤维板具有重量轻、隔音效果好等优点，既可作天花板、内墙板等建筑材料，还可以制成各种柜、书架、床、椅、桌及包装箱等。麻骨还可作为生产羧甲基纤维素、黏胶人造丝、微晶纤维素、醋酸纤维素等纤维素制剂的原料。

（3）黄/红麻的药用价值

黄麻是一味中药材，具备清热去火、拔毒消肿的作用。用于防止中暑、中暑发热、痢疾，以及外敷治疮疖疮毒等。黄麻叶含有的花青素、圆果黄麻叶含有的固醇，均具有强心的功效。

（4）食用菌栽培技术

红麻虽然具有较高的纤维产量，但仍可产生占生物产量60%左右的麻骨。而被用于压制纤维板或连皮带杆制浆造纸利用的比例有限。近年来，有部分学者尝试利用红麻麻骨代替部分棉籽壳来栽培刺芹侧耳、金针菇、秀珍菇、茶树菇等食用菌，取得了较好成效。而且其出菇早、色泽好，产品的蛋白质、脂肪、还原糖和粗纤维等指标与棉籽壳培养基栽培的食用菌接近，表明红麻副产物是栽培食用菌的理想原料之一。此外，红麻副产物栽培榆黄蘑的菌渣通过柠檬酸缓冲液提取后，可做成的脱色剂，与市售脱色剂效果相当，但成本低，得到的脱色液对刚果红和靛蓝进行脱色，脱色率分别达到59.66%

和 50.07%，从而实现了红麻副产物的梯次利用。

2. 黄/红麻收剥技术与机械化现状

在麻类种植机具方面，由于相应的种子大小形状、种植土地类型与其他作物相比，存在的差异较小，利用现有通用的种植机械，并对开沟器等部分部件根据种子特性、田间耕整地要求等进行简单的设计调整，即可满足麻类田间种植的需求。以工业大麻与红麻种植机具研发为例，中国农业科学院麻类研究所研制了 2BDF-6 工业大麻与红麻联合播种机、2BMF 型自走式工业大麻与红麻山地型联合播种机，分别满足平原地区规模化播种作业需求和丘陵地区小规模播种需求（表 4-2）。这些机具是近年来研发创制的麻类作物专用播种机械，填补了产业空白。

表 4-2　近年来种植最具代表性的农业装备

名称	主要用途	主要性能
2BDF-6 工业大麻联合播种机	主要用于红麻、黄麻、汉麻、亚麻等的施肥和播种	配套动力 60 kW，播种幅宽 2 200 mm，条播式播种（每个工作厢面播种 6 行），播种行距 400 mm，播种深度 30 mm（可调），工作效率 8~10 亩/h
2BMF 型自走式联合播种机	主要用于红麻、黄麻、汉麻、亚麻等的施肥和播种	配套动力 6.3 kW，整机重量 350 kg，播种幅宽 1 100 mm，条播式播种，播种行数 1~5 行（可调），开沟播种（施肥）深度 0~100mm（可调），工作效率≥3.5 亩/h

麻类收货与加工器具作为麻类机具开发的主攻方向，我国现已研制出多种不同收获与加工机器，并能够满足不同的需求。有可一次完成茎秆收获、切碎加工、集料和自动卸料作业，并满足大面积种植收获加工需求，也有满足小规模种植用户麻类青饲料切碎加工需求。

3. 黄/红麻纤维脱胶技术瓶颈

传统上，黄/红麻天然水体沤麻脱胶存在着消耗时间长、水污染严重等难题，因为沤麻后废水中含有大量的硫化物、亚硝酸盐、COD、BOD，并产生大量的悬浮物，形成环境污染。而不成熟的化学脱胶方式影响了纤维纺纱的质量，更是会造成环境污染。例如安徽、河南黄淮海流域等地就发生过黄/红麻沤洗严重污染水体的环境事故，迫使地方政府不得不缩小黄/红麻的种植面积，因此造成栽培面积减少和低洼涝地、旱地的有效使用率下降，以及麻农的收入也跟着减少的局面。

4. 加工龙头企业情况

（1）郴州湘南麻业有限公司

郴州湘南麻业有限公司已经发展成为以麻织品为主体的多种经营相结合的综合型企业，是全国生产规模最大的黄麻生产企业之一，规模居全省同行业第一、全国第三，是联合国国际黄麻组织（中国组织）成员、中国麻纺行业明星企业、AAA 特级信用单位、中国麻纺行业 10 强企业、中国纺织服装企业竞争力 500 强企业。公司下设或控股有郴州南源剑麻新材料有限公司、郴州华湘织造有限公司等。现有股东和员工1 200人，拥有资产2.5亿元，年营业收入2.6亿元，并且每年以20%的速度递增，主营黄麻线、黄麻纱、粗麻布、黄麻系列面料、包装袋、黄麻绳、剑麻绳等50多个品种。

郴州湘南麻业有限责任公司70%的原料从孟加拉国进口，使得生产成本大大提高。为大幅降低成本、提高效益，企业致力于技术创新和产品研发，多次获得中国纺织工业协会产品开发贡献奖。企业生产加工技术先进，并建立了从产品开发设计、检测、生产制造到售后服务的全过程产品开发体系。目前，正在争取建立"全国黄麻生产基地"，从而形成从生产原料到麻纺制品加工再到产品销售的完整产业链。

（2）山东英杰纺织有限公司

山东英杰纺织有限公司成立于1997年，注册资金1 260万元，占地面积19 000平方米，建筑面积14 000平方米，员工190余人，是一家以黄麻、棉纺织品生产加工，以及新产品开发和国际进出口贸易为主的综合性企业。

山东英杰纺织有限公司为中国麻纺行业协会理事单位。多年来企业积极开展黄麻制品的开发研究工作，是国内第一家利用黄麻纺制5.0~10支黄麻纱线的企业。生产的各种规格黄麻纱线、纯棉、涤棉混纺纱线以及染色纱线，广泛应用于地毯、编织、装饰、鞭炮、电力、包装等行业。公司的黄麻原材料全部进口自孟加拉国。全年生产麻纱、棉纱6 000吨，畅销全国主要地毯、经编、鞋材、鞭炮制造等企业。与孟加拉国最大的黄麻和纱线出口商建立了友好关系，全年进口黄麻及制成品10 000余吨，同时与日本、伊朗、蒙古、叙利亚等国家建立了业务关系，在青岛、上海、广州、钦州均设有仓库，可尽快响应客户的用纱需求。

（3）杭州双绿纺织品有限公司

杭州双绿纺织品有限公司于2004年7月16日成立。双绿牌黄麻制品是20世纪后期中国最大的黄麻纺织龙头企业浙江麻纺织厂（该公司前身）的名牌产品。目前，其主营产品有黄麻纱线、黄麻织物、黄麻原料、黄麻地毯、纺织辅料、黄麻工艺布、黄麻短纤维、其他环保纤维、黄麻购物袋、黄麻园艺用品、新型黏胶短纤等。

杭州双绿纺织品有限公司致力于黄麻精细化加工和产品的开发，努力使黄麻制品进入家居用品领域。近年来，公司进入家用纺织品领域，开展了麻和麻浆纤维、竹浆纤维、木浆纤维等的混纺和交织等纺织品的生产销售。公司创办的浙江黄麻网，主要介绍黄麻及麻类的产品知识、工艺技术、国内外行业动态、市场行情等信息，是国内唯一的黄麻信息专业网站。为了解决国内的黄麻产品的供需平衡，该公司与孟加拉国建立起了可靠的黄麻纱供应关系，遴选出原料充足、工艺可靠、管理严格的纺纱工厂作为本公司的供应基地，月进口量已经达到200吨以上，并实现了高质、优价、货期稳定的目的，形成了良好的口碑和诚信的商业形象。

（三）国内黄/红麻贸易情况

1. 总体情况

根据图4-30和图4-31，我国黄麻进口量从2001年开始持续上升，在2007年达到第一个峰值125 818吨，该段时间内我国对黄/红麻的需求量十分巨大。2008年，由于金融危机，我国的黄/红麻进口量大幅下滑，到 2009 年进口量为 95 726 吨。随着黄麻多样化产品的开发速度加快，国内对黄麻制品的需求稳步上升，2009—2011 年其进口量逐步增加，2011 年黄麻进口量达到 109 879 吨。

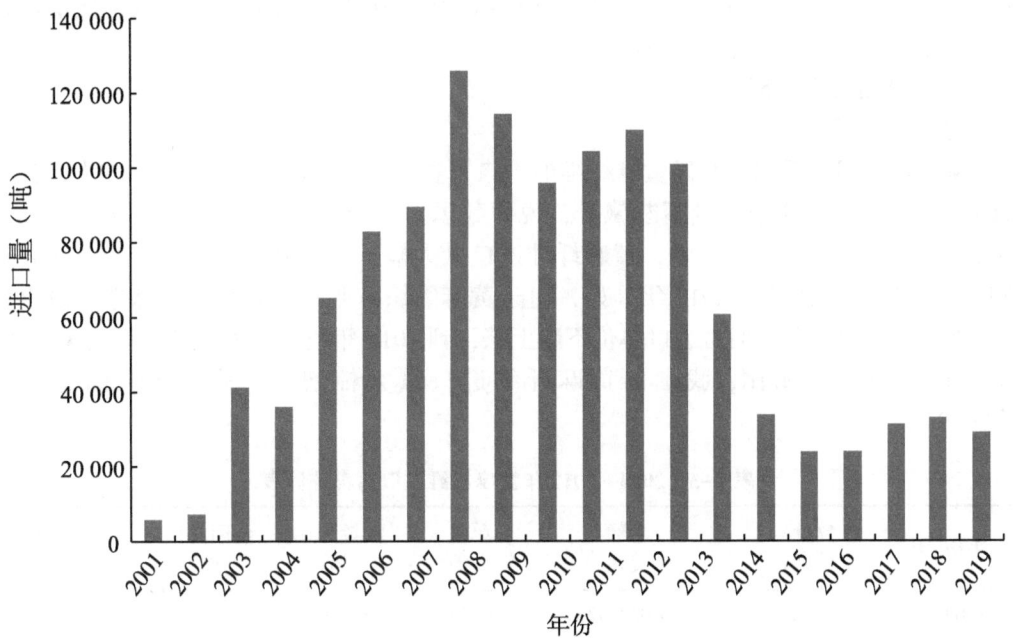

图 4-30　2001—2019 年中国黄麻进口量
（数据来源：FAOSTAT）

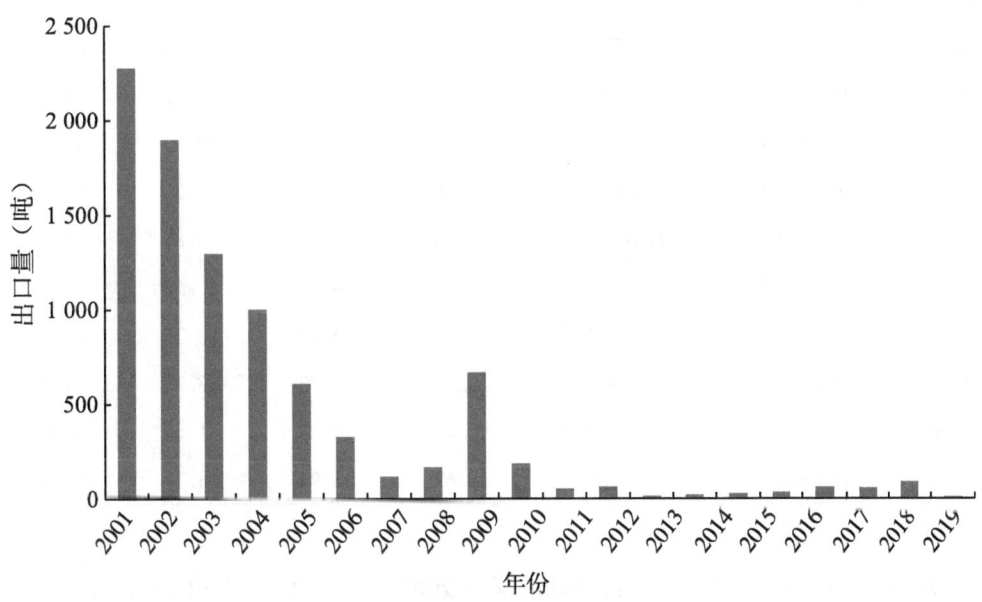

图 4-31　2001—2019 年中国黄麻出口量
（数据来源：FAOSTAT）

从2012年开始，由于国际市场需求的萎缩，国内黄麻纺织企业减少，黄麻进口量出现了大幅下降。随着国家制定大量优惠政策和国内对新一轮黄/红麻的市场需求的增加，2015年开始，进口量开始缓慢增长，2019年达到29 014吨。在出口方面，2000—2006年，我国黄麻出口量骤减，由2 275吨减少至116吨，2010年以来我国黄麻出口量基本保持稳定，且与进口量差距拉大。

2. 各产品进出口情况

（1）黄麻纤维

从表4-3可以看出，我国黄麻纤维的进口量在2004—2017年间伏波动较大，其中2004—2007年我国的进口量不断飙升，说明我国对黄/红麻的需求十分巨大。2008—2009年，由于金融危机的影响，黄麻纤维进口量大幅下跌，但是进口单价的上涨导致进口金额出现上涨势头。2012年开始，由于黄麻纺织企业经营困难，黄麻进口量出现连续四年的大幅下滑，但是进口单价不断上涨，到2015年我国的进口量已不足3万吨。2017年与2016年相比，我国的黄麻纤维进口量大幅增长，进口数量同比上涨了30.94%。

表4-3 2004—2017年黄麻纤维进口情况统计表

年份	数量（千克）	金额（美元）	单价（美元/千克）	数量同比（%）	金额同比（%）	单价同比（%）
2004	64 188 032	15 021 527	0.23	90.29	109.27	9.52
2005	82 187 922	26 301 190	0.32	28.04	75.09	39.13
2006	88 620 577	32 269 459	0.36	7.83	22.69	12.50
2007	125 702 038	40 341 137	0.32	41.84	25.01	-11.11
2008	114 160 623	44 255 878	0.39	-9.18	9.70	21.88
2009	95 700 903	46 350 619	0.48	-16.17	4.73	23.08
2010	104 063 043	80 171 385	0.77	8.74	72.97	60.42
2011	109 595 345	72 644 881	0.66	5.32	-9.39	-14.29
2012	100 581 000	48 082 455	0.48	-8.23	-33.81	-27.27
2013	60 527 874	30 043 207	0.5	-39.82	-37.52	4.17
2014	33 689 179	18 526 642	0.55	-44.34	-38.33	10.00
2015	23 772 937	15 149 997	0.64	-29.43	-18.23	16.36
2016	23 780 991	16 914 228	0.71	0.03	11.65	10.94
2017	31 138 133	19 238 905	0.62	30.94	13.74	-12.68

数据来源：中国海关

根据表4-4，我国黄麻纤维的出口情况在2004—2017年伏波动较大，2004—2006年连续三年出现出口数量下滑趋势，其中2006年下滑比例甚至达到了71.7%。2008年后，我国每年的出口数据变化幅度很大，说明国内的黄/红麻种植和市场需求水平变化异常明显，2011年、2014年和2016年相比前一年的出口数量增幅都超过400%，只有不断稳定国内黄/红麻种植面积和总产量，扩大内需，才能够逐步解决这种不良变化趋势，减少相关企业的经济损失。2017年，我国黄麻纤维出口量为54 386千克，同比下降4.62%。

表4-4 2004—2017年黄麻纤维出口情况统计表

年份	数量（千克）	金额（美元）	单价（美元/千克）	数量同比（%）	金额同比（%）	单价同比（%）
2004	579 812	261 136	0.45	−41.22	−42.1	−2.17
2005	274 753	148 527	0.54	−52.61	−43.12	20
2006	77 759	62 921	0.81	−71.7	−57.64	50
2007	151 859	190 307	1.25	95.29	202.45	54.32
2008	632 740	464 673	0.73	316.66	144.17	−41.6
2009	126 886	168 736	1.33	−79.95	−63.69	82.19
2010	10 298	41 995	4.08	−91.88	−75.11	206.77
2011	56 279	138 339	2.46	446.50	229.42	−39.71
2012	2 472	21 356	8.64	−95.61	−84.56	251.22
2013	3 852	57 981	15.05	55.83	171.50	74.19
2014	22 031	91 708	4.16	471.94	58.17	−72.36
2015	6 582	136 038	20.67	−70.12	48.34	396.88
2016	57 023	407 491	7.15	766.35	199.54	−65.41
2017	54 386	497 460	9.15	−4.62	22.08	27.97

数据来源：中国海关

（2）麻纱线

从表4-5可以看出，我国黄麻纱线的进口量2006—2014年保持了连续9年的增长，其中2011年的增幅甚至超过了200%，说明国内相关企业和市场需求旺盛，同时反映了国内的黄/红麻种植无法满足广阔的市场需求。2015—2016年，国内黄麻纱线的进口量出现下滑趋势，到了2017年我国黄麻纱线的进口量又开始递增，进口量同比增加了26.13%。

表4-5 2004—2017年黄麻纱线进口情况统计表

年份	数量（千克）	金额（美元）	单价（美元/千克）	数量同比（%）	金额同比（%）	单价同比（%）
2004	1 543 447	1 366 486	0.89	8.34	−3.35	−10.1
2005	1 404 968	1 381 262	0.98	−8.97	1.08	10.11
2006	2 511 331	2 290 086	0.91	78.75	65.8	−7.14

（续表）

年份	数量 （千克）	金额 （美元）	单价 （美元/千克）	数量同比 （％）	金额同比 （％）	单价同比 （％）
2007	3 394 455	2 641 148	0.78	35.17	15.33	−14.29
2008	4 803 567	3 727 750	0.78	41.51	41.14	0
2009	7 881 112	5 620 170	0.71	64.07	50.77	−8.97
2010	13 854 695	14 092 521	1.02	75.80	150.75	43.66
2011	52 881 368	47 464 190	0.9	281.69	236.80	−11.76
2012	65 519 420	44 452 712	0.68	23.90	−6.34	−24.44
2013	95 788 615	62 948 578	0.66	46.2	41.61	−2.94
2014	117 790 901	83 318 533	0.71	22.97	32.36	7.58
2015	108 020 058	87 377 798	0.81	−8.3	4.87	14.08
2016	98 590 374	90 122 968	0.91	−8.73	3.14	12.35
2017	124 347 414	108 378 190	0.87	26.13	20.26	−4.4

数据来源：中国海关

表4-6描述了2004—2017年我国黄麻纱线的出口情况，可以看出我国的黄麻纱线出口数量和出口价格起伏均较大，尤其是2010年的出口数量同比增长了5842%，单价却同比大跌近80%，说明金融危机后随着国际市场需求旺盛，我国的黄/红麻出口量有了巨幅增长，但企业很可能是以低价格来换取较多市场，这种价格战的行为不利于出口企业的长期健康发展。所以在2011年，国家对黄麻纱线的出口单价进行调整，同比上升140.66%。由于国际新兴市场的崛起以及相关国家发起的反倾销调查，2014年、2015年连续两年我国出现出口数量下滑的现象。2017年，我国黄麻纱线的出口量同比上升了68.47%，但是出口单价同比下降了12.98%，反映了国际竞争的激烈。

表4-6　2004—2017年黄麻纱线出口情况统计表

年份	数量 （千克）	金额 （美元）	单价 （美元/千克）	数量同比 （％）	金额同比 （％）	单价同比 （％）
2004	733 466	755 721	1.03	−5.62	8.87	15.73
2005	482 837	700 049	1.45	−34.17	−7.37	40.78
2006	354 444	737 098	2.08	−26.59	5.29	43.45
2007	453 064	870 348	1.92	27.82	18.08	−7.69
2008	525 496	1 068 165	2.03	15.99	22.73	5.73
2009	120 701	540 409	4.48	−77.03	−49.41	120.69
2010	7 172 145	6 558 002	0.91	5 842.08	1 113.53	−79.69
2011	318 429	697 597	2.19	−95.56	−89.36	140.66
2012	483 795	851 331	1.76	51.93	22.04	−19.63

(续表)

年份	数量 （千克）	金额 （美元）	单价 （美元/千克）	数量同比 （%）	金额同比 （%）	单价同比 （%）
2013	1 054 159	1 209 759	1.15	117.89	42.10	-34.66
2014	775 578	1 373 851	1.77	-26.43	13.56	53.91
2015	525 777	1 564 653	2.98	-32.21	13.89	68.36
2016	541 609	1 545 934	2.85	3.01	-1.2	-4.36
2017	912 437	2 260 127	2.48	68.47	46.2	-12.98

数据来源：中国海关

(3) 麻织物

表 4-7 描述了 2004—2017 年我国的黄麻织物进口情况，可以看出 2010—2017 年，我国黄麻织物的进口数量整体呈上升趋势，但是进口单价的波动起伏较大。虽然进口数量整体呈现上升趋势，但是 2015—2016 年黄麻织物进口量与黄麻纱线和黄麻纤维类似，开始呈现了下滑态势，并且同比降幅均超过 50%，但单价同比却增长迅速，2016 年的进口单价增幅接近 400%，这与这两年逐渐兴起的贸易保护主义和贸易战有关，进口企业发展受到一定影响。2017 年，我国黄麻织物进口量同比增加 16.52%，但是进口单价同比下降了 57.28%。

表 4-7 2004—2017 年黄麻织物进口情况统计表

年份	数量 （米）	金额 （美元）	单价 （美元/米）	数量同比 （%）	金额同比 （%）	单价同比 （%）
2004	597 787	517 655	0.87	10.46	-18.69	-26.27
2005	692 873	515 612	0.74	15.91	-0.39	-14.94
2006	487 492	523 652	1.07	-29.64	1.56	44.59
2007	686 602	884 741	1.29	40.84	68.96	20.56
2008	1 029 803	1 216 757	1.18	49.99	37.53	-8.53
2009	446 006	571 874	1.28	-56.69	-53	8.47
2010	2 132 480	716 056	0.34	378.13	25.21	-73.44
2011	7 301 425	1 740 698	0.24	242.39	143.10	-29.41
2012	7 169 584	1 234 510	0.17	-1.81	-29.08	-29.17
2013	36 257 014	4 144 994	0.11	405.71	235.76	-35.29
2014	71 993 978	9 100 388	0.13	98.57	119.55	18.18
2015	33 892 122	7 519 060	0.22	-52.92	-17.38	69.23
2016	6 235 138	6 413 203	1.03	-81.6	-14.71	368.18
2017	7 265 399	3 167 436	0.44	16.52	-50.61	-57.28

数据来源：中国海关

表 4-8 描述了 2004—2017 年我国的黄麻织物出口情况，可以看出我国的黄麻织物出口数量和出口价格起伏均较大，尤其是 2012 年和 2013 年，我国黄麻织物的出口数量的增长额都超过了 100%，但是出口金额的增长幅度低于出口数量的增长，反映了出口单价的下降，说明随着国际市场竞争激烈以及国际需求的变化，国内相关出口型企业的发展受到不利影响。相比于 2016 年，2017 年我国黄麻织物的出口情况较为稳定，出口数量同比上涨 2.58%，出口单价同比上涨了 4.17%。

表 4-8　2004—2017 年黄麻织物出口情况统计表

年份	数量（米）	金额（美元）	单价（美元/米）	数量同比（%）	金额同比（%）	单价同比（%）
2004	3 981 120	5 176 541	1.3	71.45	84.16	7.44
2005	4 422 876	3 430 855	0.78	11.1	-33.72	-40
2006	5 171 696	5 263 008	1.02	16.93	53.4	30.77
2007	7 710 197	3 069 570	0.4	49.08	-41.68	-60.78
2008	13 179 550	6 681 805	0.51	70.94	117.68	27.5
2009	13 811 708	12 028 457	0.87	4.8	80.02	70.59
2010	7 172 145	6 558 002	0.91	-48.07	-45.48	4.60
2011	6 051 408	2 376 844	0.39	-15.63	-63.76	-57.14
2012	12 251 155	3 203 603	0.26	102.45	34.78	-33.33
2013	28 849 678	5 988 125	0.21	135.49	86.92	-19.23
2014	29 125 114	6 925 838	0.24	0.95	15.66	14.29
2015	15 570 585	4 490 368	0.29	-46.54	-35.16	20.83
2016	17 638 171	4 191 715	0.24	13.28	-6.65	-17.24
2017	18 093 249	4 440 833	0.25	2.58	5.94	4.17

数据来源：中国海关

三、黄/红麻种植、加工及贸易环节的发展趋势分析

（一）黄/红麻种植前景

黄/红麻具有耐旱、耐盐碱等优良种植特性及纤维产量高等商业价值，其纤维质地柔软，且具有较好的吸湿性和透气性，能够抗静电，并具有抑菌效果，因此受到国际市场和消费者与日俱增的青睐。黄麻在世界上的产量和种植面积仅次于棉花，在我国具有久远的种植历史，拥有多种种植品种，通过利用我国华南地区的气候优势，能够实现土地的高效利用。红麻作为引进物种也在我国种植多年，并广泛分布在华南地区及长江流域，具有较强适应性及经济价值。

种植黄/红麻可充分利用我国的土地资源，发挥旱地、盐碱地、低洼地等地形地貌发展种植业，实现不与粮争地，并促进低碳产业的发展。目前，东南亚多国都将发展

黄/红麻生产作为国家的重大计划给予支持。我国对黄/红麻纤维的需求仍然很大，且具有供应缺口。随着需求增加，加工企业对麻类原料的需求也逐渐加大，这在很大程度上推动了我国黄/红麻的种植。但我国麻类种植的联合化及标准化水平尚不很高，麻类原料通常因为达不到质量要求而无法被企业使用，因此推进麻类产业化、标准化，并加强麻类种植者与加工企业的合作，形成供需平衡，是当前发展麻类产业的重点工作。

（二）黄/红麻加工前景

黄麻和红麻的加工前景广阔，其产品可以广泛应用于纺织、汽车、建筑、包装、农业和园艺等多个行业。黄麻和红麻都具有良好的纺织性能，可以用于制作高品质的纺织品。纺织品行业对天然纤维的需求不断增长，黄麻和红麻可以作为可持续替代品，用于生产各种纺织品，如服装、家居用品和绳索等。由于黄麻和红麻纤维的高强度和耐用性，它们可以用于生产可持续的包装材料，替代传统的塑料包装，降低环境污染，并满足消费者对可持续性包装的需求。

黄麻和红麻纤维的强度和耐久性使其成为汽车行业的理想材料。它们可以用于制造车内饰、座椅材料和其他汽车零部件，以提高产品的质量和可持续性。黄麻和红麻纤维还可以与其他材料结合使用，用于制造环保的建筑和装饰材料。它们可以用于地板、墙壁覆盖、屋顶材料和室内装饰，具有良好的保温、吸音和耐久性。

黄麻和红麻的加工还可以应用于农业和园艺领域，用于制造农业编织网、果蔬包装袋、花束绳和藤条等产品。此外，麻秸还可以作为优质的有机肥料，促进土壤健康和作物生长。它们的可持续性和环保特性将在未来得到更多重视，推动其加工和利用的发展。

（三）黄/红麻贸易前景

随着全球人口的增加和中产阶级的扩大，其对纺织品的需求不断增长。加上黄/红麻纤维在环保和可持续性方面具有优势，因此其在某些市场上的需求会不断增加。但它也面临来自合成纤维和其他天然纤维的竞争。合成纤维等的进步和成本降低可能会导致对黄/红麻需求的减少。

我国麻纺企业在黄/红麻纤维变性处理与棉花混纺高中档面料、家居产品，以及加工生产麻炭、板材等高效、高附加值产品方面取得了一定的突破，这都会赢得国际市场的青睐，致使黄、红麻纤维和制品的国际贸易前景广阔。

四、我国黄/红麻产业存在的主要问题及政策建议

（一）主要问题

1. 种植环节

第一，黄/红麻种植面积下降。在过去几十年中，中国黄麻和红麻的种植面积逐渐减少，农民转而选择其他经济作物，如棉花、大豆等，导致这些传统纤维作物的种植量减少。这主要是由于市场需求的变化、种植成本的增加以及农民收入的减少。

第二，缺乏先进技术和管理经验。一些农民缺乏先进的种植技术和管理经验，导致黄麻和红麻的产量和质量不稳定；缺乏科学的耕作方法、滥用肥料和农药以及病虫害失控等问题，影响了作物的生长和品质。

第三，市场推广不足。黄麻和红麻的市场不够广阔，进而导致需求不足。同时，市场定位和品牌建设方面的工作也比较薄弱，使得黄麻和红麻在市场竞争中缺乏优势。

第四，加工和销售渠道不畅。黄麻和红麻的加工和销售渠道相对不完善，一些地区缺乏规模化的加工厂和专业的销售网络，导致农民面临销售困难和不稳定的价格。同时，由于缺乏标准化和质量控制，产品的市场竞争力也较弱。

第五，生产环节存在污染和可持续性问题。黄麻和红麻的种植过程中，部分农民使用过量的农药和化肥，导致环境污染和土壤退化问题，对生态环境和可持续发展造成了一定程度的影响。

2. 加工环节

第一，加工技术落后。部分黄麻和红麻加工企业在技术设备和工艺方面相对落后，缺乏先进的加工技术和设备，从而导致产品加工效率低下，质量控制难以保证，限制了产品的竞争力和附加值。

第二，品质不稳定。一些黄麻和红麻加工企业在质量控制方面存在问题，加工过程中存在不合理的工艺参数，导致产品质量不稳定。产品的颜色、强度、纤维长度等方面的差异，影响了产品的一致性和市场认可度。

第三，缺乏标准化和认证。在黄麻和红麻加工领域，缺乏一套统一的产品标准和认证体系，从而导致产品的质量标准和规范不一致，消费者难以辨别产品的质量和价值，也制约了产品的市场竞争力。

第四，市场开拓困难。黄麻和红麻加工企业面临市场开拓困难的挑战，从而造成市场推广不足、品牌建设不完善等，产品的知名度和市场份额较低。同时，由于对于新兴应用领域的探索和开发不足，限制了产品的多样化和附加值的提升。

3. 贸易环节

第一，市场需求波动。由于受国内外市场需求和消费趋势的影响，因而黄麻和红麻的市场需求存在波动性。需求的不稳定性使得贸易存在风险，可能导致价格波动和市场不确定性。

第二，质量控制存在问题。在黄麻和红麻的贸易中，质量控制是一个重要问题。由于产地和生产环境的差异，产品的质量、纤维长度、纤维强度等方面存在差异。加上缺乏统一的质量标准和认证体系，导致产品质量的评估和交易存在困难。

第三，加工能力不足。中国黄麻和红麻的加工能力相对不足，大多数加工厂规模较小，生产工艺相对简单，难以满足大规模订单的需求，从而限制了中国黄麻和红麻产品在国际市场上的竞争力。

第四，国际市场竞争激烈。在国际市场上，黄麻和红麻面临激烈的竞争，一些国家和地区的纤维产品具有价格竞争力和优良品质，使得中国黄麻和红麻在国际市场上面临挑战。

第五，贸易壁垒和政策限制。贸易壁垒和政策限制，也对中国黄麻和红麻的贸易带来一定影响，如关税、贸易配额、进口限制等政策因素，从而导致出口市场的限制和贸易成本的增加。

（二）政策建议

1. 种植方面

建议政府通过提供种植补贴、税收优惠和贷款支持等激励措施，鼓励农民从事黄麻和红麻种植，并建立市场保护机制，制定相关政策，限制对竞争作物的过度种植，保护黄麻和红麻种植者的利益，稳定种植面积。此外，通过组织培训班、推广先进的种植技术和管理方法，帮助农民提高种植技能和管理能力；通过建立示范基地，向农民展示先进的种植技术和管理方法，并设立技术推广站提供技术咨询和指导。

建议政府和行业组织通过组织展览会、推介会和宣传活动，加强市场营销和宣传，提高黄麻和红麻产品的知名度，扩大市场影响力。同时，通过推动黄麻和红麻产品的品牌建设，建立独特的品牌形象和标识，提升产品的市场竞争力。通过鼓励和支持黄麻和红麻加工企业的发展，帮助建立规模化的加工厂和专业的销售网络，并提供稳定的销售渠道和价格保障。此外，牵头促进产业链的整合和合作，鼓励农民、加工企业和销售商之间的合作，形成完整的产业链，提高产品的附加值和市场竞争力。

2. 加工方面

针对加工技术落后的问题，建议提供加工技术培训和指导，引进先进的加工设备和工艺，提高产品加工效率和质量稳定性；支持技术创新和研发，鼓励企业进行加工设备与技术的创新工作，提升加工技术水平，推动行业的技术进步；针对产品品质不稳定、缺乏标准化认证及市场推广困难的问题，可以建立质量标准和认证体系，制定统一的产品质量标准并提供认定服务，确保产品的质量稳定和一致性。

强化质量监督和检测，严格把关产品的质量控制，提高市场竞争力。同时，鼓励加工企业进行产品认证，建立自有品牌，提升产品的市场竞争力和消费者信任度。此外，政府应当加强对加工企业的环境管理和监管，确保废水、废气和固体废弃物的合规处理，减少环境污染。鼓励加工企业采用绿色生产技术和循环经济模式，减少资源消耗和环境影响，推动绿色生产和循环经济。

3. 贸易方面

面对市场准入壁垒和贸易限制，应当寻求与贸易伙伴之间的贸易谈判和协商，争取降低关税、扩大市场准入，促进黄麻和红麻产品的贸易便利化。同时，应该多元化开拓市场，寻找新的市场机会，减少对单一市场的依赖，拓展黄麻和红麻产品的出口渠道。

为应对国际市场的激烈竞争，要通过技术创新和工艺改进，提升黄麻和红麻产品的质量和附加值，增强产品的竞争力；要制定行业标准，明确黄麻和红麻产品的质量要求和技术指标；建立认证机构，对产品进行质量认证，确保贸易中的产品质量可靠。同时，要加强黄麻和红麻产品的品牌建设和市场推广，提升产品知名度和市场认可度。

为解决贸易过程中的交易成本和支付风险问题，应加强物流合作和优化供应链，建立高效可靠的物流渠道，降低物流成本和风险，保证货物的及时交付；要鼓励金融机构创新金融支付和贸易融资产品，提供便捷的支付和融资服务，降低贸易风险和成本。

第五章 工业大麻产业经济分析报告

一、世界工业大麻种植、加工与贸易情况

工业大麻,又被称为火麻、汉麻、线麻等,是一种一年生草本植物,也指用于工业目的的大麻植物,其栽培和利用不涉及药用或娱乐用途。工业大麻具有广泛的应用领域和潜力,其各部分均可被有效地利用。大麻的纤维部分可以用于纺织品、纸张和建筑材料的生产,具有出色的耐用性。此外,由于其具有自然分解的特性,大麻纤维被广泛视为一种环保的纺织原料。工业大麻的种植和加工过程相对简单,并具有高产量和快速生长的特点,使其成为可持续发展和经济效益前景广阔的农业作物[14]。

大麻种子是一种营养丰富的食品来源。它富含蛋白质、脂肪酸、维生素和矿物质,被广泛用于食品和饲料行业。大麻种子油富含亚麻酸和脂肪酸,有助于心脏健康,同时还可以用于食品调味和草药产品。此外,大麻中的化学成分如大麻素,可以对人体的神经系统产生影响,有镇痛、抗炎、抗抑郁和抗焦虑的作用,具有药理学上的潜力。

中国古代的药典中,诸如《神农本草经》《黄帝内经》和《本草纲目》等文献详细记载了大麻作为药物的应用。这些古代文献详细描述了大麻的药理特性和治疗效果。根据古代记录,大麻在医学上被广泛应用于各种疾病的治疗。它被认为具有镇痛、镇静、抗炎、解痉等药理作用,可以用于缓解疼痛、治疗风湿病、调理消化系统以及妇科疾病等病症。当时的医药学家深信大麻的药用潜力,并将其列为重要的治疗药材之一。中国在公元前1800年就已经将大麻作为织布材料,第一张纸就是中国在公元100年用大麻纤维制成。大麻在公元前1500年前后传入欧洲。而大麻提取物由于具有一定的毒性,曾在欧美国家一度被视为毒品,但随着其药用价值的发掘和绿色环保功能的广泛认可,大麻又走进大众视野。自1998年起,荷兰、法国均开始致力于大麻新品种的研究,美国也开始大量进口大麻。

目前,大麻品种主要分为药用大麻、工业大麻和食用大麻三类。工业大麻全身是宝,用途广泛,在人们的衣、食、住、行方面,以及农业、食品、医药卫生、军工等众多领域均被广泛使用,具有广阔的市场发展空间。因此,发展工业大麻产业不仅可以创造经济效益,还能够解决农村问题,促进农民增收。同时,大规模种植工业大麻有助于改善自然环境,保护生态平衡,为可持续发展作出贡献[15]。这里主要探讨纤维型大麻,着重从全球视角来分析籽用工业大麻和大麻短纤维原料的种植、加工与贸易情况。

（一）世界工业大麻种植情况

1. 世界工业大麻种植面积和大麻籽总产量

（1）世界籽用工业大麻种植面积

由图 5-1 可以看出，2000—2015 年籽用工业大麻的种植面积在小幅波动中基本保持稳定，但在 2007—2011 年曾出现连续减少的情况，直到 2011 年达到最低值 19 621 公顷，之后四年内籽用工业大麻种植面积开始小幅度上涨，但比 2007 年之前整体偏低。2016 年后，世界籽用工业大麻种植面积开始爆发式上涨至 2017 年的 49 907 公顷，但是 2019 年又跌至 23 339 公顷，回到正常水平。

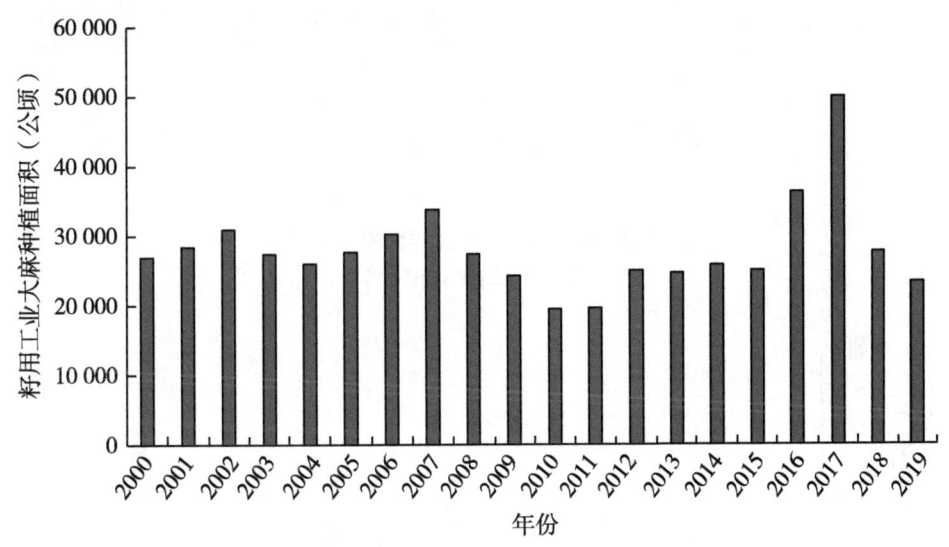

图 5-1　2000—2019 年世界籽用工业大麻种植面积

（数据来源：FAOSTAT）

（2）世界大麻籽总产量

由图 5-2 可以看出，2000—2015 年大麻籽总产量总体呈小幅波动态势，最低为 2011 年的 68 429 吨，最高为 2014 年的 118 923 吨。2015 年后，大麻籽总产量开始爆发式增长，涨到 2017 年的 259 111 吨，但在 2019 年又跌至 76 730 吨，回到正常水平。

（3）世界大麻籽单产

由图 5-3 可以看出，2000—2018 年世界大麻籽单产在小幅波动中略有增长，到 2017 年达到最大单产 5 191.9 千克/公顷，是 2001 年最低单产 2 550.6 千克/公顷的 2 倍左右。2011—2018 年间单产一直是增减交替进行，但波动幅度不大，到 2019 年世界大麻籽单产为 3 287.6 千克/公顷。

2. 世界大麻纤维和短纤维生产情况

（1）世界大麻纤维和短纤维种植面积

由图 5-4 可以看出，世界大麻纤维和短纤维种植面积从 2000—2017 年间总体趋势为小幅度减少，其中 2000—2003 年间出现了持续递减的情形，并在 2004 年又迅速增加

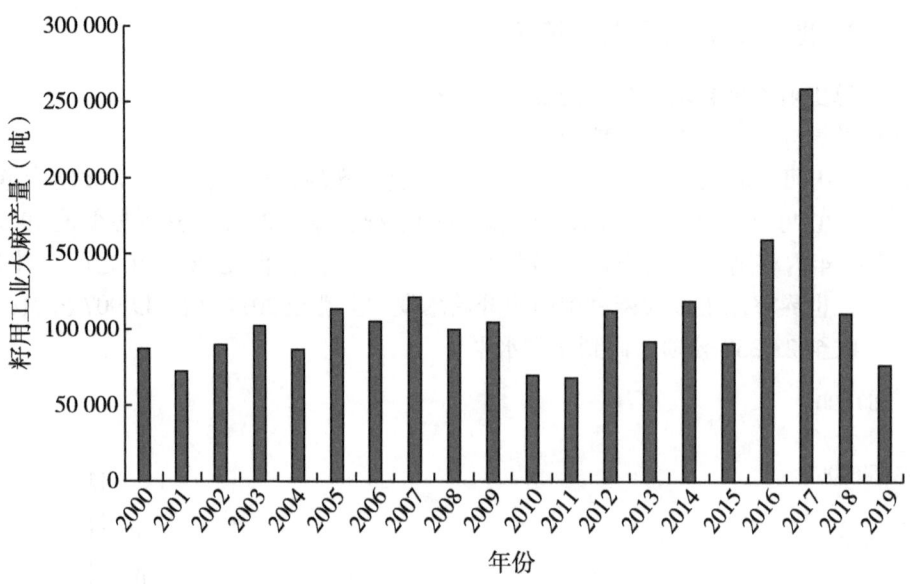

图 5-2 2000—2019 年世界大麻籽总产量
（数据来源：FAOSTAT）

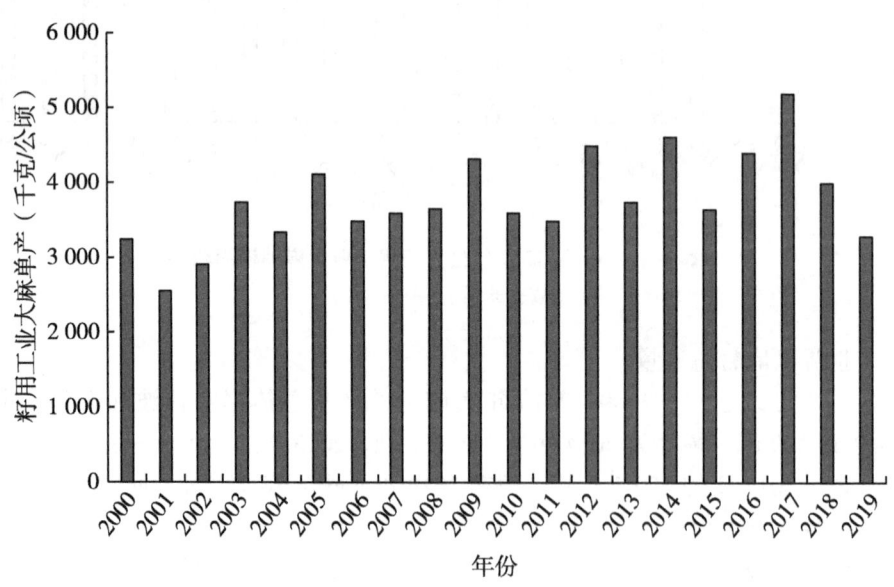

图 5-3 2000—2019 年世界大麻籽单产
（数据来源：FAOSTAT）

到 56 964 公顷，2005—2017 年基本稳定在 4 万~4.52 万公顷，到 2019 年又上涨至 69 342 公顷。

（2）世界大麻纤维和短纤维总产量

由图 5-5 可以看出，2000—2006 年间世界大麻纤维和短纤维总产量呈现波浪递增趋

第五章 工业大麻产业经济分析报告

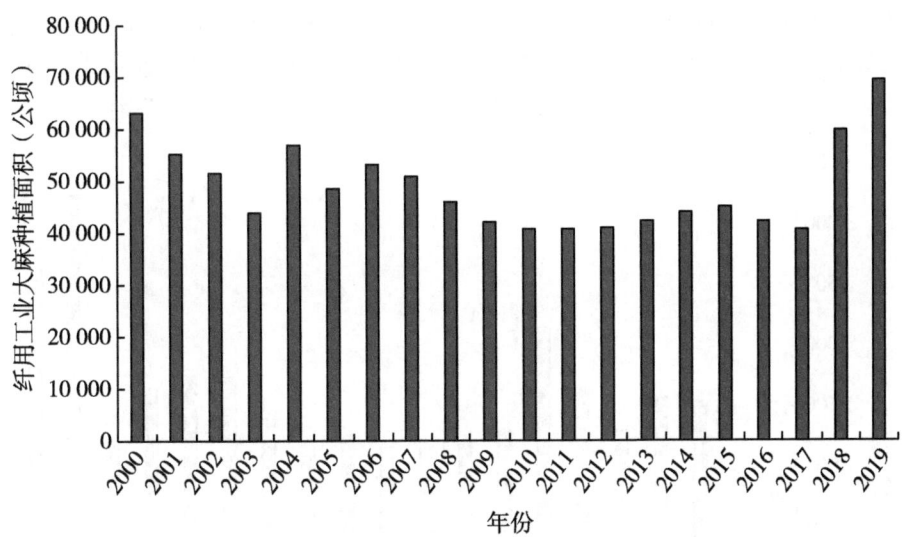

图 5-4 2000—2019 年世界大麻纤维和短纤维种植面积
（数据来源：FAOSTAT）

势，总产量由 2000 年的 58 319 吨递增到 2006 年的 114 765 吨，增加近 1 倍，其中 2005—2006 年的增幅较大，增加了 43.2%。2006—2009 年总产量又出现了急速下降态势，2009 年跌至 48 590 吨，不到 2006 年的一半。2009 年之后总产量呈小幅递增趋势，到 2017 年为 58 441 吨。随后两年又暴涨，2018 年为 194 880 吨，2019 年为 174 027 吨，增加近 2 倍。

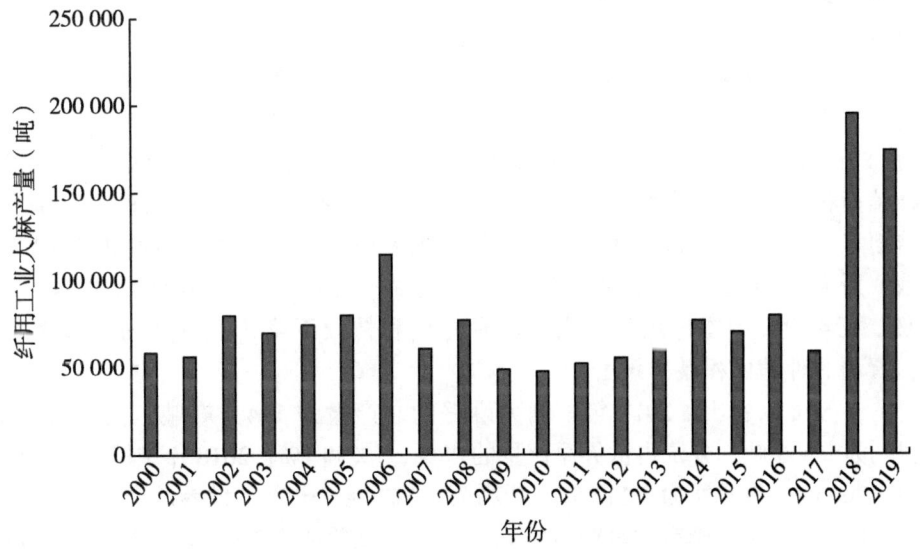

图 5-5 2000—2019 年世界大麻纤维和短纤维总产量
（数据来源：FAOSTAT）

（3）世界大麻纤维和短纤维单产

由图 5-6 可以看出，2000—2009 年间世界大麻纤维和短纤维的单产总体波动较大，

· 91 ·

2006年达到2000—2016年的最大单产2 157.1千克/公顷。2009年之后，世界大麻纤维和短纤维单产整体上小幅波动递增，到2017年为1 441千克/公顷。2018年，暴涨至3 262千克/公顷，同比上年增加1倍多，2019年又降至2 509.9千克/公顷。

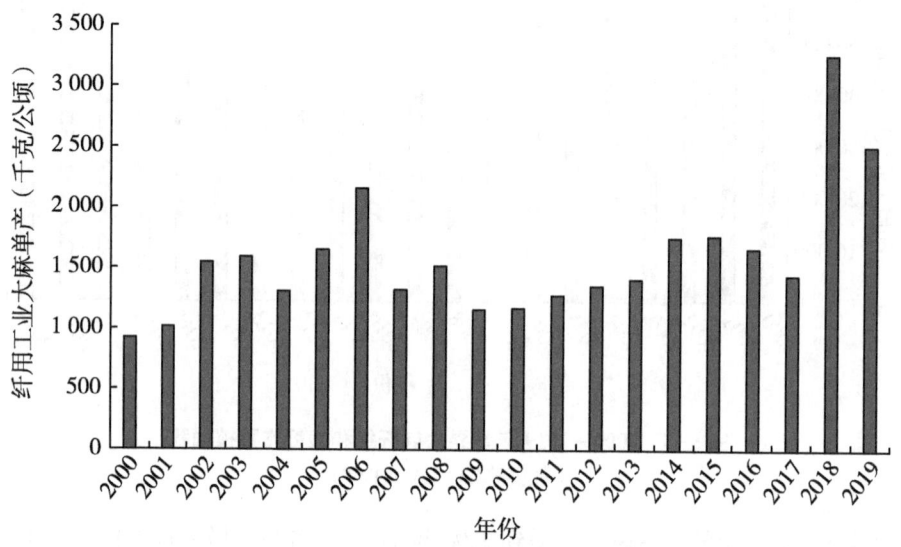

图5-6 2000—2019年世界大麻纤维和短纤维单产

（数据来源：FAOSTAT）

3. 世界大麻主产国生产概况

（1）世界大麻籽主产国近年来的生产情况

近几年，世界大麻籽的主要生产国为中国、俄罗斯和智利三个国家。由图5-7可以看出，2017年中国籽用工业大麻的种植面积为21 900公顷，俄罗斯为3 600公顷，智利为2 823公顷，分别占世界总种植面积的44%、7%和6%；2018年中国籽用工业大麻的种植面积为18 560公顷，俄罗斯为4 691公顷，智利为3 052公顷，分别占世界总种植面积的67%、17%和11%；2019年中国籽用工业大麻的种植面积为12 603公顷，俄罗斯为5 992公顷，智利为3 323公顷，分别占世界总种植面积的54%、26%和14%。三年里，中国籽用工业大麻的种植面积持续下降，俄罗斯的种植面积稳步上升，智利的种植面积基本没变。

由图5-8可以看出，2017年中国大麻籽的总产量为124 700吨，俄罗斯为1 078吨，智利为1 505吨，分别占世界总产量的48%、1%和1%；2018年中国大麻籽的总产量为106 200吨，俄罗斯为2 117吨，智利为1 522吨，分别占世界总产量的96%、2%和1%；2019年中国大麻籽的总产量为71 423吨，俄罗斯为2 893吨，智利为1 539吨，分别占世界总产量的93%、4%和2%。三年里，中国大麻籽的总产量持续下降，俄罗斯和智利的总产量基本没有改变。

由图5-9可以看出，2017年中国大麻籽的单产为5 694.1千克/公顷，俄罗斯为299.4千克/公顷，智利为533.1千克/公顷，世界单产为5 191.9千克/公顷；2018年中国大麻籽的单产为5 722千克/公顷，俄罗斯为451.3千克/公顷，智利为498千克/公

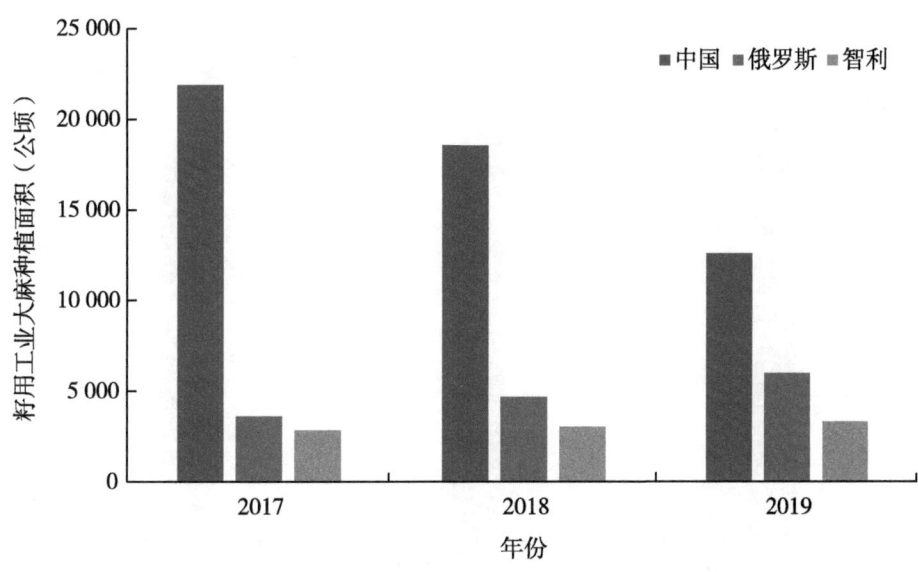

图 5-7 2017—2019 年世界籽用工业大麻主要种植国家的种植面积
（数据来源：FAOSTAT）

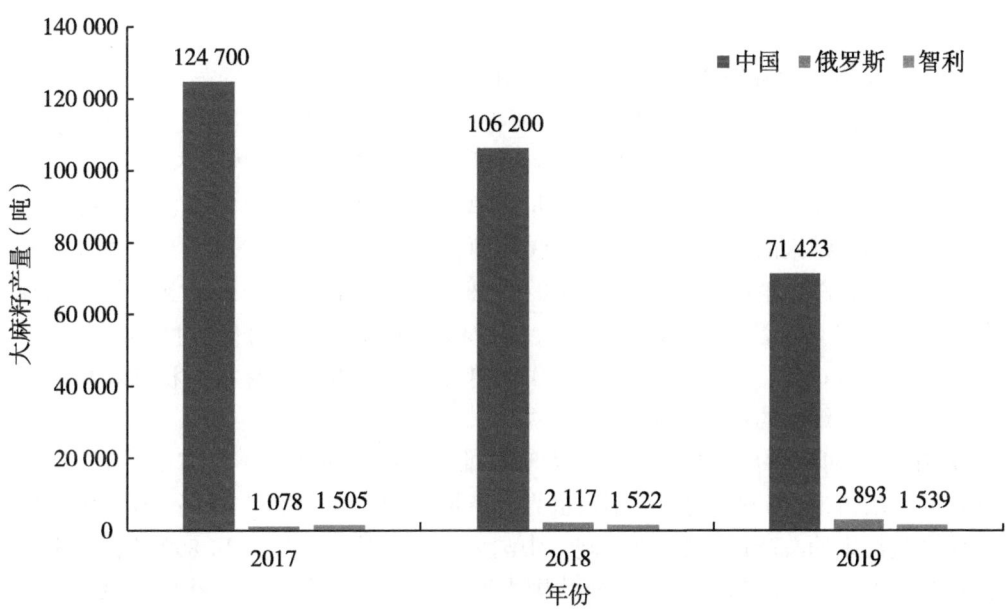

图 5-8 2017—2019 年世界大麻籽主产国总产量
（数据来源：FAOSTAT）

顷，世界单产为 3 996.9 千克/公顷；2019 年中国大麻籽的单产为 5 667.2 千克/公顷，俄罗斯为 482.8 千克/公顷，智利为 463.1 千克/公顷，世界单产为 3 287.6 千克/公顷。三年里，中国、俄罗斯和智利的单产都基本没有改变。

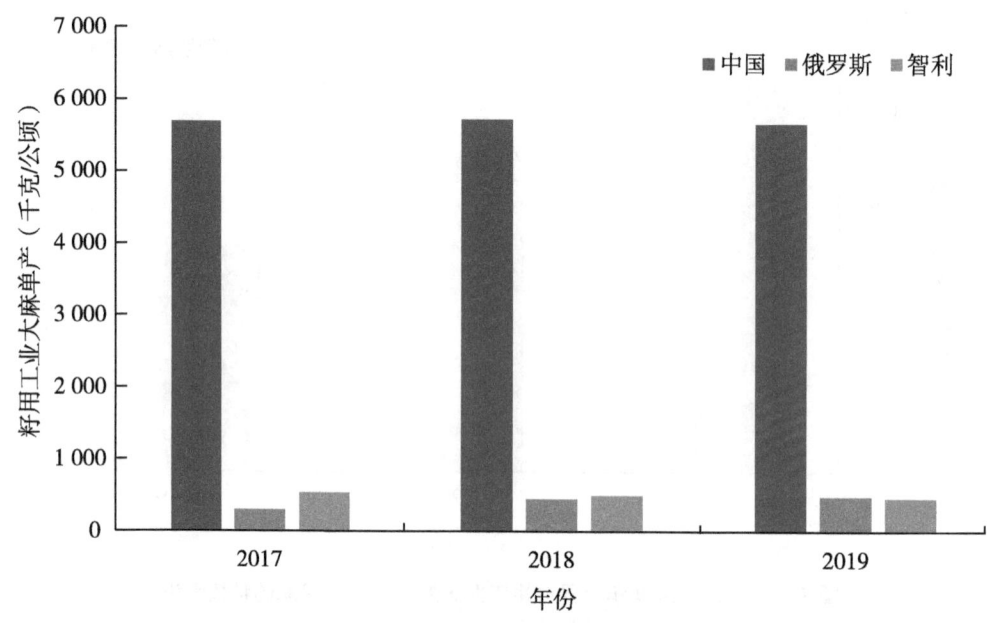

图 5-9 2017—2019 年世界大麻籽主产国单产
（数据来源：FAOSTAT）

(2) 近年世界大麻纤维和短纤维主产国的生产情况

近几年，世界大麻纤维和短纤维的主要生产国有朝鲜、法国和中国三个国家。由图 5-10 可以看出，2017 年朝鲜大麻纤维和短纤维的种植面积为 21 149 公顷，法国为 21 496 公顷，中国为 4 589 公顷，分别占世界总种植面积的 9%、2% 和 11%；2018 年朝鲜大麻纤维和短纤维的种植面积为 21 323 公顷，法国为 16 460 公顷，中国为 4 238 公顷，分别占世界总种植面积的 36%、28% 和 7%；2019 年朝鲜大麻纤维和短纤维的种植面积为 21 496 公顷，法国为 14 550 公顷，中国为 4 015 公顷，分别占世界总种植面积的 31%、21% 和 6%。三年里，中国和朝鲜大麻纤维和短纤维的种植面积基本稳定，法国大麻纤维和短纤维的种植面积大幅度增加。

由图 5-11 可以看出，2017 年中国大麻纤维和短纤维的总产量为 16 027 吨，朝鲜为 14 759 吨，法国为 106 974 吨，分别占世界总产量的 11%、10% 和 70%；2018 年法国大麻纤维和短纤维的总产量为 124 790 吨，中国为 15 073 吨，朝鲜为 14 892 吨，分别占世界总产量的 64%、8% 和 8%；2019 年法国大麻纤维和短纤维的总产量为 78 050 吨，朝鲜为 15 026 吨，中国为 14 538 吨，分别占世界总产量的 45%、9% 和 8%。三年里，中国和朝鲜大麻纤维和短纤维的总产量基本稳定，法国大麻纤维和短纤维的总产量得到巨大提高。

近几年，大麻纤维和短纤维单产量较高的国家包括意大利、荷兰、澳大利亚、法国和中国。由图 5-12 可以看出，2017 年世界大麻纤维和短纤维单产为 1 441 千克/公顷，意大利为 7 503.3 千克/公顷，荷兰为 7 499.2 千克/公顷，澳大利亚为 4 647.1 千克/公

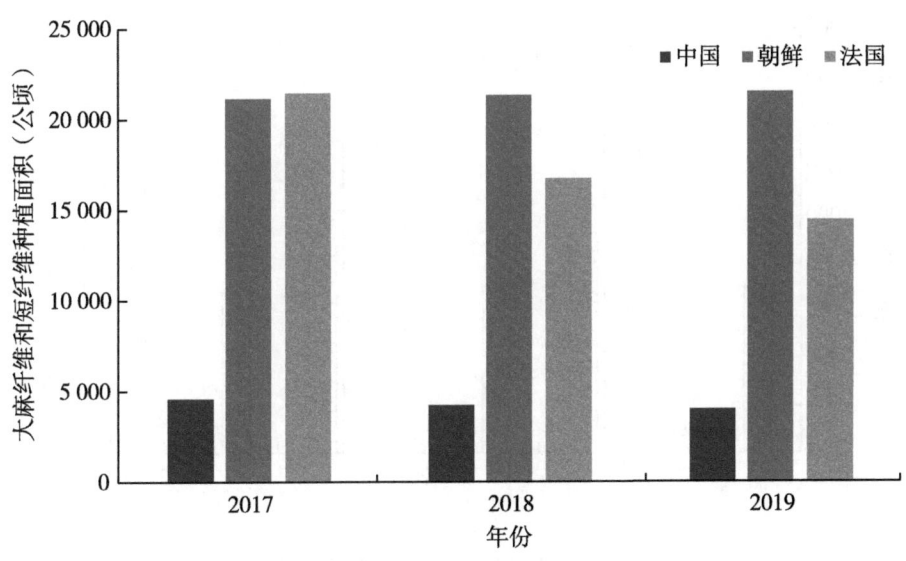

图 5-10 2017—2019 年世界大麻纤维和短纤维主产国种植面积
（数据来源：FAOSTAT）

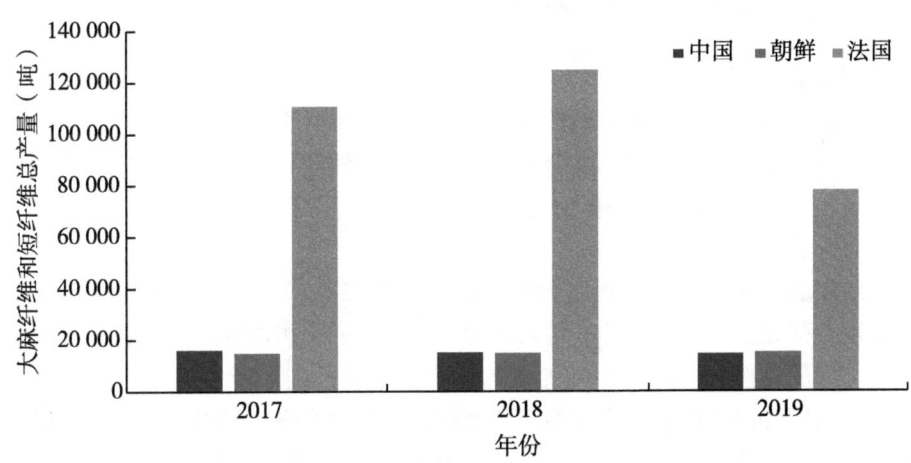

图 5-11 2017—2019 年世界大麻纤维和短纤维主产国总产量
（数据来源：FAOSTAT）

顷，中国为 3 492.5 千克/公顷，法国为 1 657 千克/公顷；2018 年世界大麻纤维和短纤维单产为 3 262 千克/公顷，荷兰为 7 698.5 千克/公顷，法国为 7 581.4 千克/公顷，意大利为 6 910.4 千克/公顷，澳大利亚为 4 202.5 千克/公顷，中国为 3 556.6 千克/公顷；2019 年世界大麻纤维和短纤维单产为 2 506.7 千克/公顷，意大利为 8 472.5 千克/公顷，荷兰为 7 484 千克/公顷，中国为 5 364.3 千克/公顷，澳大利亚为 4 437.8 千克/公顷，中国为 3 620.9 千克/公顷。

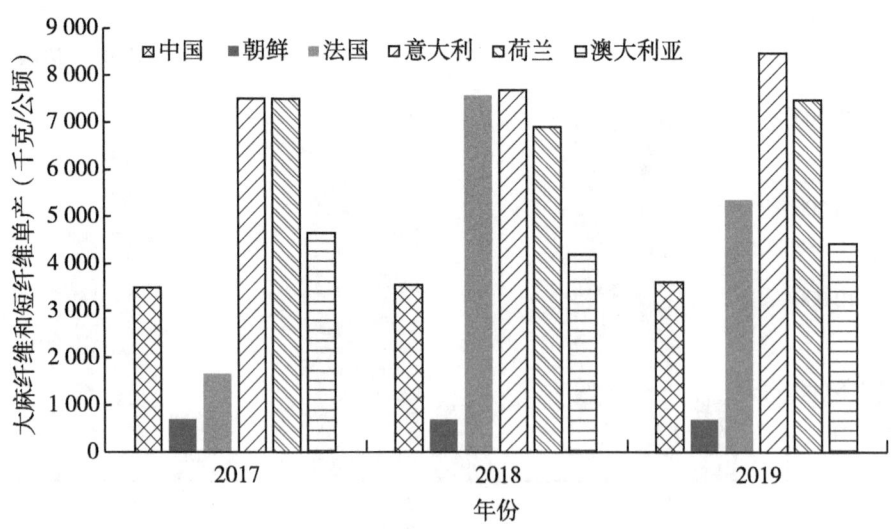

图 5-12　2017—2019 年世界大麻纤维和短纤维主产国单产
（数据来源：FAOSTAT）

（二）世界工业大麻加工情况

1. 世界大麻产品

近年来，许多国家对工业大麻的生产、发展和深度开发日趋重视，出现了大量大麻加工产品，涉及布、墙体材料、复合材料（汽车内饰件等）、纸、洗涤剂、线、纤维板、绝缘板、地板、水土保持布、油产品、生物煤油等[16]。

（1）大麻纺织品

大麻纺织品的制作是主要利用大麻植物的纤维部分。大麻纤维具有许多有利的特性，如耐用、强韧、吸湿性好等，使其成为纺织行业的理想原料之一。在一些国家和地区，工业大麻的种植和大麻纤维的加工已经合法化或得到了特定的许可。加拿大、荷兰、中国、法国等国家都在大麻纤维的种植和纺织品生产方面取得了一定的进展。它具有抗菌保健、吸湿排汗等优良性能，广泛应用于家纺、服装、袜子等方面。

大麻由于具有优良的抗紫外线和耐高温性能以及独特的吸波吸附性能，因而大麻纺织品还特别适宜做防晒衣、露营帐篷、太阳伞等。大麻床上用品有床单、床罩、大麻凉席等，铺用舒适、抗菌透气，深受广大消费者喜爱。大麻纱还可以制成迎合消费者需求的高附加值高档服装面料，内衣与外衣均可制作，同时也能给企业带来更好的经济效益。

（2）大麻药用产品

大麻药用产品含有多种有益成分，其药用价值备受关注。其中一些药物通过提取大麻植物的特定成分来开发。例如，大麻中的大麻二酚（CBD）已被广泛研究，它被认为具有镇痛、抗炎和抗焦虑等药理作用。CBD 油是大麻药用产品中常见的形式之一。它通常由大麻植物的花朵和叶子提取而来，含有高浓度的 CBD 成分。CBD 油被广泛应用于多种病症的辅助治疗，如慢性疼痛、癫痫、焦虑和失眠等。此外，大麻药用产品还包括含有四氢大麻酚（THC）的药物。THC 是大麻中的一种主要成分，具有镇痛和镇静效果。一些药物中的 THC 成分被用于治疗癌症化疗引起的恶心和呕吐症状，以及多发性硬化症等神经系统疾病。

（3）大麻食用产品

大麻籽粕具有很高的营养价值，含有人体必需的八种氨基酸。大麻籽油可以广泛用于制作化妆品、食用油、润滑剂和涂料树脂，而大麻籽的其他部分也有多种用途。籽仁可以被加工成无筋粉和蛋白粉，而籽仁废料则可作为动物饲料等。目前，国内市场上主要推广的大麻籽产品包括火麻仁、火麻油和汉麻籽蛋白粉等功能性产品。以大麻籽为原料的食品系列也在市场上逐渐推广，包括大麻籽蛋白饮料、大麻籽饼干、大麻籽胶囊等。大麻籽蛋白饮料是以大麻籽蛋白粉为基础，结合其他天然成分制成的饮料，富含蛋白质和营养元素，对于促进人体健康和提供能量具有积极作用。大麻籽饼干是一种以大麻籽为主要原料制作的小吃，具有丰富的营养价值和独特的风味。它可以作为健康的零食选择，提供人体所需的营养成分，同时享受人间美味。大麻籽胶囊是将大麻籽提取物制成的胶囊形式，方便携带和服用。这些胶囊可以提供大麻籽中的营养成分，如脂肪酸、维生素和矿物质等，对于补充人体所需营养和维持健康具有益处。

（4）大麻相关产品

大麻秆芯具有与硬木相似的特性，是一种理想的原料，可用于制造高质量的纸张，同时也可作为建筑材料，如纤维板、板材和细木工制品。此外，大麻秆芯还可以用作动物的垫草，为动物养殖提供舒适的床铺。大麻种子的含油量很高，常被用于制造油漆、抛光剂、肥皂等。大麻油还可以以任何比例与柴油混合合成生物柴油。利用麻秆进行发酵可以生产甲醇和乙醇，是一种优秀的动力能源材料。此外，结合杏鲍菇预处理和碱预处理的方法，可以显著提高大麻秸秆的酶解糖化率，从而提高秸秆生产燃料乙醇的效率。

2. 新型研制大麻加工机械设备

国外市场对以工业大麻等纤维为原料的天然纤维增强复合材料的需求不断攀升，从而推动了工业大麻茎秆加工处理技术的迅速发展。加拿大的阿尔伯塔省和马尼托巴省是工业大麻种植的重要地区，其采用先进的气爆法处理技术对大麻茎秆进行高效处理。该方法通过使用压缩空气和爆炸能量，将大麻茎秆细分为纤维和麻屑，为后续的加工利用提供了理想的原料。

在欧洲，德国波茨坦莱布尼斯农业工程研究所对工业大麻茎秆的加工生产线进行了进一步完善和优化。他们开发了一套全面的处理纤维作物的生产线，从大麻茎秆的捡拾、切断，到最终获得纯净的纤维和麻屑混合物，每个环节都进行了精细调整和优化。这种完整的处理流程提高了生产效率和产品质量，并使工业大麻茎秆的利用价值得到最大化。此外，研究人员还发现，工业大麻茎秆的碎屑部分占收获物料的 50%~60%。为了更好地利用这些碎屑，高效的碎片处理和清洁技术变得至关重要。他们成功开发了一种简单而又有效的清洁麻屑和纤维混合物的技术。这项技术不仅能够将麻屑洁净地分离出来，还可以进一步利用这些纤维和麻屑混合物，例如用作动物舍的优质饲料，或作为制造刨花板和复合材料的生产原料。最近，加拿大马尼托巴大学的生物工程系也投入了对工业大麻剥制后纤维的提取问题的研究。他们致力于寻找更加高效和可持续的纤维提取方法,以进一步提高工业大麻茎秆的利用。

二、国内工业大麻种植、加工与贸易情况

(一) 我国工业大麻种植情况

1. 国内工业大麻麻籽和短纤维生产情况

(1) 1962—2019 年国内籽用工业大麻种植情况

国内籽用工业大麻种植面积。由图 5-13 可以看出,在 1980 年之前是我国籽用工业

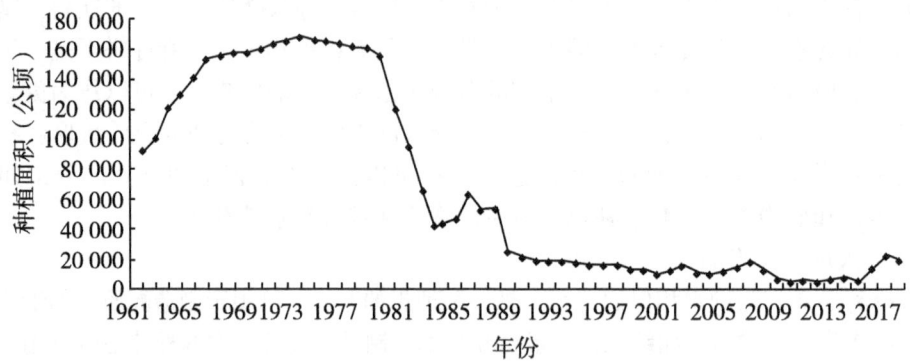

图 5-13 1962—2019 年中国籽用工业大麻种植面积
(数据来源:FAOSTAT)

大麻大规模种植阶段,1973 年达到最高种植面积 16.7 万公顷,1980 年后种植面积便出现急剧下滑,1989 年后种植面积减少的幅度有所放缓。进入 21 世纪以来,中国的籽用工业大麻种植情况见图 5-14。在 2000—2007 年,我国籽用工业大麻的种植面积呈现

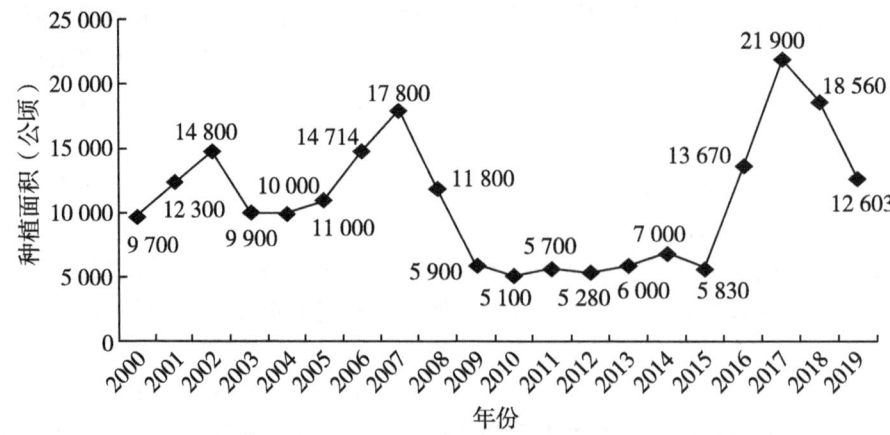

图 5-14 2000—2019 年中国籽用工业大麻种植面积
(数据来源:FAOSTAT)

一定的波动递增状态，但在2007—2009年出现了急剧下滑，之后保持缓慢减少态势。到2015年籽用工业大麻种植面积减少到5 830公顷，仅为2000年以来最大种植面积1.78万公顷的约33%，不到20世纪60年代以来最大种植面积的5%。这说明与20世纪70年代相比，我国籽用工业大麻的种植面积锐减很多。2015年以后，大麻的种植面积连涨两年至2017年的21 900公顷，而2019年跌至12 603公顷。

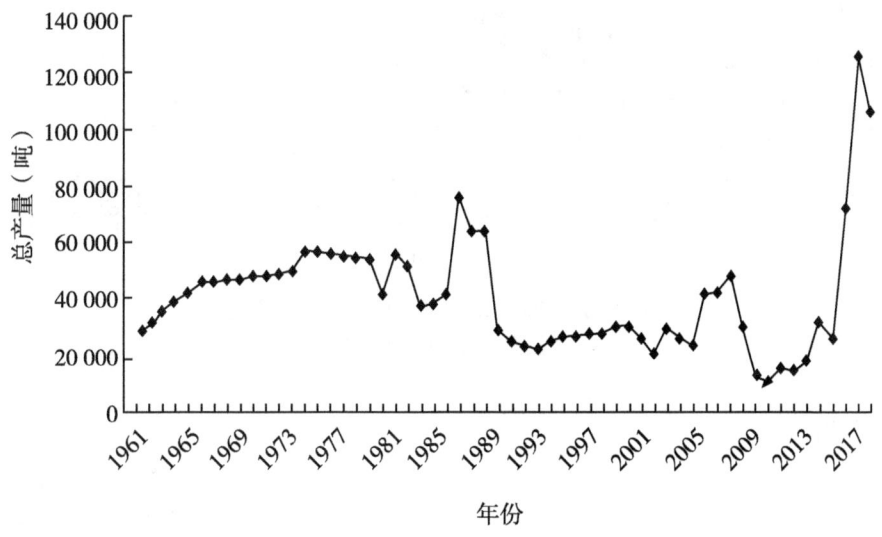

图5-15　1962—2019年中国大麻籽总产量
（数据来源：FAOSTAT）

国内工业大麻籽总产量。由图5-15可以看出，1962—1975年国内工业大麻籽总产量逐年增加，但波动幅度较小，之后大麻籽总产量整体呈现波动递减状态，在1986年和2007年前后波动较剧烈。整体上，20世纪90年代后的大麻籽总产量要比之前低。由图5-16可以看出，在进入21世纪以后，2000—2015年间我国的大麻籽总产量一直处于小幅度波动状态，2007年达到此期间的最大总产量47 861吨。2015年以后，大麻的总产量连涨两年至2017年的124 700吨，2019年又跌至71 423吨，但是三年的总体水平还是比之前高1倍左右。

国内工业大麻籽单产。由图5-17可以看出，1962年以来国内工业大麻籽单产出现了大幅增加，说明我国的大麻栽培技术在不断提高。大麻籽单产在1980年之前基本维持在300千克/公顷左右，1980年后开始稳步增加，1997年后波动开始增大。从图5-18可以看出，进入21世纪以来，大麻的单产总体保持上升趋势，2000—2013年间，除了2005年的3 758.9千克/公顷，我国的大麻籽单产水平基本稳定在2 700千克/公顷左右，波幅较小。2013年后，大麻籽单产开始逐年上升，到2019年达到5 667.1千克/公顷。

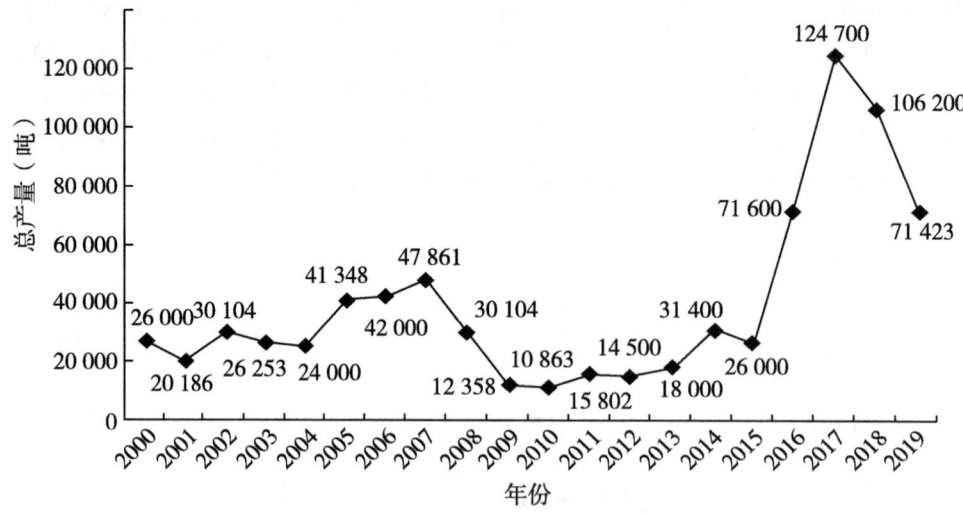

图 5-16 2000—2019 年中国大麻籽总产量
（数据来源：FAOSTAT）

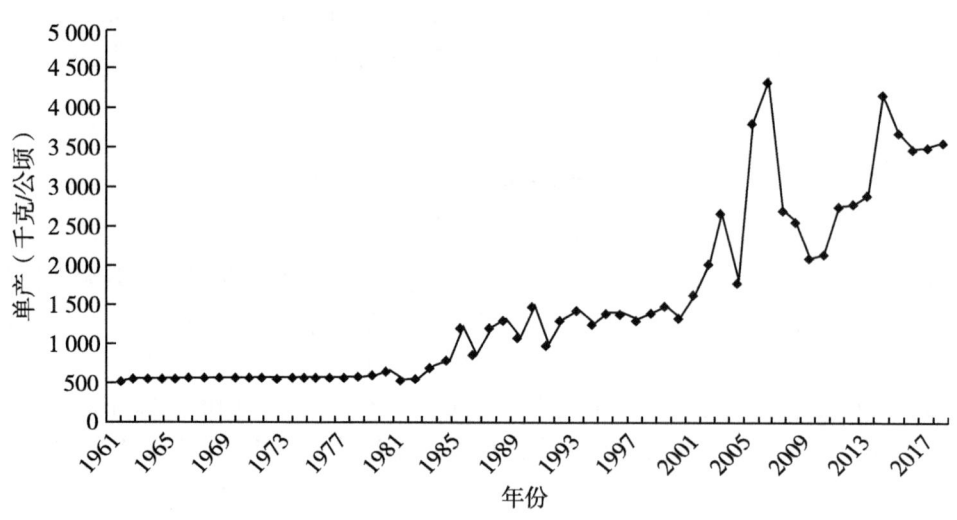

图 5-17 1962—2019 年中国大麻籽单产
（数据来源：FAOSTAT）

（2）1962—2016 年国内工业大麻短纤维原料种植情况

国内工业大麻短纤维原料种植面积。图 5-19 显示，国内工业大麻短纤维原料的种植面积在 1962—1973 年逐年增加，1973 年达到最高值 16.70 万公顷。1973 后种植面积开始小幅递减，1979 年开始直线下降，在 1983 年后出现了小幅回升，但 1986 年之后种植面积继续减少。到 2000 年，种植面积降至 12 850 公顷，仅为 1973 年的 7.695%。由图 5-20 可以看出，中国大麻短纤原料种植面积在 2000—2009 年间波动相对较大，2009—2015 年小幅度上升，但整体上比 2009 年之前要低。至 2018 年，我国大麻短纤维

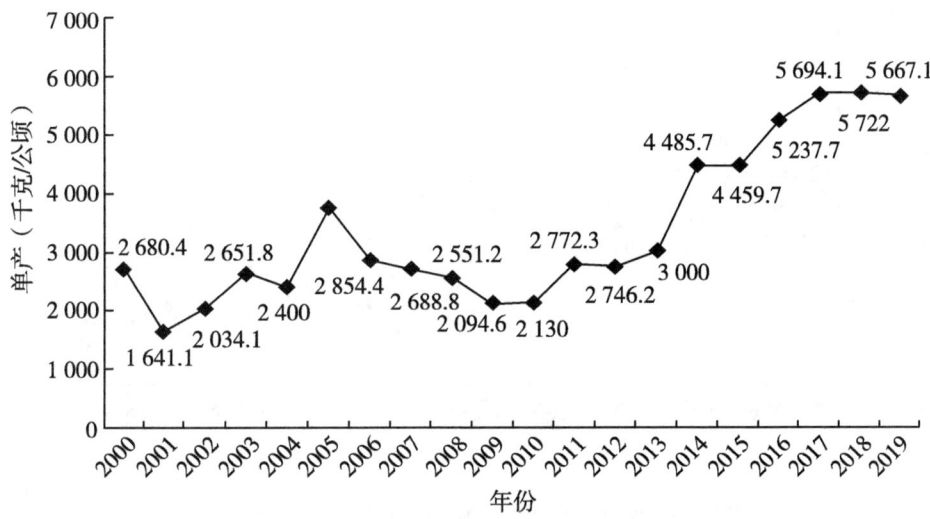

图 5-18　2000—2019 年中国大麻籽单产
（数据来源：FAOSTAT）

原料种植面积为 4 283 公顷。

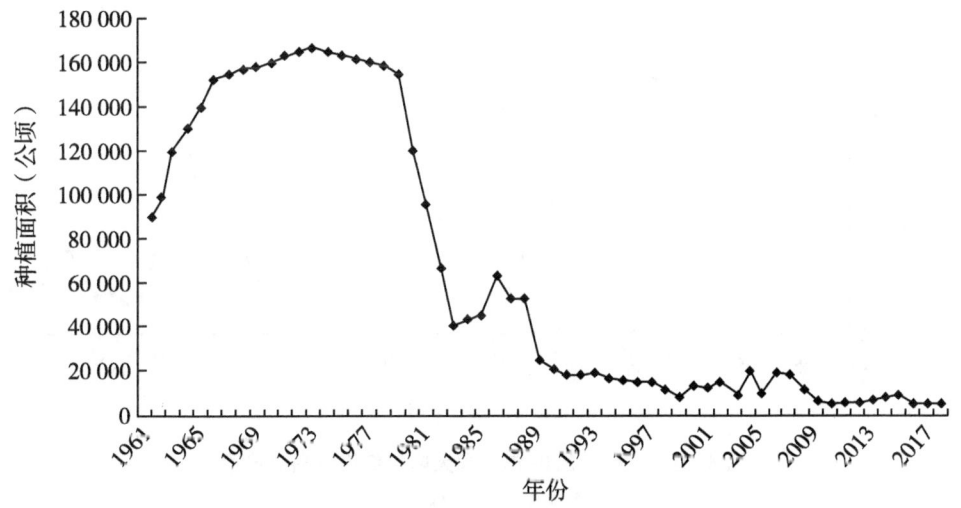

图 5-19　1962—2019 年中国大麻短纤维原料种植面积
（数据来源：FAOSTAT）

国内工业大麻短纤维原料总产量。由图 5-21 可以看出，在 1962—2016 年间，中国大麻短纤维原料总产量极其不稳定，波动剧烈。在 1962—1973 年间小幅平稳增加，在 1973 年达到最大值 9.70 万吨。1974—1978 年间出现小幅递减，1979 年开始急剧下滑，1983 年达到阶段性低点后反弹，但之后呈大幅度波动式变化，并在 1988 年到达另一个峰值。由图 5-22 可以看出，进入 21 世纪以来，我国大麻短纤维原料总产量出现两个峰值。从 2000 年增至 2006 年 82 900 吨的第一峰值后，便出现直线式下降，至 2010 年仅

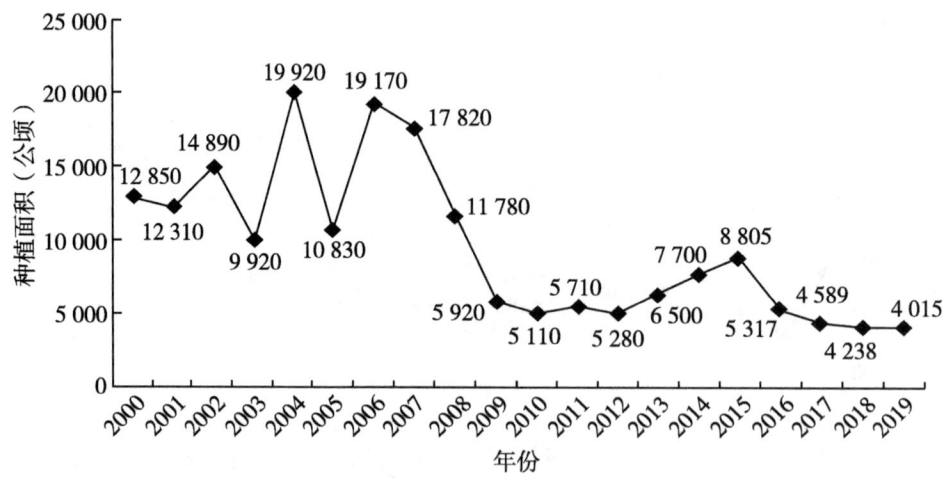

图 5-20　2000—2019 年中国大麻短纤维原料种植面积
（数据来源：FAOSTAT）

为 10 900 吨，不到 2006 年的 15%。2010 年之后开始小幅度上升，2015 年为 32 493 吨，达到一个新峰值。随后便又进入下降期，2019 年仅为 14 538 吨。

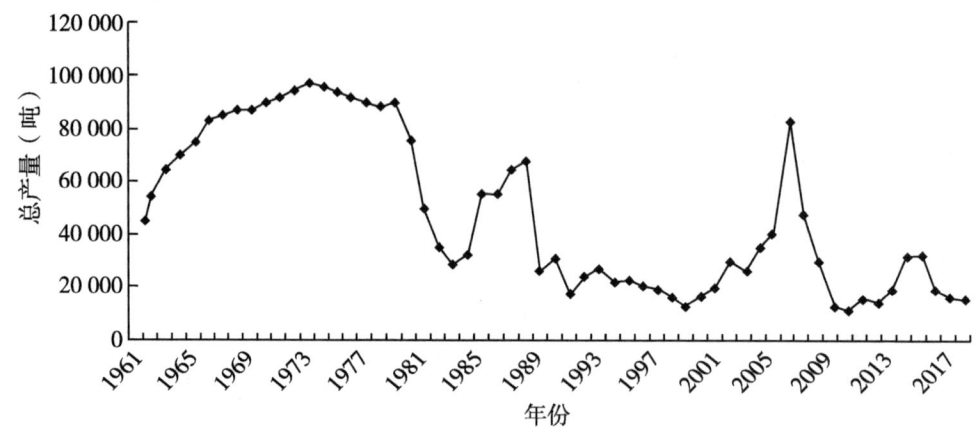

图 5-21　1962—2019 年中国大麻短纤维原料总产量
（数据来源：FAOSTAT）

国内工业大麻短纤维原料单产。图 5-23 显示，1962—1982 年我国大麻短纤维原料单产基本维持在 560 千克/公顷左右。1983—2000 年间大麻短纤维的单产较之前有所增加，但仍处在较低水平。进入 21 世纪以来，单产波动幅度较大，但相比 21 世纪之前仍有大幅度提升。由图 5-24 可以看出，我国大麻短纤维原料单产整体上有所增加，但波动幅度较大，共出现两个峰值。在 2006 年单产达到峰值 4 324.5 千克/公顷，至 2016 年单产水平为 3 437.3 千克/公顷。从 2000 年增至 2006 年 4 324.5 千克/公顷的第一峰值后，突然降至 2007 年的 2 688 千克/公顷。经过几年稳定期后，2010 年开始第二个上升期，直到 2014 年为 4 155.8 千克/公顷。随后又进入平稳期，2019 年为 3 620.9 千克/公顷。

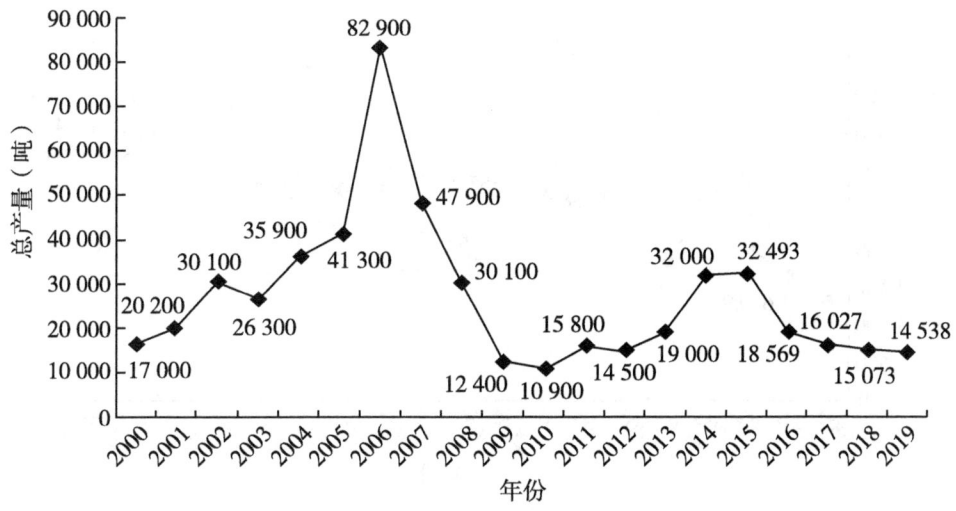

图 5-22　2000—2019 年中国大麻短纤维原料总产量
（数据来源：FAOSTAT）

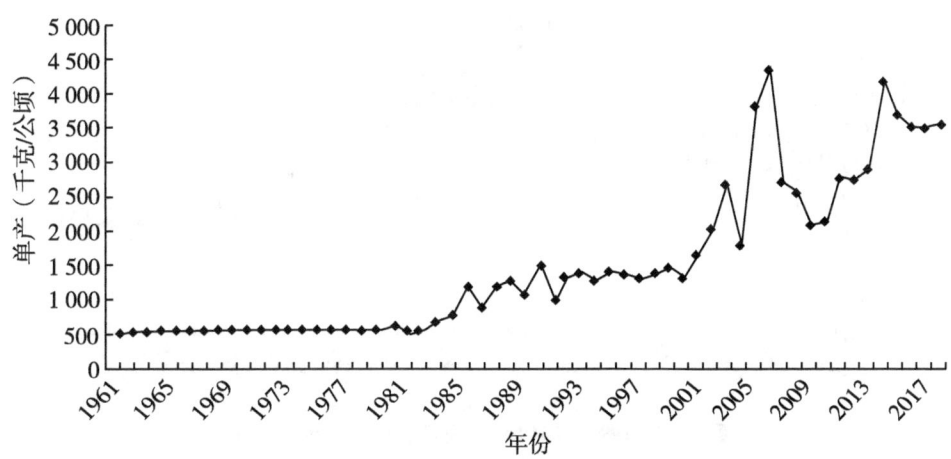

图 5-23　1962—2019 年中国大麻短纤维原料单产
（数据来源：FAOSTAT）

2. 国内工业大麻主产区种植情况

（1）黑龙江省

黑龙江省是我国最大的大麻种植区之一。自 2016 年成立黑龙江工业大麻协会以来，该省一直致力于推进工业大麻的合法化种植，并采取有效的管理措施。这一举措大大提高了当地农民种植大麻的积极性，使其成为该地区的重要农业产业之一。

由图 5-25、图 5-26、图 5-27 可以看出，1991—1999 年，黑龙江省工业大麻种植面积整体偏低且没有太大的波动，从 2000 年开始，该省工业大麻种植面积波动幅度较大，形成三个波峰和波谷，在 2009 年达到较小的数值 0.03 万公顷后维持小幅波动，但却在 2017 年达到自 1991 年以来的最大种植面积 1.8 万公顷，2018 年又回落至 1.572 万

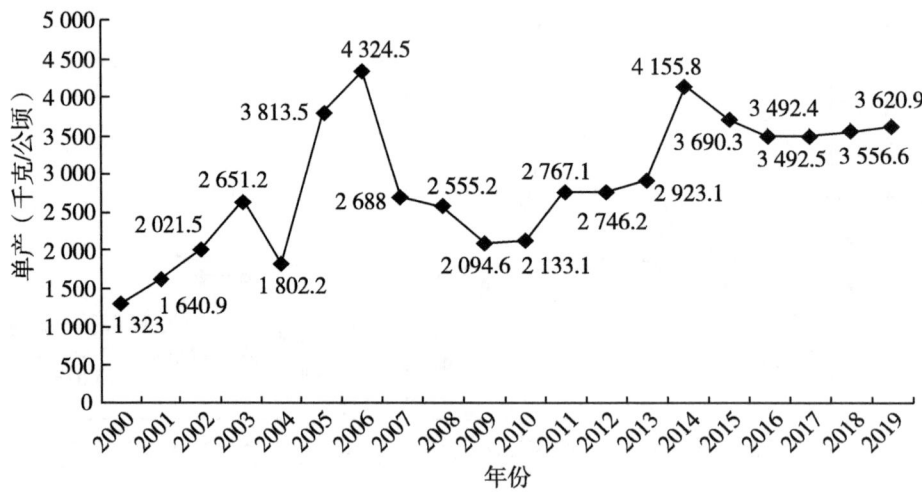

图 5-24 2000—2019 年中国大麻短纤维原料单产
（数据来源：FAOSTAT）

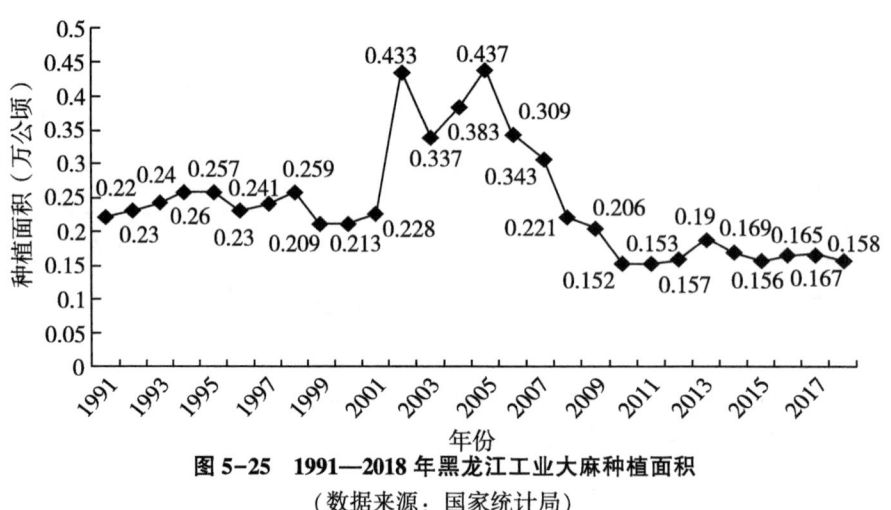

图 5-25 1991—2018 年黑龙江工业大麻种植面积
（数据来源：国家统计局）

公顷。工业大麻总产量受种植面积的影响，在 2003 年之前维持在较低水平 0.17 万吨左右，从 2004 年开始，该省工业大麻总产量大幅增长，至 2006 年达到 6 万吨的峰值后又迅速下滑，2010 年仅剩 0.001 万吨，2013 年开始又大幅增加，2017 年出现了自 1991 年以来的最大产量 11.18 万吨，2018 年又回落至 10.06 万吨。黑龙江的工业大麻单产水平在 2000 年以前维持在 2 000 千克/公顷以下，之后波动剧烈，在 2006 年和 2014 年出现两个峰值，分别为 8 956.8 千克/公顷和 9 279.69 千克/公顷。2010 年出现自 1991 年以来的最低值 107.69 千克/公顷。到 2018 年黑龙江工业的大麻单产为 6 396.82 千克/公顷。总体上，自 2000 年以来，黑龙江的工业大麻种植面积、产量、单产均波动剧烈。

（2）甘肃省

由图 5-28、图 5-29、图 5-30 可以看出，甘肃省工业大麻的种植面积、产量、单

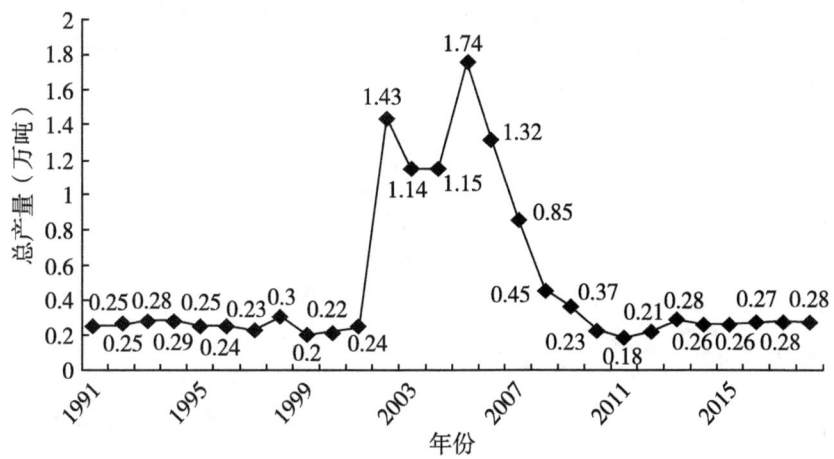

图 5-26 1991—2018 年黑龙江工业大麻总产量
(数据来源：国家统计局)

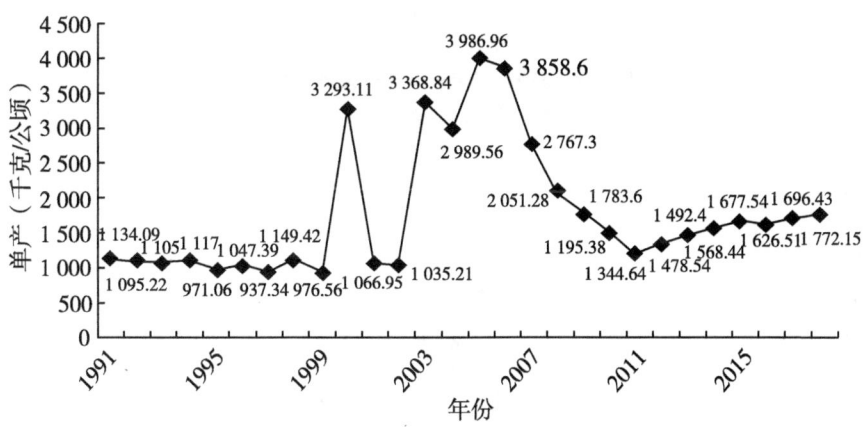

图 5-27 1991—2018 年黑龙江工业大麻单产量
(数据来源：国家统计局)

产的走势基本一致。相比黑龙江而言，波动幅度没有那么剧烈。2001 年以前甘肃省工业大麻种植面积维持在 0.2 万~0.26 万公顷。2002 年后，开始暴涨，在 2005 年达到峰值 0.437 万公顷。随后持续减少至 2010 年的 0.152 万公顷，之后维持小幅波动，至 2018 年为 0.158 万公顷。2001 年以前甘肃省工业大麻总产量在 0.25 万吨上下波动，2002 年突然上升到 1.43 万吨，相比 2011 年的 0.24 万吨增加了近 5 倍。

到 2005 年总产量达到 1.74 万吨的峰值后，甘肃省工业大麻总产量直线下滑到 2011 年的 0.18 万吨。随后开始小幅度波动式上升，至 2018 年达到 0.28 万吨。同样，甘肃省的工业大麻单产在 1999 年前保持平稳，为 1 062 千克/公顷。2000 年迅速攀升到 3 293.11 千克/公顷，2001 年和 2002 年又跌至 1 066.95 千克/公顷和 1 035.21 千克/公顷。随后又暴涨，2003—2006 年间基本维持在 3 000 千克/公顷以上的水平，2005 年出现最大单产值 3 986.96 千克/公顷,是 2001 年之前的 3 倍多。2007 年开始,甘肃省工业大麻单产直线下降,至 2011 年仅为 1 195.38 千克/公顷。2012 年开始小幅回升,2018 年增长至 1 772.15 千克/公顷。

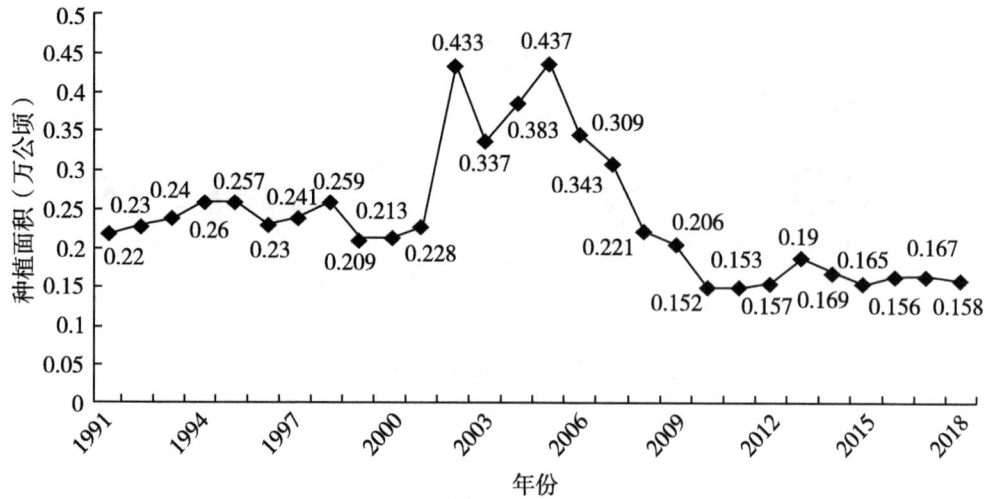

图 5-28　1991—2018 年甘肃大麻种植面积
(数据来源:国家统计局)

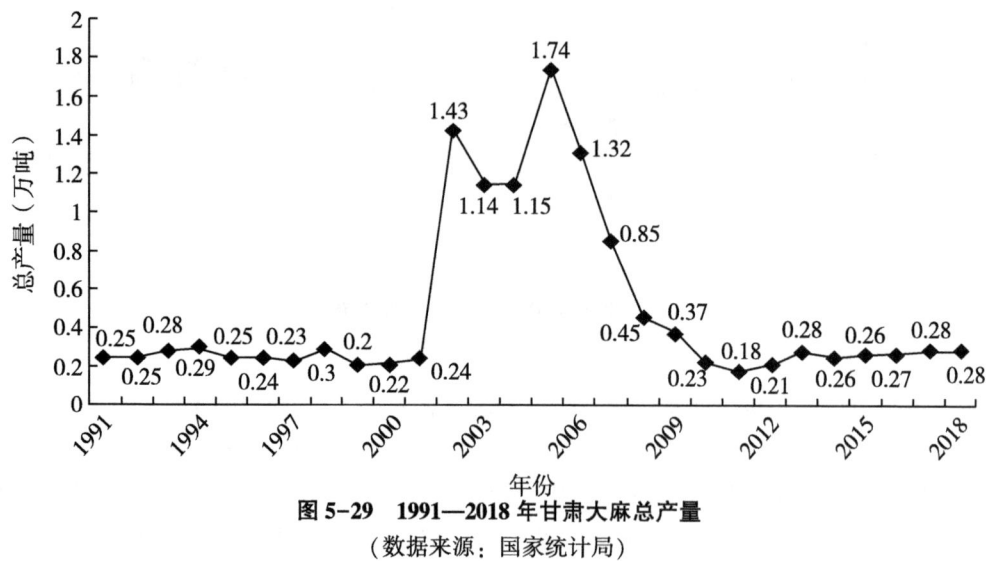

图 5-29　1991—2018 年甘肃大麻总产量
(数据来源:国家统计局)

整体上,在 2001—2010 年,甘肃省工业大麻的种植面积、总产量、单产均呈现急剧增长和大幅下降态势,且波动趋势一致。2001 年之前和 2010 年之后的种植面积、总产量、单产情况大致一致。

(3) 安徽省

由图 5-31、图 5-32、图 5-33 可以看出,安徽省的工业大麻种植面积在 1991—1999 年

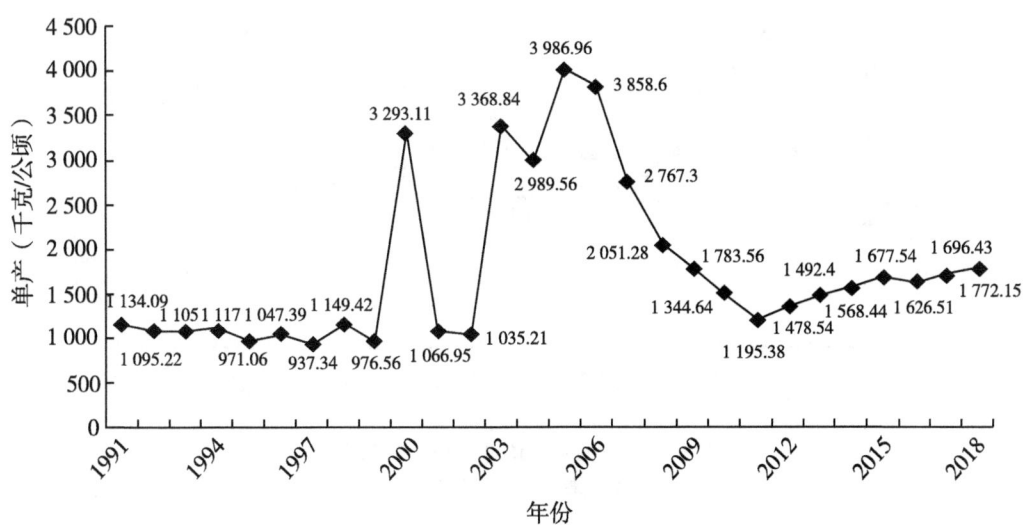

图 5-30 1991—2018 年甘肃大麻单产量
（数据来源：国家统计局）

呈波动式下滑走势，1999 年之后种植面积保持平稳波动，到 2016 年突降至 0.59 万公顷，仅为 1991 年 3.47 万公顷的六分之一。1991—2015 年安徽省工业大麻的总产量始终在 0.5 万吨左右波动，峰值出现在 1991 年，为 0.85 万吨；谷值出现在 2013 年，为 0.4 万吨。

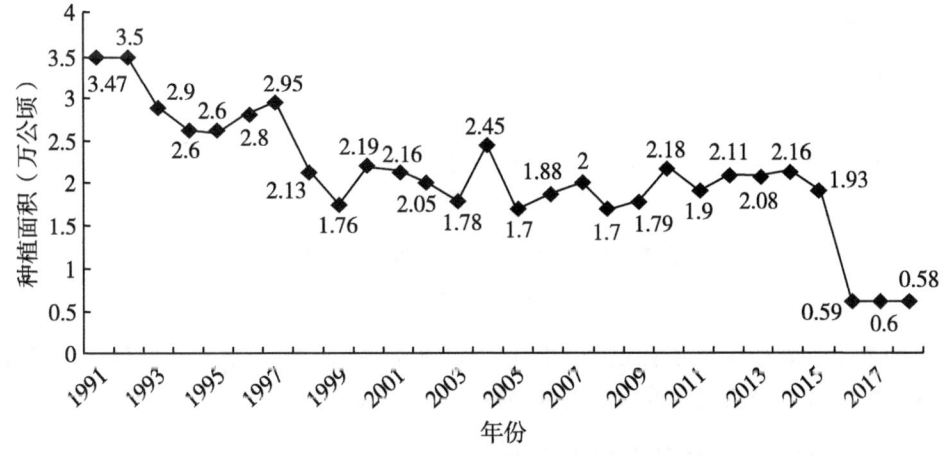

图 5-31 1991—2018 年安徽大麻种植面积
（数据来源：国家统计局）

2016 年安徽省工业大麻总产量降至 0.19 万吨左右，随后两年一直维持在 0.19 万吨。整体上安徽省工业大麻的单产呈波动递增，说明安徽的种植收获技术得到大幅提高。2012 年出现自 1991 年以来的最大单产 371.69 千克/公顷，而 1991 年单产水平仅为 113.6 千克/公顷。1997—2005 年间单产水平相对平稳，2005 年后单产开始增加，但波动幅度也相对增大。到 2018 年安徽省工业大麻单产为 3 276.16 千克/公顷。整体上看，

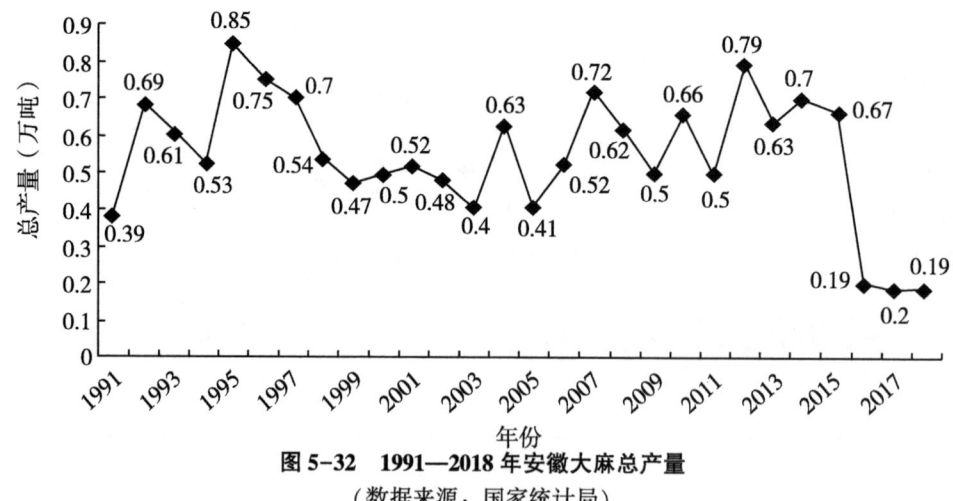

图 5-32　1991—2018 年安徽大麻总产量
（数据来源：国家统计局）

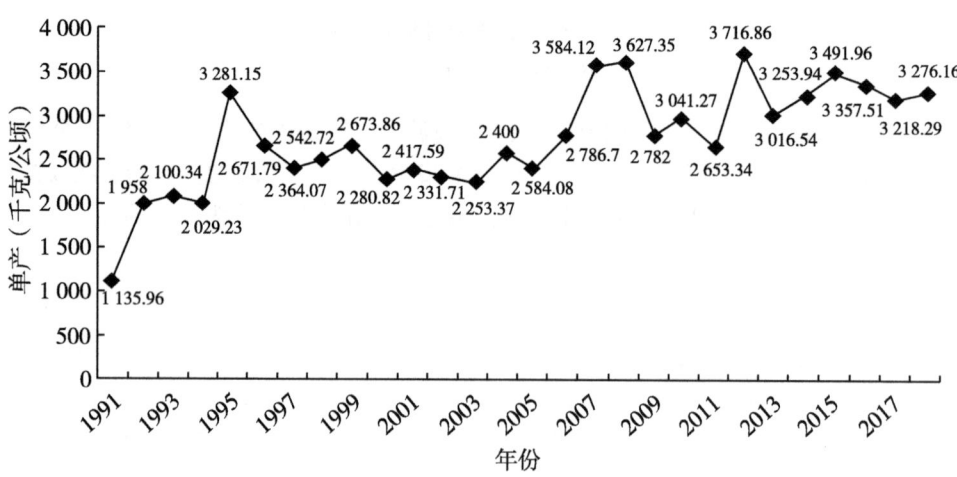

图 5-33　1991—2018 年安徽大麻单产量
（数据来源：国家统计局）

安徽省的工业大麻种植面积在锐减，但总产量基本平稳，因为单产在整体上呈递增状态。因此可以说，安徽省工业大麻的种植效率得到了提高。

（二）我国工业大麻的加工情况

我国是工业大麻的主要发源地，其也是我国最古老的传统农作物之一。黑龙江纺织企业在工业大麻纤维的加工方面拥有先进的生产设备和积累了丰富的经验，能够生产高质量的工业大麻纺织产品。它们积极应对市场需求，致力于开发工业大麻纺织品，并与国内外客户建立了广泛的合作关系[17]。目前国内从事大麻产品研究和开发的单位主要有云南工业大麻股份有限公司、汉麻产业投资控股有限公司、云南瑞升烟草集团股份有限公司、山西绿洲大麻纺织公司、山东泰安大麻纺织有限公司、安徽六安华龙公司、广西巴马常春藤生命科技发展有限公司等，以及东北和云南的一些亚麻加工企业等。从事大麻系列面料加工生产销售的单位主要有雅戈尔集团、山西绿洲纺织有限责任公司、淄博大染坊丝绸发展有限公司、南通兴源色织有限公司、上海纺织技术服务展览中心招商部、桐乡市凤凰纺织有限公司、桐乡市鑫宝莱纺织有限公司、泰安东源麻纺织有限公司、泰安联创纺织有限公司、海宁市蓝泰纺织有限公司等。

1. 我国工业大麻相关产品种类及产销量

大麻作为绿色生态纤维，除具有其他麻类产品的粗犷、挺括、吸湿透气的共同性能外，还具有天然保健、柔软悬垂、无刺痒感等特殊功能，与现代消费者的需求相契合。随着工业大麻加工技术的不断发展，工业大麻纺织产品的质量、档次得到了进一步提升，产品种类也更加多样化，如山西绿洲纺织有限责任公司多年来以增品种、提品质、创品牌（简称"三品战略"）为重点，开发出纱线、面料、家纺、服装等创意化、潮流化、功能化的系列产品，获得9项国家专利、9个国家重点新产品、56种中国流行面料。

（1）大麻织物

麻质面料所具有的透气凉爽、抑菌防腐等特点，深受消费者的喜爱，从而也使工业大麻织物的应用范围渗透到人们生活的众多领域。此外，工业大麻纤维制成的纱线服装及各类装饰品具有抗菌和抗静电能力强，对染料的吸附性能好，防紫外线辐射能力强，环保可降解等特点[18]。

（2）大麻纤维与其他纤维混纺物

大麻纤维与其他纤维混纺可以改善纤维的性能，并实现功能互补。大麻纤维通过与大部分纤维混纺，可以增加纺织品的强度、耐磨性和耐久性等特性。同时，大麻纤维还可以通过其独特的优点，如吸湿性和透气性，与其他纤维形成互补作用，为纺织品提供更好的舒适性和性能。通过脱胶等工艺处理后，大麻纤维可以制成精细化的纤维，保持其原有的优良性能。这种精细化的大麻纤维可以与棉花、木代尔、天丝以及化学纤维等混纺，制成多种不同纱线。这些混纺纱线可以广泛应用于各种领域，包括军用服饰、民用服饰等。大麻纤维的添加可以增加纺织品的强度和耐用性，同时提供天然的透气性和吸湿性，为用户带来更好的舒适感。

2. 我国大麻机械加工设备行业现状

由于大麻具有其他纤维不可替代的优良性能，对影响大麻产业发展的加工机械设备也始终是国内外众多科学工作者关注的一个重要方面。中国农业科学院麻类研究所已经研制出两种类型的工业大麻剥皮机，用于剥离工业大麻的鲜茎。其中一种是4BD-400型大麻剥皮机，它采用多对碎茎辊进行碾压、揉搓、分离以及剥皮滚筒的刮打梳理等工艺，去除大麻鲜茎中的麻骨、麻叶、麻屑等杂质，从而取得干净的鲜皮。该机已经获得实用新型专利（专利号：ZL 201220116953.0）；另一种是4BM-780型剥麻机，主要用于剥离工业大麻、红麻、黄麻等纤维的加工，因其具有较大的尺寸，剥皮效率可达到每小时2 400千克，也获得了国家实用新型专利（专利号：CN 201520146726.6）[19]。在国内，还有一种被称为"二粗加工机械"的设备，专门用于各种麻类的后续加工。它可以分离提取含杂率为5%~25%的短纤维[20]。这些研发的工业大麻剥皮机和加工设备为大规模生产工业大麻纤维提供了有效的技术支持和设备保障。通过这些先进机械设备的应用，能够提高工业大麻的加工效率和纤维质量，满足不同领域对大麻纤维的需求。

黑龙江省目前是我国最大的大麻种植区，在播种、收割、加工环节基本实现了机械化，但翻麻、捆麻和茎秆切断依旧主要靠人力完成，耗时耗力增加生产成本。对于收割机械，目前在国家"十三五"重点研发计划资助下，中国科学院合肥物质研究所等单位正联合研制双切割大麻联合收获机，通过增加智能控制系统来大大提升大麻生产加工的效率。

三、工业大麻种植、加工及贸易环节的发展趋势分析

（一）种植环节

到目前为止，我国已培育出许多优良的大麻品种，云南的西双版纳、红河等地均有工业大麻种植示范基地。中国自然资源丰富且消费市场庞大，对全球大麻工业的发展具有一定的影响力。

由图 5-34、图 5-35、图 5-36 可以看出，在 1993—1999 年间国内工业大麻种植面积逐年下降，到 1999 年降至 0.904 万公顷，不足 1993 年的一半。2000—2009 年间，我国大麻种植面积的波动幅度较大，其中 2004 年出现了 1991—2009 年以来最大种植面积 1.992 万公顷，2009—2015 年间种植面积基本维持在 0.5 万公顷左右。2016 年开始急剧增长，2017 年达到了 2.19 万公顷，2018 年又下降至 1.856 万公顷。

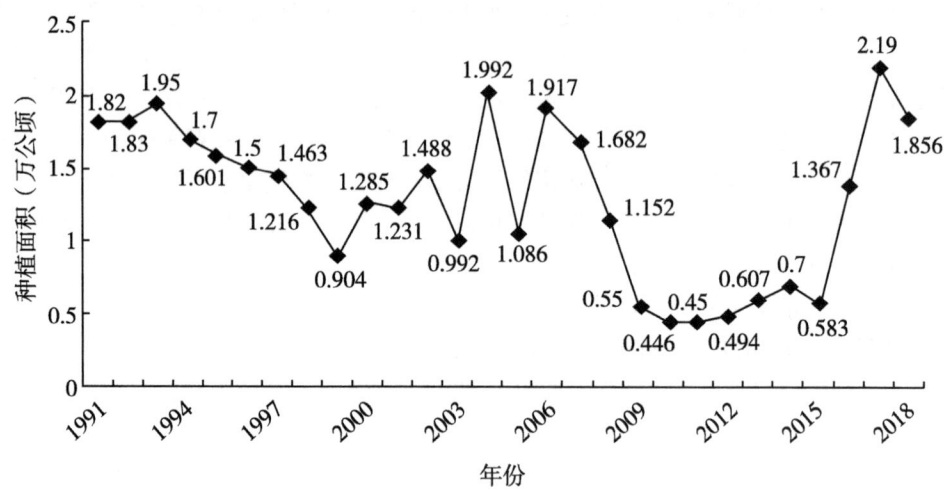

图 5-34 1991—2018 年中国工业大麻种植面积
（数据来源：国家统计局）

在总产量方面，2003 年以前我国的工业大麻总产量相对较低，波动幅度也较小，2003 年后总产量开始稳步上升，尤其在 2005—2006 年间，国内工业大麻的总产量翻了一番，2006 年达到 8.29 万吨的峰值。但在 2006 年之后总产量又急剧下滑，至 2010 年总产量仅为 1 万吨，是自 1991 年以来的最低值，2010 年之后又开始回升。2011—2015 年上涨比较缓慢，2015 年为 2.6 万吨，2016—2018 年上涨比较快，2018 年为 10.62 万吨。另外，我国工业大麻单产在 2001 年之前基本保持平稳，维持在 1 300 千克/公顷左

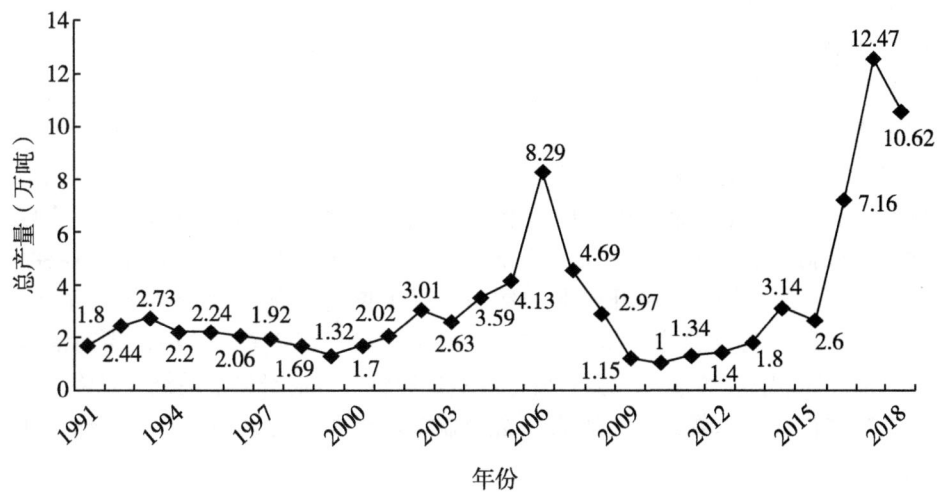

图 5-35　1991—2018 年中国工业大麻总产量
（数据来源：国家统计局）

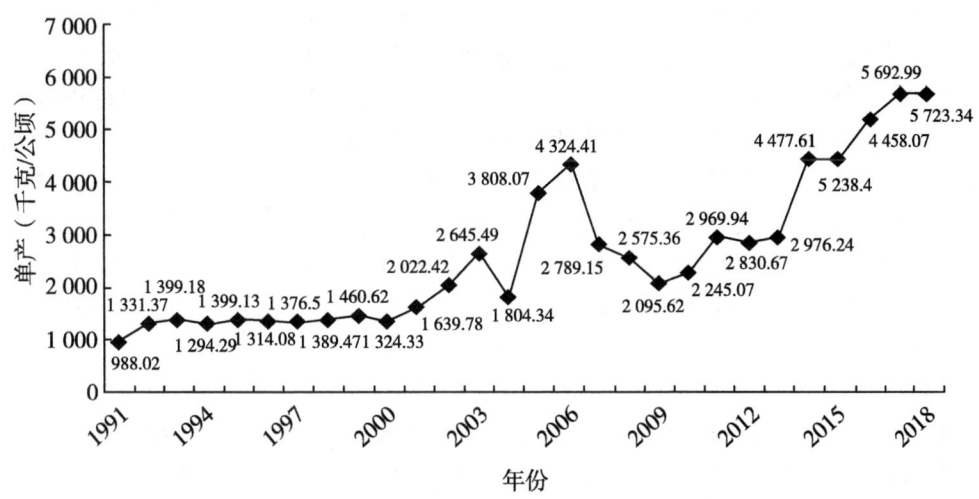

图 5-36　1991—2018 年中国工业大麻单产量
（数据来源：国家统计局）

右，2000 年后开始呈小幅波动增长，2003 年后波动幅度加大，至 2006 年达到 1991—2014 年间的最大值 4 324.41 千克/公顷。但 2006 年以后，国内工业大麻单产开始锐减，2010 年后又开始波动增长，到 2018 年增长至 5 723.34 千克/公顷。

（二）加工环节

1. 大麻产品开发

（1）防晒产品

汉麻织物可屏蔽 95% 以上的紫外线，具有很好的耐热、耐晒性能，可用于防晒服、防晒帐篷等。

（2）大麻混纺

大麻混纺产品指的是将大麻纤维与其他纤维材料混合制成的产品。大麻纤维通常来自大麻植物的茎部，它具有一些独特的性能，如强度和耐用性，使其成为纺织品制造的潜在优势。大麻棉混纺布料是大麻纤维与棉纤维混合制成的织物。这种混纺面料通常具有大麻纤维的强度和耐用性，以及棉纤维的柔软和透气性。大麻丝混纺绳线是大麻纤维与其他纤维材料（如亚麻或棉）混合制成的绳线。这种混纺绳线可以用于各种领域，如绑扎、装饰、园艺等。大麻纤维混纺纺织品是大麻纤维与其他天然纤维（如亚麻、丝绸或羊毛）混合制成的纺织品，如衣物、床上用品、窗帘等。这些产品通常具有大麻纤维的耐用性和抗菌性，以及其他纤维材料的特性。大麻纤维混纺纸张是将大麻纤维与其他纤维材料（如木浆或再生纸浆）混合制成的纸张，可以用于印刷、包装和艺术品等领域[21]。

（3）天然抗菌纺织品

在大麻产品开发中，天然抗菌产品是指使用大麻植物中的化合物或提取物来抑制细菌生长与传播的产品。大麻植物中的一些化合物具有潜在的抗菌性能，这使得它们在开发天然抗菌产品方面具有一定的潜力。大麻提取物抗菌喷雾剂是使用从大麻植物中提取的化合物制成的喷雾剂，用于清洁和消毒表面，如家居、办公室、医疗设施等[10]。这些抗菌喷雾剂可以抑制细菌的生长并用于物体表面的清洁和卫生杀菌。大麻纤维抗菌织物是利用大麻纤维制造的织物，具有天然的抗菌性能。这些织物可以用于制作衣物、床上用品、厨房巾、抹布等，以提供抗菌保护。大麻提取物抗菌洗涤剂，将大麻提取物添加到洗涤剂中，可以赋予衣物和其他织物抗菌特性。这些洗涤剂可以用于衣物清洗和消毒，提供更卫生的清洁效果。大麻提取物抗菌护肤品是使用大麻植物提取物作为主要成分的护肤产品，具有抗菌和消炎的功效。这些护肤品可以用于面部护理、身体乳液、抗菌洗手液等[22]。

（4）新型大麻纤维

新型大麻纤维可以用来制造各种类型的纺织品和服装，如T恤、裤子、外套和鞋类产品等。这些纺织品具有较高的强度、耐久性和透气性，同时具备大麻纤维的天然特性。由新型大麻纤维制成的材料可以用于制造替代传统材料的产品，如汽车零部件、建筑材料和船舶材料等。这些材料通常具有出色的强度和耐用性，同时具备大麻纤维的轻量化特点。新型大麻纤维可以用来制造生物降解产品，如环保包装材料、一次性餐具和纸制品[23]等。这些产品在使用后可以自然分解，减少对环境的影响。新型大麻纤维可以应用于医疗和保健领域，如制作医用纺织品、敷料和辅助器具等。大麻纤维具有抗菌、抗过敏和呼吸性能，适用于某些医疗需求。新型大麻纤维可以用于制作家居用品和装饰品，如床上用品、窗帘、地毯和家具等。这些产品具有天然的纹理、耐久性和环保性[24]。

2. 大麻加工方法创新

沈忠安等发明的大麻织物练漂加工方法，在降低大麻纤维损伤的同时还能够提高织物的白度和吸水性。与传统高温碱法处理相比，该练漂方法相对环保且可降低生产能耗。景素兵提出了气流纺复合纱线生产方法，生产出的复合纱线，纤维之间的抱合力好、强度好、可纺性强。刘笑莹等发明了一种大麻/棉混纺的高档内衣面料用纱的加工方法，其特征包括：将大麻纤维和棉纤维分别进行预处理，将预处理后的大麻纤维和棉纤维混合后，将混合纤维依次经开清棉、梳棉、精梳、并条、粗纱和细纱工序处理，解决了高支大麻混纺纱的生产困难问题，将大麻棉混纺纱的支数提高到70~120S，满足了生产大麻棉混纺高档内衣面料的需求。

（三）贸易环节

在国内，使用大麻原料生产的的麻布、画布、麻纱等产品畅销全国各大城市，国际上也曾掀起过大麻纺织品的热潮。我国在大麻纤维脱胶、纺纱、织造技术上不断突破，生产出性能优异、能满足不同消费群体偏好的各类大麻纤维制品。桐乡市鑫宝莱纺织有限公司主要生产各类装饰布，包括窗帘布、床上用品等，主打装饰类沙发布，种类繁多且风格各异，其产品主要销往海外如欧洲、东南亚等国家和地区[25]。

四、我国工业大麻产业存在的主要问题及政策建议

（一）主要问题

1. 种植中存在的问题

一是优良品种匮乏，育种技术落后。我国对大麻的研究起步较晚，主要种植的大麻品种还是传统的品种。这些品种多数为雌雄异株，且长麻率较低，只有约10%左右。这限制了大麻纤维的产量和品质。此外，由于地理环境的差异，南方引种到北方后会出现生育期延长、营养期过长以及纤维品质下降等问题。因此，培育适应当地气候条件的优良大麻品种成为科研部门的重要任务之一。为了解决这些问题，我国的科研机构和农业部门正在致力于大麻品种的改良和育种技术的提升。他们通过选择适应性强、纤维品质好的品种进行繁育和选育，以提高大麻的产量和品质。同时，他们还在探索和应用现代生物技术手段，如利用基因编辑和分子标记进行辅助选育等，以加快育种进程和提高育种效率。

二是缺乏大麻高产栽培技术。大麻种植业的规模化发展需要依赖于优良品种和先进的栽培技术。虽然近年来许多研究机构对大麻栽培进行了一些研究，成功提高了大麻籽的产量并缩短了生长周期，但是与大麻植株的潜力相比，相关的高产栽培技术的研究还有待进一步深入。为了实现大麻种植业的规模化发展和提高产量，需要加强以下方面的研究和探索：通过遗传育种和优良品种培育，培养出适应不同地区气候条件、高产且具有抗病虫害能力的大麻品种；研究大麻的生长特性和生理需求，制定科学合理的栽培管理措施；结合现代农业技术，如传感器、无人机、数据分析等，实现大麻种植的精准管理和监测；通过建立信息平台、组织培训和技术研讨会等，促进栽培技术的传播和应用，提升整个产业的水平。

三是缺乏政府的扶持引导。由于大麻品种差、栽培技术落后等问题使得农民种植大

麻效益低下，因而导致麻农种麻积极性较低，出现大麻种植面积缩减或不足的局面。

四是机械化水平低。我国大麻生产机械化程度低，大部分大麻种植地区仍是靠人工收获，效率较低且损失率也较高。一些与大麻种植相配套的专门机械并没有大范围得到使用，劳动强度大且效率低下，使规模化经营受到一定程度的限制。

2. 加工中存在的问题

一是加工机械设备相对落后。与传统纺织企业相比，大麻纺织企业的加工设备普遍陈旧、老化，生产加工的效率相对低下。以黑龙江为例，在工业大麻纤维加工设备方面，一直使用原有的亚麻加工生产设备，纤维加工质量一般且作业环境差，制约大麻产业的发展。

二是大麻研究所处水平相对低下。与其他麻类相比，大麻曾经在许多国家被禁止种植，这导致了对大麻的研究相对较少，远远少于对苎麻和亚麻的研究水平。目前大多数大麻产品处于中低档水平，难以满足国内外消费者对高质量服装的穿着要求[26]。

三是工业大麻脱胶技术落后。工业大麻自身的纤维结构决定了工业大麻是所有麻类作物中脱胶难度最大的。工业大麻纺纱的成品质量、制造工艺和染整后处理加工直接受脱胶程度好坏的影响[27]。

3. 贸易中存在的问题

一是大麻产业原料供需矛盾突出。国内工业大麻种植面积减少，但麻原料需求量仍在不断增长，需求缺口很大。

二是国际市场竞争激烈。国际贸易保护主义日益抬头，市场风险大，贸易摩擦日趋严重。贸易摩擦对我国麻纺织品的出口也带来诸多不利影响。

三是内销占比低，缺乏有影响力的品牌。国内大众对麻产品的认知度有限，麻产品目前仍以出口为主，国内市场还有较大可开发的空间。另外由于缺乏有影响力的品牌，在大麻产品出口呈现供过于求的情况下，国内企业为了求得自身的生存，竞相降价，工业大麻市场需进一步规范。

（二）政策建议

中国纺织工业联合会副会长徐文英表示，目前我国纺织工业的发展不能单纯依靠资本要素投入，还需要依靠创新驱动来引领行业的转型升级。麻纺织行业要适应社会变化及时更新发展战略，并依托"一带一路"和《中国制造2025》的有力契机，加快行业自动化、智能化转型，以消费促发展[28]。这里需注意以下几点。

第一，因地制宜培育优良品种和推广高产栽培技术。我国应根据大麻各主种植区的土壤和气候条件，筛选培育出适合当地种植的优良品种，因地制宜地实现规模化、特色化种植[29]。此外，为了更好地推动大麻栽培技术的发展，应该根据实际情况推广高产栽培技术，并把低毒和高麻率作为大麻栽培技术的突破点。

第二，加大政策扶植力度。鼓励大麻企业增加研发投入，加快创新成果转化，提高自主创新能力。另外，还应加大大麻种植的政策扶持和资金支持力度，推广农业保险以降低种植风险，鼓励农业龙头企业的加入以降低种麻成本，实现集约化、专业化生产，提高生产效益。

第三，拓展全球性销售体系。面向多方市场并延伸终端产业链是大麻产业多样化产品的重要方向之一。除了传统的纺织品和服装领域，工业大麻还有广泛的应用潜力，可以在医药、医疗保健、建材、食品和饮品等领域发展新产品。通过多样化的产品开发，大麻产业可以扩大市场份额，并降低对单一市场的依赖。在拓展新领域的同时，保持良好态势并逐渐做大做强是非常重要的。这要求企业不断提升产品质量、加强研发创新。

第四，建立可持续的供应链和销售网络。加强行业合作与交流，与相关科研机构、企业和政府部门合作，共同推动大麻产业的发展。整合产业链是实现多管齐下、高端发展的基础。通过建立完整的产业链，从种植、加工到销售，可以实现资源的充分利用和降低成本。此外，不断提升品牌形象、加强市场推广和优化营销策略，也是实现与众不同、高端发展的关键。

第五，企业应细分市场、错位经营。应重视文化内涵，增加创意元素，注重研发高附加值产品，以增加企业的核心竞争力。近年来，工业大麻的价值特点被不断解析出来，在材料、健康等领域显示出广阔的应用前景和深邃潜力，从而在全球范围内掀起了工业大麻开发热潮。我国近年来工业大麻的种植面积增长迅速，规模化加工逐渐兴起，但是在统筹好禁毒与产业发展中还存在短板。建议有关部门加快制定出台全国性的指导文件，以促进工业大麻产业依法依规开展。

第六章 剑麻产业经济分析报告

一、世界剑麻种植、加工与贸易情况

剑麻是龙舌兰科的一种多年生热带硬质叶纤维作物。作为一种硬质纤维,剑麻是世界上生产范围最广、使用量最大的品种之一[30]。剑麻的加工品种多种多样。剑麻纤维是最为常见的产品,它具有坚韧、耐磨、耐水等特性,广泛用于绳索、麻袋、地毯和纺织品等方面。剑麻地毯以其独特的纹理和耐用性备受青睐。剑麻墙纸则以其天然的纹理和装饰效果为室内环境增添了独特的魅力。除了实用价值,剑麻也具有一定的观赏价值。它可以用于绿化环境,为人们提供美丽的景观。剑麻的花朵和茎部汁液还可以用于酿造酒类产品,并制作各种糖类食品。

(一) 世界剑麻种植情况

1. 收获面积

根据联合国粮食与农业组织(FAO)和农业农村部农垦局的统计数据,近年来,世界剑麻的收获面积总体呈下降趋势。这一趋势受到多种因素的影响,包括干旱等自然灾害、病虫害频发以及割麻劳动力短缺等。在世界上的剑麻主产国中,有20多个国家参与种植剑麻。然而,大部分的剑麻种植面积集中在巴西、坦桑尼亚、中国、肯尼亚、海地、马达加斯加、墨西哥和摩洛哥等8个国家,这些国家占据了世界剑麻收获面积的约95%。这些数据也表明剑麻种植具有地理集中性,部分国家在剑麻产业发展方面起到了重要作用。然而,由于面临的挑战和限制,全球剑麻产量的增长受到了一定的影响。对于剑麻种植业而言,应对这些问题并采取可持续发展的措施至关重要。2009—2019年,世界剑麻的收获面积如图6-1所示。

2009—2012年世界剑麻的收获面积维持在40万公顷左右,2008年达到峰值,为43.40万公顷。但是2013年世界剑麻收获面积下降至只有30.07万公顷,这可能是因为病虫害导致剑麻收获面积减少。2014—2016年剑麻收获面积又逐年增加,直到2016年达到33.13万公顷。2017年剑麻收获面积急速减少至21.87万公顷,为近十年最低值,2019年缓慢增长至23.57万公顷。

世界各主要生产国剑麻收获面积如表6-1所示。世界剑麻种植主要集中在美洲中南部以及非洲和亚洲的热带地区。其中,南美洲为世界上最大的剑麻生产地,南美洲中巴西为主要的剑麻种植地,非洲为第二大剑麻种植地。

第六章 剑麻产业经济分析报告

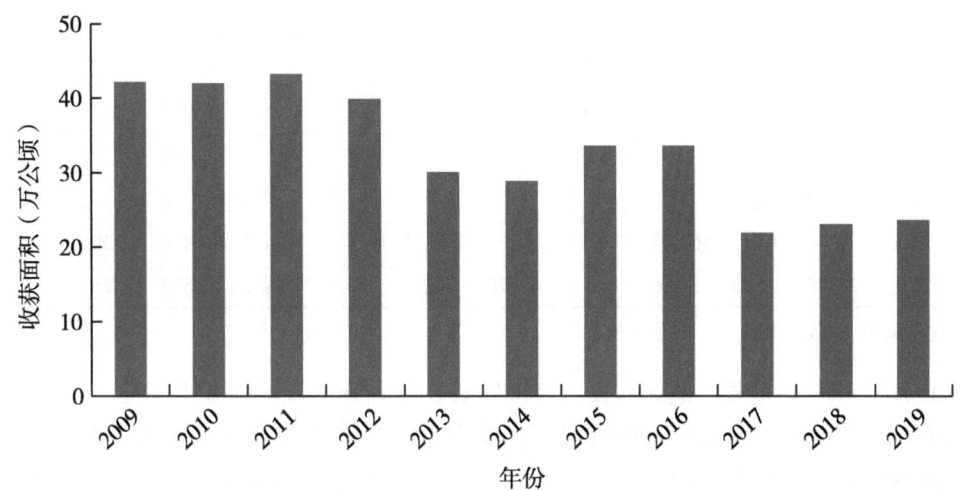

图 6-1 2009—2019 年世界剑麻种植情况
（数据来源：FAOSTAT）

表 6-1 2009—2019 年世界各主要生产国剑麻收获面积　　　　　（单位：公顷）

国家	2009	2010	2011	2012	2013	2014	2015	2016	2017	2018	2019
安哥拉	496	578	578	578	580	544	548	554	558	562	565
巴西	273 277	264 016	285 724	248 683	176 739	156 536	197 748	199 104	84 861	95 406	99 157
中非共和国	595	1 100	1 150	1 150	1 100	1 189	1 227	1 337	1425	1 530	1 654
中国	3 403	3 207	2 965	2 986	2 869	2 599	2 615	2 753	2 690	2 628	2568
古巴	1 078	1 102	1124	1 550	1 560	1 540	1 500	1 510	1525	1 491	795
多米尼加	500	281	199	195	151	160	198	203	211	220	230
埃塞俄比亚	795	910	900	900	900	901	959	982	1 004	1 025	1 047
几内亚	1 760	2 000	1 901	2 000	2 000	1 947	1 995	2 042	2 079	2 115	2 152
海地	16 228	16 425	17 220	18 009	21 164	23 618	21 640	22 674	23 634	24 592	25 548
印度尼西亚	324	321	317	300	300	325	325	328	327	327	326
牙买加	617	611	607	600	600	599	596	596	594	592	589
肯尼亚	29 353	29 353	29 255	27 866	25 983	25 341	25 223	25 693	25 132	24 593	24 161
马达加斯加	14 207	14 118	13 992	13 966	13 940	14 155	14 191	14 071	14 069	14 067	14 065
马拉维	500	580	580	549	585	571	579	601	609	619	628
墨西哥	13 851	14 120	8 957	11 080	7 472	7 035	7 223	7 261	6 462	6 819	8 691
摩洛哥	3 492	3 609	4 050	4 050	4 080	4 410	4 621	4 861	5 124	5 406	5712
莫桑比克	2 150	2 200	2 300	2150	2 150	2 154	2 098	2 087	2 064	2 040	2 017
南非	1 982	2 000	2 000	2 000	2 000	2 000	1 959	1 760	1 840	1 827	1 813

(续表)

国家	年份										
	2009	2010	2011	2012	2013	2014	2015	2016	2017	2018	2019
泰国	52	46	41	40	40	42	37	41	45	50	56
乌干达	2	2	2	2	2	2	2	2	2	2	2
坦桑尼亚	53 774	59 915	56 097	58 051	35 295	41 434	48 850	46 511	43 814	43 393	43 220
委内瑞拉	2 835	3 115	1 905	1 713	1 176	1 551	1 634	652	654	784	674

数据来源：FAOSTAT

2009—2019年主要产地剑麻收获面积如图6-2所示。世界剑麻收获面积排名前三的国家分别是巴西、坦桑尼亚和肯尼亚。其中，巴西是世界剑麻第一大生产国，2019年剑麻收获面积达9.91万公顷，占世界剑麻收获总面积的42.07%；坦桑尼亚位居第二，2018年收获面积达4.32万公顷，占世界剑麻收获总面积的18.34%；肯尼亚位居第三，2018年收获面积达2.42万公顷，占世界剑麻收获总面积的10.25%。近三年，除巴西收获面积大幅降低，于2017年降至谷底8.49万公顷，相较于前一年下降幅度57.38%，其余各国剑麻收获面积都相对稳定。

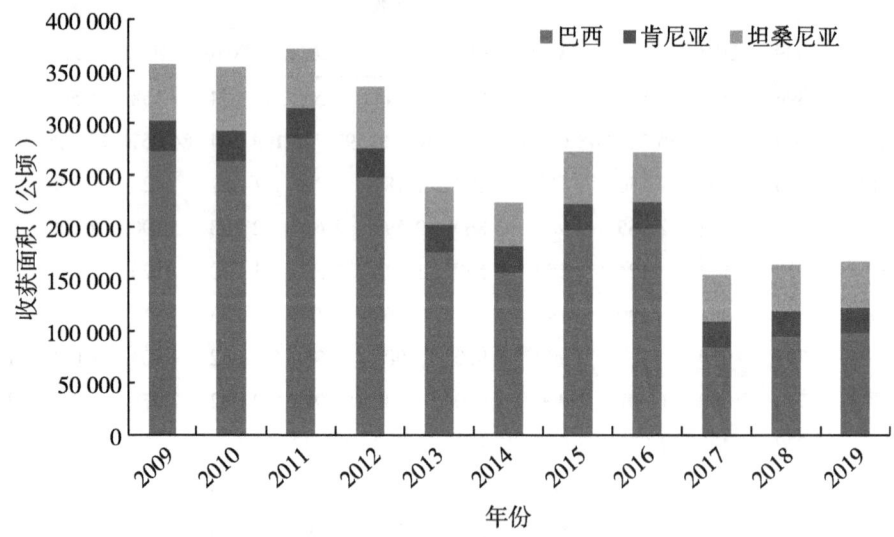

图6-2 2009—2019年剑麻主产区收获面积
（数据来源：FAOSTAT）

2. 产量

南美洲和东非为世界剑麻的主要产地，2009—2011年世界剑麻产量保持在小范围波动下的稳定，产量维持在40万吨上下，但2012年产量大幅下降，降幅为43.94%，由于2012年世界剑麻收获面积并未减小，所以可能是由于自然灾害等原因导致产量减少。2013年之后产量有相应的回升，并逐渐趋于正常值，2017年由于世界剑麻种植面积大幅削减，产量明显下滑，降幅达到33.94%，至2019年年底，产量约为20.65万吨。2009—2019 年，世界剑麻产量如图 6-3 所示。

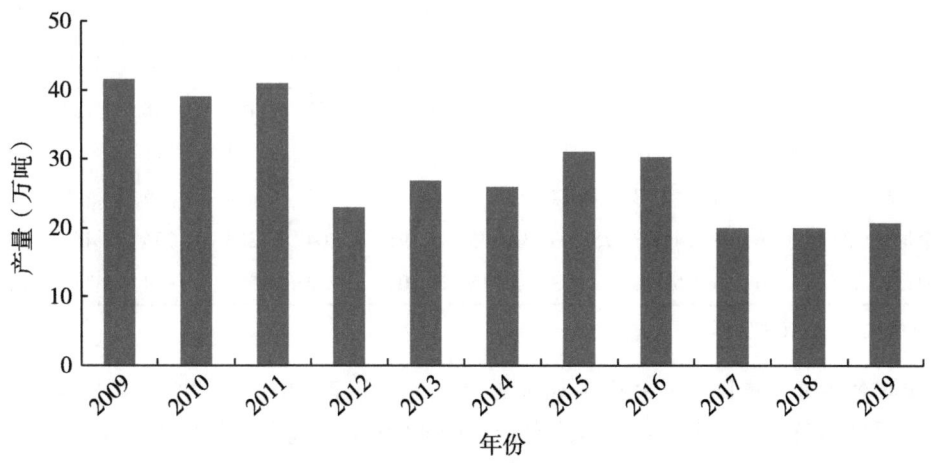

图 6-3　2009—2019 年世界剑麻产量
（数据来源：FAOSTAT）

表 6-2　2009—2019 年世界各主要生产国剑麻总产量　　　　（单位：吨）

国家	2009	2010	2011	2012	2013	2014	2015	2016	2017	2018	2019
安哥拉	500	540	598	622	652	583	554	567	570	573	576
巴西	280 005	246 535	283 797	89 128	150 584	138 008	183 560	180 948	79 629	82 923	86 820
中非共和国	175	306	302	230	220	251	252	248	245	242	238
中国	16 503	15 780	15 085	14 920	14 467	13 692	14 090	14 454	14 254	14 054	13 854
古巴	234	249	263	450	465	460	450	455	460	453	264
多米尼加	97	58	40	38	30	30	34	34	33	33	33
埃塞俄比亚	572	655	648	650	650	650	691	708	724	740	756
几内亚	181	202	189	180	185	188	192	195	197	199	202
海地	8 881	9 050	9 505	9 958	11 724	13 006	11 913	12 519	13 059	13 598	14 138
印度尼西亚	382	377	372	350	340	368	370	372	370	368	366
牙买加	440	440	440	440	440	440	440	440	440	440	440
肯尼亚	19 048	23 924	27 560	27 866	25 352	23 165	21 699	22 657	22 060	21 486	21 009
马达加斯加	17 555	17 507	17 412	17 440	17 468	17 663	17 675	17 488	17 509	17 531	17 552
马拉维	110	129	130	124	138	132	133	138	141	144	147
墨西哥	38 233	37 773	18 918	34 237	3 918	6 098	11 731	12 371	12 813	9 008	12 387
摩洛哥	1 612	1 602	1 600	1 625	1 650	1 673	1 646	1 659	1 666	1 672	1 675
莫桑比克	650	660	690	675	675	667	648	643	636	630	623

(续表)

国家	年份										
	2009	2010	2011	2012	2013	2014	2015	2016	2017	2018	2019
南非	1 281	1 289	1 285	1 281	1 277	1 252	1 205	1 101	1 146	1 132	1 118
泰国	23	20	16	13	13	13	11	11	11	11	11
乌干达	3	3	3	4	4	4	4	4	5	5	5
坦桑尼亚	23 800	26 363	24 828	25 693	34 875	37 291	39 204	33 353	31 934	32 460	32 737
委内瑞拉	5 161	6 568	5 126	3 233	2 415	3 104	3 252	1 388	1 439	1 768	1 558

数据来源：FAOSTAT

世界各主要生产国剑麻总产量如表 6-2 所示。巴西 2019 年剑麻产量达到 8.68 万吨，位居世界第一，能够占世界剑麻总产量的 42.04%；剑麻产量居世界第二的是坦桑尼亚，2019 年的产量为 3.27 万吨，占世界剑麻产量的 15.85%；剑麻产量居世界第三的是肯尼亚，2019 年产量为 2.10 万吨，占世界剑麻产量的 10.17%。

从联合国粮食及农业组织（FAO）统计数据来看，2019 年世界剑麻主产国仍然为巴西、坦桑尼亚和肯尼亚。2012 年，巴西剑麻产量急剧减少，2013 年小幅回升，2017 年再次大幅下降，但巴西的剑麻产量仍占据世界总产量的 40%。坦桑尼亚在 2013 年的产量超过肯尼亚，成为世界第二大剑麻产地。对比 3 国的剑麻产量波动情况可发现，仅巴西的产量波动较大，且与世界产量的波动情况一致，这也反映了巴西为世界最大的剑麻生产国。

3. 单产

图 6-4 显示，除了 2012 年世界剑麻单产出现大幅度的下滑，主要是由于世界第一大剑麻种植国巴西的单产急剧下降，2009—2019 年世界剑麻平均单产并没有发生较大波动。近五年剑麻单产维持在 0.9 吨/公顷左右。

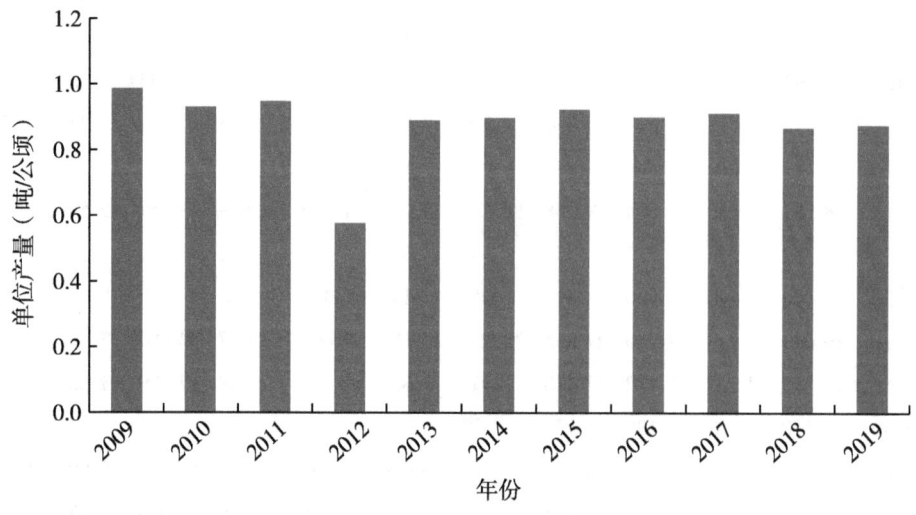

图 6-4　2009—2019 年世界剑麻单产
（数据来源：FAOSTAT）

在所有剑麻种植国中，中国的剑麻单产最高，且一直呈上升趋势，2019年为5.39吨/公顷，位居世界第一；几内亚的剑麻单产最低，维持在0.1吨/公顷左右。巴西作为世界最大剑麻生产国，其单产波动和世界剑麻单产波动保持一致，且数据相近。2009—2019年世界各主要生产国剑麻单产如表6-3所示。

表6-3　2009—2019年世界各主要生产国剑麻单产　　　　（单位：吨/公顷）

国家	2009	2010	2011	2012	2013	2014	2015	2016	2017	2018	2019
安哥拉	1.008 1	0.934 3	1.034 6	1.076 1	1.124 1	1.071 7	1.010 9	1.023 5	1.021 5	1.019 6	1.019 5
巴西	1.024 6	0.933 8	0.993 3	0.358 4	0.852 0	0.881 6	0.928 3	0.908 8	0.938 3	0.869 2	0.875 6
中非共和国	0.294 1	0.278 2	0.262 6	0.200 0	0.200 0	0.211 3	0.205 5	0.185 5	0.171 5	0.158 2	0.143 9
中国	4.849 5	4.920 5	5.087 7	4.996 7	5.042 5	5.268 2	5.388 1	5.250 3	5.298 5	5.347 8	5.394 9
古巴	0.217 1	0.226 0	0.234 0	0.290 3	0.298 1	0.298 7	0.300 0	0.301 3	0.301 6	0.303 8	0.332 1
多米尼加	0.194 0	0.206 4	0.201 3	0.194 9	0.198 7	0.187 5	0.171 7	0.167 5	0.156 4	0.150 0	0.143 5
埃塞俄比亚	0.719 5	0.719 8	0.720 0	0.722 2	0.722 0	0.721 4	0.720 5	0.721 0	0.721 1	0.722 0	0.722 1
几内亚	0.102 8	0.101 0	0.099 4	0.090 0	0.092 5	0.096 1	0.096 2	0.095 7	0.094 8	0.094 1	0.093 9
海地	0.547 3	0.551 0	0.552 0	0.552 9	0.554 0	0.550 7	0.550 5	0.552 1	0.552 6	0.552 9	0.553 4
印度尼西亚	1.179 0	1.174 5	1.173 5	1.166 1	1.133 3	1.132 5	1.138 5	1.134 1	1.131 5	1.125 4	1.122 7
牙买加	0.713 1	0.720 1	0.724 9	0.733 3	0.733 3	0.734 6	0.738 3	0.738 0	0.740 7	0.743 2	0.747 0
肯尼亚	0.648 9	0.815 0	0.942 1	1.000 0	0.975 0	0.914 1	0.860 3	0.881 8	0.877 8	0.873 7	0.869 5
马达加斯加	1.235 7	1.240 0	1.244 4	1.248 7	1.253 1	1.247 8	1.245 5	1.242 8	1.244 5	1.246 3	1.247 9
马拉维	0.220 0	0.222 0	0.224 1	0.225 9	0.235 9	0.231 2	0.229 7	0.229 6	0.231 5	0.232 6	0.234 1
墨西哥	2.760 3	2.675 1	2.112 1	3.090 0	0.524 4	0.866 3	1.624 1	1.703 8	1.982 8	1.321 0	1.425 3
摩洛哥	0.461 6	0.443 9	0.395 1	0.401 2	0.404 4	0.379 4	0.356 2	0.341 3	0.325 1	0.309 3	0.293 2
莫桑比克	0.302 3	0.300 0	0.300 0	0.314 3	0.314 0	0.309 7	0.308 9	0.308 5	0.308 1	0.308 8	0.308 9
南非	0.646 3	0.644 5	0.642 5	0.640 5	0.638 5	0.626 0	0.615 5	0.625 6	0.622 8	0.619 6	0.616 7
泰国	0.442 3	0.434 8	0.390 2	0.325 0	0.325 0	0.309 5	0.297 5	0.268 5	0.244 0	0.220 0	0.196 2
乌干达	1.500 0	1.500 0	1.500 0	2.000 0	2.000 0	2.000 0	2.000 0	2.000 0	2.500 0	2.500 0	2.500 0
坦桑尼亚	0.442 4	0.440 0	0.442 6	0.442 6	0.988 1	0.900 0	0.802 5	0.717 1	0.728 9	0.748 0	0.757 5
委内瑞拉	1.820 5	2.108 5	2.690 8	1.887 3	2.053 6	2.001 3	1.990 2	2.128 8	2.200 3	2.255 1	2.311 6

数据来源：FAOSTAT

（二）世界剑麻加工情况

剑麻是一种多用途的纤维，可以用于制作各种加工产品，如纺织品、建筑制品、纸制品、包装制品、医疗和护理用品、工艺品和装饰品等。

1. 纺织品

剑麻纺织品是指使用剑麻纤维制成的各种纺织产品。剑麻纤维具有天然的特性，赋予了纺织品独有的特点。使用剑麻纤维制成的麻布透气性良好，提供凉爽舒适感，耐热性强，不易熔化变形，而且耐磨性好、经久耐用；使用剑麻纤维制成的麻绸光泽度高，光亮质感，手感柔软，触感舒适；使用剑麻纤维制成的编织品强度高，经久耐用，纹理美观，展现原始自然美感；使用剑麻纤维制成的纺织品轻盈飘逸，穿着感受舒适，吸湿透气，干爽清凉，防菌抗菌，清洁卫生。

2. 建筑品

剑麻纤维所制成的建筑制品重点用于扶手和门板等的加强筋，同时作为抛光材料和摩擦材料也获得广泛认可。例如，使用剑麻纤维制造的纤维板，是一种轻质而坚固的板材，可用于墙壁、天花板和地板等建筑结构。剑麻纤维板具有优异的隔热和隔声性能。将剑麻纤维与适当的粘合剂混合后，可以制成剑麻砖。这种砖块具有良好的绝缘性能和耐火性能，可用于建筑的隔热层和防火墙。剑麻纤维与混凝土混合可以增强混凝土的强度和韧性，可用于制造建筑物的结构构件，如梁和柱，以提高其耐久性和抗震性能。此外，剑麻纤维可以用于制造屋顶覆盖材料，如剑麻瓦。剑麻瓦是一种环保的选择，具有防水性能，并且能够有效地抵御紫外线辐射。剑麻绳索，虽然不是直接用于建筑结构，但可以用于建筑物的吊装和固定等。剑麻绳索具有高强度和耐久性的特点。

3. 纸制品

剑麻纤维在纸张制造中的应用可以赋予纸制品更好的强度、质感和环保特性。剑麻纤维可以用来生产剑麻纸，这是一种坚韧而耐用的纸张类型。剑麻纸具有天然的纹理和纤维感，常用于艺术绘画、书法、手工制品和包装材料等。将剑麻纸叠压并加以粘合，可以制成剑麻纸板。剑麻纸板具有一定的强度和刚性，常用于制作盒子、文件夹、相框和书籍封面等。利用剑麻纸的耐用性和可塑性，可以制作剑麻纸袋。这种纸袋通常用于购物袋、礼品包装袋和环保袋等，具有较高的承载能力和美观性。剑麻纤维编织成席子的形状，可以制成剑麻纸席。剑麻纸席具有良好的透气性和耐用性，常用于夏季坐垫、床垫和凉席等。将剑麻纸纤维编织或粘合成灯罩的形状，可以制成剑麻纸灯罩。剑麻纸灯罩可以产生柔和而温馨的光线效果，常用于室内装饰和灯具设计。

4. 包装制品

剑麻纤维可以用于制造各种包装制品，这些制品通常具有环保、耐用和可再生的特点。使用剑麻纤维作为原材料制成的剑麻纤维袋是一种可替代塑料袋的环保选择，可以用于购物袋、食品包装袋、礼品袋等，具有较高的承载能力和耐用性。剑麻纤维制成的纸盒可以用于包装各种商品，如食品、饮料、化妆品等，这些纸盒具有良好的刚性和抗压能力，可以有效保护内部产品。剑麻纤维制成的纸垫可以用于包装易碎物品，如陶瓷、玻璃等，其具有良好的缓冲和防震性能，可以减少物品在运输过程中的损坏风险。剑麻纤维制成的纸带常用于包装和封口，可以用于捆绑包裹、封装纸箱等，提供安全的封装和位置固定。剑麻纤维可以制成纸片或纸丝作为包装填充物，可以用于填充空隙、保护产品表面，防止移动和碰撞，确保包装的安全性。

5. 医疗和护理用品

剑麻植物的不同部分（如叶子、茎、种子）可以提取出含有生物活性物质的化合物，如生物碱、黄酮类化合物、生物素、多酚类化合物、生活活性肽等。这些提取物具有抗菌、抗炎、抗氧化等特性，可以应用于医疗和护理产品的制造中。剑麻植物的种子可以提取出剑麻精油，它富含脂肪酸和抗氧化剂。剑麻精油常用于皮肤护理产品中，具有滋润、镇静和修复肌肤的功效。剑麻纤维和其他部分（如茎）可以用于制造各种医疗和护理用品，如剑麻茎可以加工成各种医用吸管、支架、填充物等。剑麻植物的组织可以用于开发生物材料，如生物支架、生物贴片等，其可以在组织工程和再生医学领域中得到应用，例如细胞培养和组织修复等。

6. 工艺品和装饰品

剑麻纤维的使用不仅可以为室内外空间增添自然风格，还可以展示可持续和环保的生活方式。剑麻纤维可以编织成各种工艺品，如篮子、帽子、地垫等。这些编织品通常具有精细的纹理和自然的色彩，适合用于家居装饰。剑麻纤维可以制成绳索和绳结，用于制作挂饰、吊灯、窗帘等装饰品。剑麻纤维绳的粗糙质感和自然色彩赋予室内空间一种原始的风格。剑麻纤维可以制作成壁挂，如剑麻串珠壁挂、剑麻绳结壁挂等。这些装饰品可以用于墙面装饰，增添自然、复古的风格。剑麻纤维可以被用来作为绘画的媒介，创作出独特的剑麻画。这些画作通常具有粗糙的质感和自然的色彩，展现出与传统绘画不同的艺术效果。此外，剑麻纤维可以被制成各种手工艺品，如剑麻编织玩具、剑麻纤维雕塑等。这些手工艺品展示了剑麻纤维的独特特性，具有艺术性和收藏价值。

综上所述，剑麻加工制品种类丰富，优点众多。然而，当前剑麻供不应求，市场存在巨大的缺口。根据国际硬质纤维组织的预测，剑麻的年需求缺口高达10万吨。这表明剑麻作为一种独特的纤维材料，未来有着巨大的发展潜力，并将应用于更加广泛的领域。随着人们对环保和可持续性的关注增加，剑麻作为一种天然的、环保的纤维材料会受到越来越多的关注。它的强度、耐久性、透气性、抗菌性以及良好的绝缘性能使其在包装、家居装饰、手工艺品等领域得到广泛应用。同时，剑麻纤维的独特质感和自然美观也越来越多地受到设计师和消费者的喜爱。

（三）世界剑麻贸易情况

2004—2014年，世界剑麻进出口额如图6-5所示，世界剑麻纤维进出口额基本保持同步变化的趋势。2006年世界剑麻进出口额达到顶峰，但在2007年，由于经济危机的影响，剑麻进出口贸易大幅下降。2008—2011年，世界剑麻进出口额一直在1亿美元以下波动，主要是因为经济不景气。2011年以后，世界经济复苏，世界剑麻贸易额出现回升，但是进口额始终大于出口额，直到2014年，进出口额基本保持一致。在这11年间，世界剑麻纤维进出口贸易均价呈现出逐年上涨的趋势，进口价格在2007年达到最大值，为970美元/吨，出口价格在2006年达到最大，为700美元/吨。

1. 出口

世界剑麻出口主要集中在非洲和美洲，其中最主要的是南美洲。世界剑麻纤维出口量和出口额先增后减，出口量在2005年达到最大，出口额则在2006年达到最大。巴西、肯尼亚和坦桑尼亚是世界上最大的剑麻出口国，其中巴西是最主要的出口国家，出口额约占世界总额的60%。

2004—2014年，剑麻主要种植国出口额如图6-6所示。从图6-6中可以看出，巴西、肯尼亚和坦桑尼亚这三大剑麻种植国的剑麻出口额的变化趋势基本相同，2004—

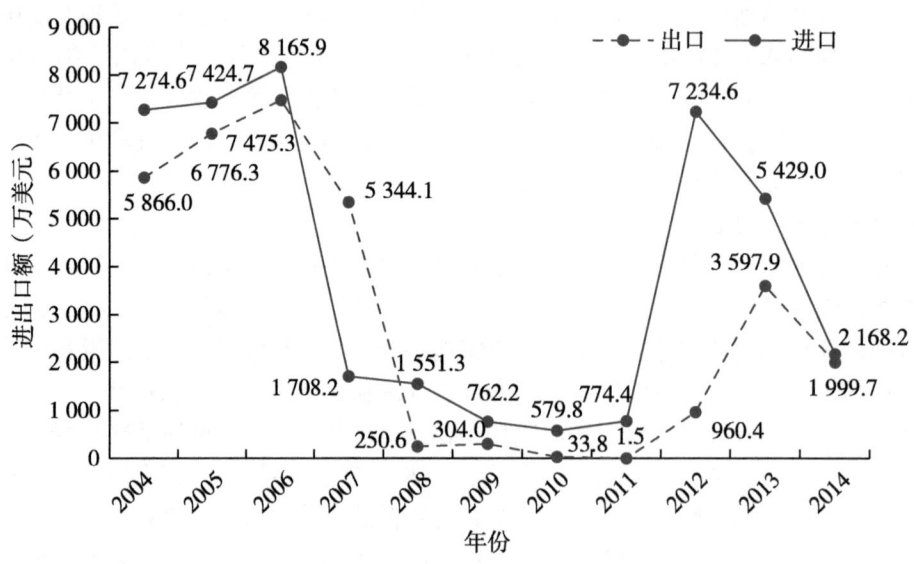

图 6-5 2004—2014 年世界剑麻进出口额
（数据来源：FAOSTAT）

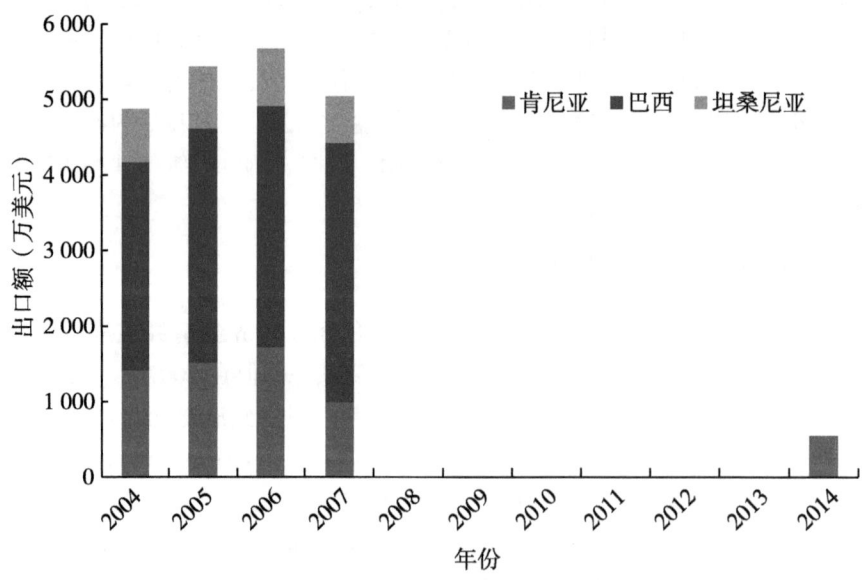

图 6-6 2004—2014 年剑麻主要种植国出口额
（数据来源：FAOSTAT）

2006 年这三大剑麻种植国的出口额缓慢增加，2007 年巴西的出口额继续保持增势，但肯尼亚和坦桑尼亚的出口额出现下滑的局面，2008 年由于经济危机的影响这三个国家的剑麻出口额急剧下降，基本为零。2014 年，随着世界经济的复苏，三大剑麻种植国家开始出口剑麻。

2. 进口

世界剑麻进口主要集中在非洲和亚洲。世界剑麻纤维进口量和进口额也是先增后减，进口量在2004年达到最大，而进口额在2006年达到最大。进口剑麻原料较多的国家主要有葡萄牙、西班牙、墨西哥、中国等，其中西班牙和葡萄牙的剑麻原料进口总量居世界前两位。近年来，各主要剑麻进口国的剑麻原料进口总量大幅减少，而中国的剑麻原料进口总量却与之相反。

2004—2014年，剑麻主要进口国的进口额如图6-7所示。从图6-7中可以看出，在经济危机以前，中国是世界上最大的剑麻进口国，2007年由于经济危机的影响，中国剑麻需求量急剧下降，由于之后中国剑麻种植面积小幅度提升，所以中国对剑麻进口的依赖日益减少。其他国家如印度尼西亚、葡萄牙等也都在经济危机之后基本不进口剑麻。而摩洛哥恰恰相反，2007年后，摩洛哥成为世界剑麻需求量最大的国家，且需求量不断上升，到2014年，摩洛哥剑麻进口额接近1亿美元，且有持续上升的态势。

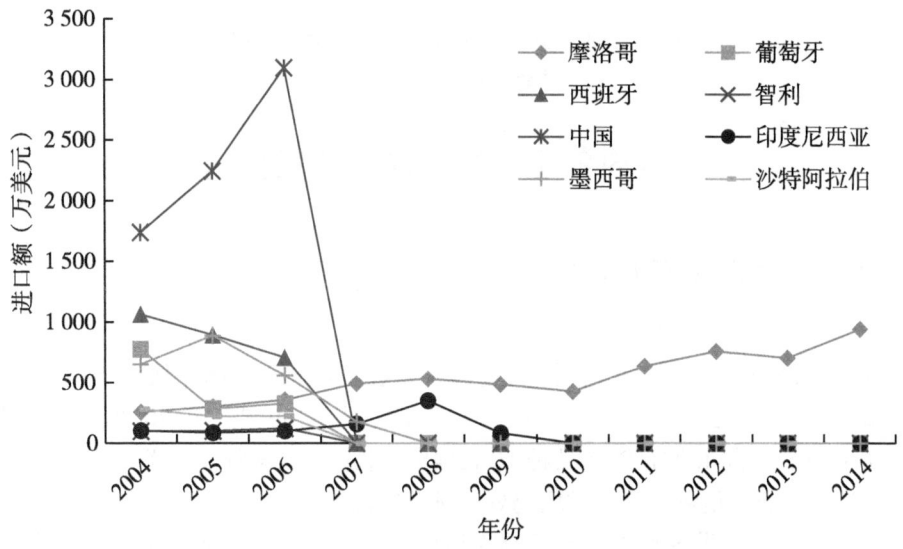

图6-7 2004—2014年剑麻主要进口国进口额趋势图
（数据来源：FAOSTAT）

3. 价格

目前国内剑麻优等纤维的价格也已经上升到每吨8 000多元，优质剑麻纤维布的价格已达到每吨1万余元。同时，对世界各主要国家剑麻市场价格的分析可以发现，剑麻的价格总体呈现逐年上涨的态势，世界剑麻纤维进出口均价也呈现出逐年上涨的态势。

2004—2014年，世界剑麻进出口均价如图6-8所示。从图6-8中可以看出，世界剑麻的价格一直持续上升，且上升相对稳定，进出口价格一直保持同方向变化，相关性较高。但在2011年，剑麻的出口价格急剧增加，这可能是因为剑麻产量减少导致供不应求。2012年，价格回稳，此后一直稳步提升。由于剑麻用途较多，经济价值高，在可预期的未来，价格还会进一步提升。

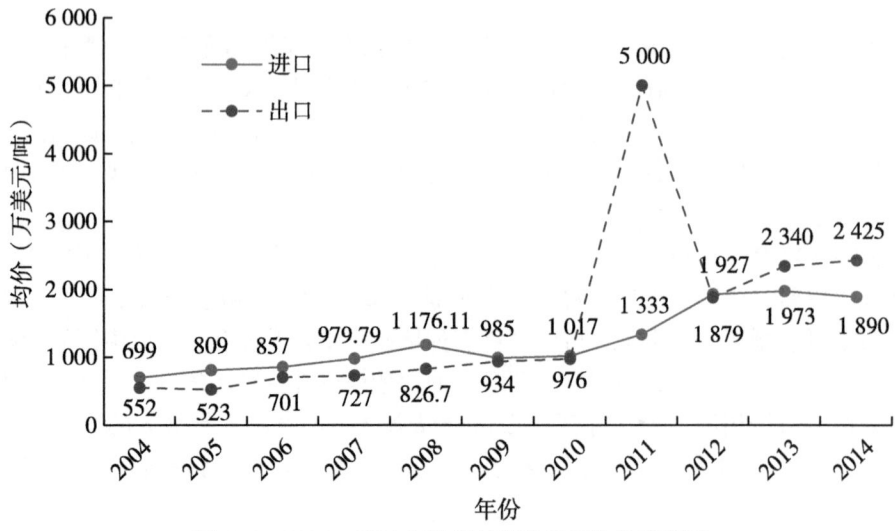

图6-8 2004—2014年世界剑麻进出口均价趋势图

（数据来源：FAOSTAT）

二、国内剑麻种植、加工与贸易情况

（一）我国剑麻种植情况

1. 我国剑麻种植的总体情况

20世纪50年代初，广东省湛江农垦局开始在湛江地区种植剑麻。到了1959年，剑麻种植面积已经达到了约3 800公顷，总产量超过1 100吨。在20世纪60年代初，我国成功引种了来自东非的剑麻品种H.11648，并进行了试种。目前，我国仍在种植H.11648品种，而其他剑麻新品种则仍处于试验阶段。

我国剑麻种植在世界范围内处于领先地位，平均单产更是名列第一。主要的种植区域包括广东的雷州半岛、揭阳，海南的昌江和东方，以及广西的南宁和玉林等地区。此外，福建和云南也有一些剑麻的种植。我国发展剑麻种植业具有非常优越的自然条件和人为因素：一方面，剑麻种植为劳动密集型行业，而我国劳动力资源丰富且劳动力价格相对较低；另一方面，剑麻喜好亚热带的气候环境——高温多湿和雨量均匀的高坡环境，尤其是日间高温、干燥、日照充分的天气条件，而我国处于亚热带的地域较广。

2. 我国的剑麻种植面积及产量情况

2009—2018年全国剑麻种植面积和总产量分别如图6-9、图6-10所示。2018年全国剑麻种植面积较前一年减产18.03%，降为31.86万亩。广西种植面积为25.89万亩，占全国总面积的81.26%；广东为4.55万亩，占14.28%；海南为1.07万亩，占3.36%。2018年全国剑麻纤维较前一年减产12.01%，降至8.17万吨。广西的产量为7.59万吨，占92.86%；广东为0.27万吨，占3.26%；海南为0.31万吨，占3.74%。

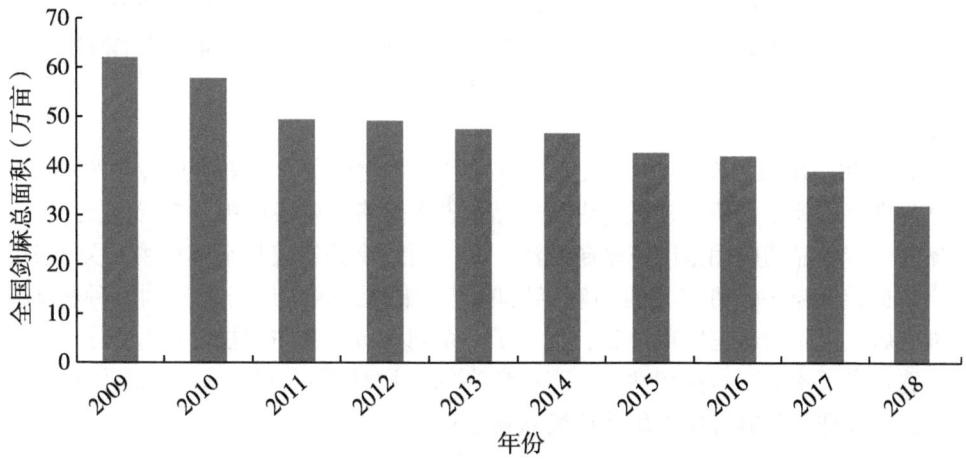

图 6-9　2009—2018 年全国剑麻种植面积
（数据来源：农业农村部农垦局）

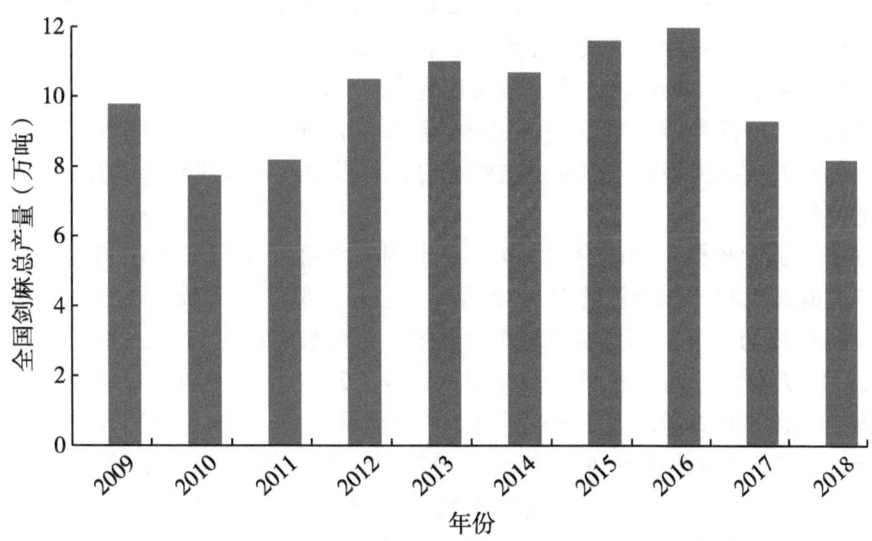

图 6-10　2009—2018 年全国剑麻总产量
（数据来源：农业农村部农垦局）

（二）我国剑麻加工情况

1. 加工情况

在剑麻加工领域，我国的研究起步较晚，但经过 40 多年的发展，取得了显著进展。目前，我国已经实现了自动排麻和刮麻的流水线生产方式，使剑麻产品的加工过程更加高效和规模化。此外，剑麻的加工技术和机械制造技术也逐渐成熟，为剑麻产业的发展提供了有力支持。这些进步使得我国在剑麻加工领域取得了重要的成就。

目前我国有各类剑麻产品加工企业 60 余家，剑麻加工产品已有 20 多个系列 400 多个品种。"十一五"以来，剑麻纤维环保、防蛀、防霉、耐磨、耐腐蚀、无毒、吸湿放湿快等特性逐渐被人们所熟知，剑麻纤维的应用愈发受人青睐，制成了各种纺织品、工业工程产品、家居用品、复合材料等，还被用于制成医药制品和提取食品添加剂等。剑麻产业链日趋完善，未来将会应用到更多领域之中。

2. 科技进展

2008年初，国家启动了50个农业产业技术体系建设工作，剑麻产业位列其中，现已成立剑麻科研体系，研究领域包含剑麻品种选育繁育、病虫防控、产品加工等。近几年，随着剑麻制品的应用范围越来越广泛，我国对剑麻的研究越来越重视，关于剑麻的研究成果也越来越多。目前我国剑麻年均单产纤维破纪录，位居世界剑麻种植单产第一；剑麻病虫害防治研究实现突破，提出了一系列病虫害的防治技术；开展了遗传育种研究，选育出了南亚1号抗病性强、产量较高的优质种子；开展了剑麻遗传转化研究，获得了抗性植株；剑麻纤维多用途研究获得进展等。

（三）我国剑麻贸易情况

尽管我国剑麻种植总面积较大，但仍面临一些限制因素。种植成本、地域差异以及病虫害等问题影响了剑麻的产量，导致无法满足国内需求。因此，我国每年仍需要大量进口剑麻纤维来满足市场需求。为了解决这些问题，需要进一步加强剑麻的种植技术研究和品种改良，降低生产成本，提高剑麻的产量和质量。此外，还需要加强病虫害防治，提高剑麻的抗病虫害能力。通过这些努力，可以增加我国剑麻纤维的自给率，减少对进口的依赖。

根据海关统计数据，2013年和2014年中国的剑麻纤维进口和出口情况为：2013年，进口剑麻纤维和短纤维总量为3.32万吨，进口金额同比增长3.41%和7.86%，总额达到4 047.02万美元。而剑麻类纤维及其短纤维和废麻的出口量为147.66吨，出口金额为23.16万美元，同比下降19.8%和13.1%。2014年，中国进口纺织龙舌兰类纤维及其短纤维和废麻总量增至3.98万吨，进口金额达到5594.6万美元，进口均价为1.41美元/千克。进口总量较2013年同比增长19.88%，进口金额增长38.24%，进口均价增长15.57%。其中，从巴西进口的剑麻纤维数量为2.42万吨，占进口总量的60.8%；从坦桑尼亚进口0.75万吨，占进口总量的18.84%；从肯尼亚进口0.3万吨，占进口总量的7.54%；从马达加斯加进口0.43万吨，占进口总量的10.80%。而剑麻纤维的出口量仅为375千克，全部出口到新加坡，出口金额约为369美元。出口量和金额较2013年同比分别下降99.75%和99.84%。2014年剑麻的单价呈现上升态势，干纤维的平均单价在6.6~8.75元/千克。

由上述数据可以看出，相比于2013年，2014年剑麻产品进出口额可能并不理想，甚至出现下滑，但未来剑麻产品具有很好的发展前景：一方面，随着剑麻研究的不断深入，剑麻纤维的应用领域越来越广泛；另一方面，随着剑麻的多功能综合利用，如剑麻果胶、皂素、有机肥、剑麻酒等产品的成功研发和生产，特别是剑麻与塑料混合制作可降解塑料、汽车工业用复合材料等的开发成功，剑麻的总需求量将会不断增长。预计在未来相当长的一段时期内，剑麻供不应求的现象将继续存在，依旧可以利用剑麻加工增值产品进行出口创汇。

(四) 我国剑麻主产区发展情况分析

1. 剑麻种植情况

我国剑麻主要种植区为海南、广西、广东和云南、福建的部分地区。根据农业农村部的统计数据，2005—2009 年我国剑麻种植总面积逐步增加，2010 年则开始下降；2005—2009 年剑麻全年总产值稳步增加，2010 年开始则有小幅度的波动。

2. 剑麻市场情况

中国剑麻生产方式主要为"企业+基地+农户"模式，主要为企业带动、农户承包，以及少量个体散户种植。由于"企业+基地+农户"的关系未理顺、麻片收购价与市场脱轨，以及政策不完善等原因，国内剑麻市场与我国市场经济体制在多方面存在不匹配的问题。

3. 剑麻加工情况

目前，我国剑麻加工厂约有 60 余家，总产值约 15 亿元，剑麻产品 400 余种，主要包括用剑麻纤维制成的地毯、纱条、墙纸、抛光轮、钢丝绳芯等。由于剑麻纤维具有环保、防蛀、防霉、耐磨、无毒、耐腐蚀、吸湿放湿快等优良特性，剑麻纤维制品获得多方青睐。我国剑麻加工制品不仅在国内畅销，还远销中东、欧美等 30 多个国家和地区。

在纤维提取过程中产生大量的副产物（剑麻渣）中含有多种甾体皂苷，其中剑麻皂素（tigogenin）是最有价值的甾体皂苷类之一，可作为合成 200 多种甾体药物的前体，特别是在抗炎、抗肿瘤、抗癌、治疗糖尿病、预防风湿病与皮肤病等领域有着广泛的应用。剑麻副产物经酸水解后的乙醇提取是最常用的剑麻皂素加工方法。而近年来有学者发现，经黑曲霉、哈茨木霉、里氏木霉生物预处理后，可显著提高剑麻皂素的提取效率。

4. 剑麻产量情况

根据农业农村部统计的数据显示，2005—2009 年我国剑麻的种植面积和产量稳步增加，但 2010 年则开始下降，但是剑麻单产则呈现上升趋势。2014 年我国剑麻种植总面积为 45.01 万亩，相比较 2013 年减少 2.59 万亩，但总产量则提高了 21 982 吨，单产提高了 58.74 kg/亩。

随着中国工业化和城镇化进程的加快以及其他周期短、收益高的经济作物的竞争，我国种植剑麻的土地面积受到限制，同时由于人工成本的增加，种植剑麻的经济收入开始下降，所以近年来剑麻种植面积逐渐减少，总产量难以增加，而我国对剑麻及其纤维制品的需求量却持续增加，导致国内市场出现供不应求的局面。

三、剑麻种植、加工及贸易环节的发展趋势分析

(一) 剑麻种植发展趋势分析

剑麻作为世界特色经济作物之一，对世界经济有着重要的影响，因而剑麻的种植情况非常值得关注。中国作为剑麻主要种植国家之一，其种植情况与世界剑麻种植情况有

显著差别，具体体现在剑麻种植面积、剑麻总产量和剑麻单产三个方面。

2009—2019年世界和中国剑麻种植面积如图6-11所示。从2009—2019年，世界剑麻种植面积从42.13万公顷减少到23.57万公顷，减少了45.05%。中国剑麻种植面积在这期间变化幅度不大，且总体呈下降趋势，大致稳定在0.26万公顷左右。如果不采取积极措施，我国剑麻种植面积在未来几年可能还会下降。

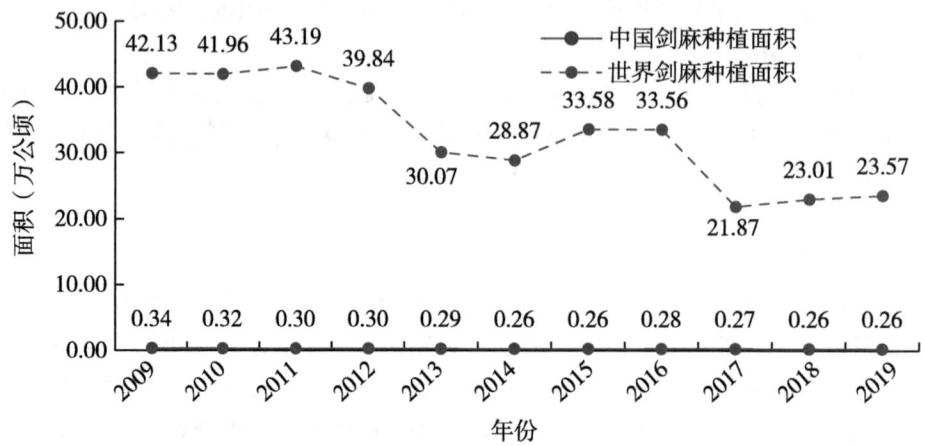

图6-11 2009—2019年世界和中国剑麻种植面积发展趋势图
（数据来源：FAOSTAT）

2009—2019年世界和中国剑麻的总产量如图6-12所示，结合图6-11可以看出，世界剑麻总产量和中国剑麻总产量都随着种植面积的变化而变化。2012年世界剑麻总产量大幅下降，这是由于剑麻生产大国巴西的总产量下跌所导致的，从2009—2019年，世界剑麻总产量由41.54万吨下降到20.65万吨，下降幅度为50.29%。中国剑麻总产量总体呈平缓下降趋势，从2009—2019年从1.65万吨减少到1.38万吨，下降幅度为16.36%。

2009—2019年世界和中国剑麻的单产如图6-13所示。由图6-13可以看出，世界剑麻单产一直稳定在0.9吨/公顷左右。剑麻在全球种植面积广，由于受到不同气候的影响，不同地区单产水平差异较大，整体看全球剑麻单产水平较低。但是随着全球剑麻科技的发展和剑麻种植经验的成熟与推广，剑麻单产还会有所提高。

我国的剑麻单产水平一直较高，是世界剑麻单产的4~6倍。且近10年来我国剑麻单产水平不断提高，一直稳中有进，2009—2019年，我国剑麻单产由4.85吨/公顷增加到5.39吨/公顷，增长幅度为11.13%。这不仅仅与我国气候相关，更与我国剑麻产业科技水平的提高相关。随着我国剑麻技术水平的提高，以及我国对剑麻产业的重视，未来剑麻单产水平可能依然在稳定中略有提升。

总之，由于剑麻纤维制品总产量远小于其需求量，导致剑麻纤维产品供求矛盾越发紧张。同时，由于剑麻纤维的价格低廉、拉力强、坚韧耐磨、富有弹性、防蛀防腐蚀等优点，所以可以用剑麻制品代替棉花制品和化纤制品，剑麻纤维及其制品的发展前景一片光明，这将进一步促进剑麻种植业的发展。

第六章 剑麻产业经济分析报告

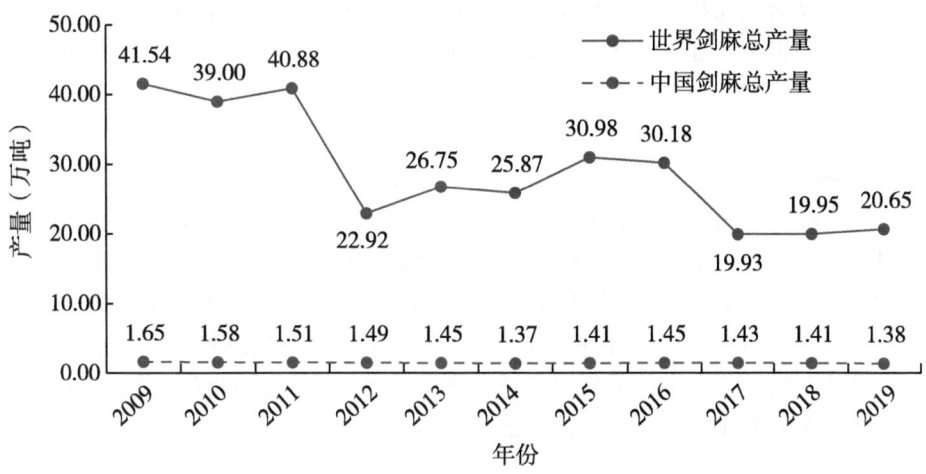

图 6-12　2009—2019 年世界和中国剑麻总产量发展趋势图
（数据来源：FAOSTAT）

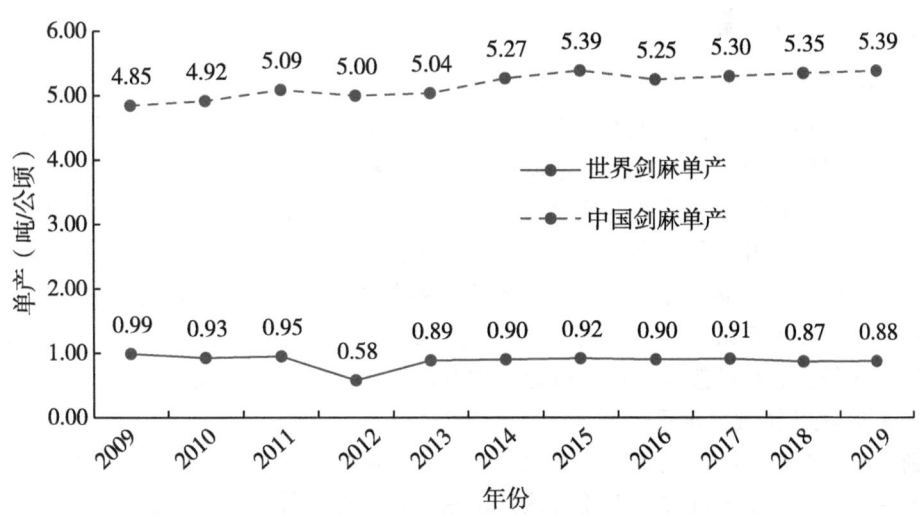

图 6-13　2009—2019 年世界和中国剑麻单产发展趋势图
（数据来源：FAOSTAT）

（二）剑麻加工及贸易发展趋势分析

剑麻属于热带、亚热带地区特有作物，在全球贸易中所占份额虽然不大，但由于其具有环保、无毒、防蛀、防霉、耐磨、耐腐蚀、吸湿放湿快等优良特性又显得不可或缺，所以在交易活动中也较为活跃。但目前剑麻的供应远远不够，全世界每年对剑麻及其加工品的需求量为 80 万吨，然而目前世界剑麻纤维年产量约 40 万吨，可见其供求的缺口之大，而且剑麻产品还有很大的增长空间。在全球贸易中，世界剑麻纤维的出口量和出口额呈现波动上升的趋势，每年的增长率在 10%～15%。但由于大多数产麻国易遭

· 131 ·

受自然灾害、政治动乱和经济危机的影响，从而剑麻种植面积增长困难。其中主要剑麻出口国为巴西、坦桑尼亚、肯尼亚，而且巴西出口量就占全球出口总量的60%。随着剑麻产品的重要性越来越凸显，剑麻的世界贸易量也会越来越大，估计近几年还将保持稳定增长的态势。

就中国剑麻加工以及对外贸易来看，我国虽然是剑麻生产和种植大国，但受限于种植成本、地理环境及病虫害的影响，种植面积有所减少，甚至每年还需大量进口。2014年，我国进口纺织龙舌兰类纤维及其短纤维和废麻3.98万吨、金额5 594.6万美元，较2013年同比增长19.88%和38.24%。初步估计，随着我国对剑麻以及其加工品需求的增加，我国剑麻加工贸易还将进一步发展。总之，随着对剑麻纤维性能认识的不断加深，剑麻纤维产品供不应求的矛盾会日益激烈，从而它会促进剑麻种植、加工与贸易的进一步发展，必将为我国剑麻产业的发展提供良好的机遇。

四、我国剑麻产业存在的主要问题及政策建议

（一）主要问题

1. 种植品种单一

我国剑麻种植主要依赖于引自坦桑尼亚的品种H.11648。然而，单一品种的大规模种植会导致遗传的单一性，即种植区域内的剑麻植株具有相似的基因组成。这会使剑麻种植区域在面对环境变化或新的病虫害时缺乏适应性，增加种植风险。因此科研机构和农业部门应该着重开展剑麻品种改良的研究工作，培育更具抗病虫能力、适应性和产量稳定性的品种。这有助于提高剑麻的整体品质和农民的经济效益。然而，国内科研机构选育的一些新品种在市场上的接受度并不高，如"粤西114号"等。因此，还需加强剑麻的育种研究和品种改良工作，以提高剑麻的抗病虫能力和市场竞争力。

2. 割叶收获机械化水平较低

剑麻植株的特殊结构是实现机械化割叶的主要挑战之一。剑麻叶子呈线状，而且与茎部紧密相连，使得割叶过程需要特殊的机械设备和操作技术。而且剑麻植株通常较高且密度较大，这增加了机械化割叶的复杂性。机械设备需要能够适应植株高度并在密集植株之间操作，以确保高效的割叶过程。剑麻叶子的切割需要精确的操作，以保证割叶干净且符合要求。同时，由于剑麻植株的高度和密度，机械设备需要具备足够的切割速度，以确保在有限时间内完成割叶作业。剑麻割叶的机械化需要确保割叶过程中叶片的保留和品质，机械设备需要具备有效的叶片收集和分离功能，以避免叶片损失和质量下降。引入机械化割叶需要投资适当的机械设备和相关技术，这对于农民和种植者来说是一个经济负担。因此，机械化割叶的成本效益需要进行科学评估，确保其在剑麻种植业中的可行性和可持续性。

3. 剑麻产品附加值较低

剑麻产品附加值受加工设备和技术限制。由于剑麻产品加工设备和技术相对简单或过时，导致其难以实现对剑麻产品的高附加值加工和处理。而且，目前国内剑麻产品的

品类较为传统，同质化严重，缺乏对高新产品的研发，导致市场对剑麻产品的需求较低。另外，剑麻产品的品质无法满足市场的高标准要求，缺乏统一的产品规格和认证体系，从而使品牌和市场推广也成为限制剑麻产品附加值的原因之一。目前剑麻产品的品牌知名度较低，市场推广力度不足。

4. 经营机制问题

过去在大农场管理下，由于集中了有限的资金、人力和物力投入，剑麻的育苗和种植工作得到了较好的保证，确保了工作的质量。然而，近年来由于经营机制的改变，如农场改革和推行承包制度等，使得剑麻的种植面临一些困难。首先，资金困难是一个影响因素。由于剑麻是长期作物，需要长期投入，而一些承包户缺乏足够的资金投入剑麻种植，从而导致他们不愿意或者害怕投入，影响了育苗和种植工作的进度和质量。其次，技术方面也存在问题。一些承包户缺乏剑麻种植方面的专业技术知识，导致种植工作的不规范和效果不佳。尤其是对于国有农场等经营剑麻生产的主体单位，由于缺乏资金和技术支持，种植工作受到更大的影响。这些问题严重影响了剑麻产业的发展。延长的开割期和工作质量的不稳定性对剑麻产量和品质会产生负面影响，同时也制约了剑麻产业的进一步发展。为了解决这些问题，可以采取一些措施。首先，加强对剑麻种植技术的培训和跟踪服务，提高承包户的技术水平，使他们能够更好地进行剑麻育苗和种植工作。其次，政府可以提供资金支持或贷款政策，帮助承包户解决资金困难，鼓励他们加大剑麻种植投入。此外，建立农民专业合作组织，以集中资金和资源，共同经营剑麻种植，提高经营效益。通过这些措施的实施，以改善经营机制问题，促进剑麻产业的发展，并为剑麻种植提供更好的支持和保障。

5. 平衡施肥问题

剑麻作为高产作物，对各种营养元素的需求较高，特别是在每年割叶时带走了大量的养分，因此对养分的补给非常重要。在承包机制不完善、投入资金不到位等情况下，确保剑麻的养分供应变得困难，进而导致剑麻的增产稳产难以得到保证。

（二）政策建议

1. 加大产业指导与支持

政府应制定专门的政策文件，明确支持剑麻产业发展的目标、方向和政策措施。这些政策可以包括资金支持、税收减免、贷款优惠、土地政策等方面的支持措施，以激励和引导企业和农民积极参与剑麻产业发展。同时，政府应增加对剑麻产业的资金投入，通过设立专项资金或增加投入规模，给剑麻种植、加工、推广等环节提供资金支持。这些资金可以用于品种改良研究、科技创新、设备升级、技术培训、市场推广等方面，以推动剑麻产业的技术进步和竞争力提升。建立金融服务体系，为剑麻产业提供便捷、灵活的金融服务是促进剑麻产业发展的重要举措。政府应该鼓励金融机构设立专门的剑麻产业信贷产品，降低融资成本，给剑麻种植户和相关企业提供贷款支持。同时，建立金融担保机制，减少融资风险，吸引更多的投资者参与剑麻产业。加强剑麻产业的科技研发和创新，提高技术水平和附加值。政府应该加大科研经费投入，鼓励科研机构和高校开展剑麻相关技术研究，推动剑麻种植技术、加工技术和产品开发的创新。同时，鼓励企业与科研机构合作，推动科技成果的转化。政府应该组织剑麻产业的各方利益相关者，包括种植户、加工企业、科研机构、行业协会等，建立产业联盟和合作机制，通过共同研发、资源共享、市场开拓等方式，推动剑麻产业链的协同发展，提高整体竞争力和附加值。政府应该加大对剑麻产业人才培养的支持力度，鼓励大中专院校开设相关专业，培养剑麻种植、加工、管理等方面的专业人才。同时，要组织专业培训班和技术交流活动，提升从业人员的技能水平和行业认知。

2. 强化产业信息和技术服务

建立一个全面、准确的剑麻产业信息平台，收集、整理和发布有关剑麻种植、加工、市场需求等方面的信息，并向相关企业和农户提供服务。该平台应该提供最新的市场动态、技术指导、销售渠道等信息，帮助农户和企业作出更为科学的决策。也可以通过设立专门的技术服务机构，为剑麻产业提供专业的技术培训和指导。这些机构可以提供剑麻种植技术、病虫害防治、加工技术等方面的培训和咨询，帮助农户和企业掌握最新的技术方法，提高生产效率和产品质量。政府应该组织推广剑麻产业的示范项目，选择一些具有典型代表性的地区或企业进行示范种植和加工，通过示范效应带动更多的农户和企业参与到剑麻产业中。同时，政府还应该提供一定的资金和技术支持，帮助示范项目取得成功，为整个产业的发展树立典范。此外，制定适用于剑麻产业的行业标准和质量认证体系，是提高剑麻产品的质量和安全性的重要基础性工作。这将有助于增强消费者对剑麻产品的信任，拓展市场需求，同时也促进产业内部的竞争与合作。同时，推动与其他国家和地区的剑麻产业进行合作与交流，共享先进技术和经验，也应引起政府的高度重视。政府应该设立促进国际间的剑麻产业合作项目，来支持企业参加国际展览与交流活动，从而提高剑麻产品的国际市场份额。

3. 推动农垦剑麻企业抱团发展

推动农垦剑麻企业抱团发展是促进剑麻产业整体发展的重要举措。农垦剑麻企业具有较大的优势，包括标准化规模化经营方式、完整的产业链和较高的市场认可度等。在此基础上，应该鼓励企业间发挥各自的优势，加强合作，实现共赢。首先，农垦剑麻企业应该通过合作共同开展科技创新，共享研发成果，提高剑麻生产的技术水平。同时，应该进行加工转型升级，探索新的加工技术，提高产品附加值，实现产业链向高端延伸。其次，农垦剑麻企业应该加强贸易流通合作，共同开拓市场，提高产品的销售能力。通过整合资源和市场渠道，实现规模效应和成本优势，提升整个产业的竞争力。此外，农垦剑麻企业还应该进行产业融合，探索与相关产业的合作与互补。例如，可以与纺织、建材、医药等行业进行合作，共同开发剑麻的新应用领域，拓宽市场需求。在推动农垦剑麻企业抱团发展的过程中，应该利用资本运作方式，吸引更多的投资和资金，以加快产业发展的步伐。同时，还需要加强品牌建设和营销推广，提升剑麻产业的整体影响力和竞争力。通过以上措施，农垦剑麻企业可以形成合力，共同推动剑麻产业的高质量发展，实现资源共享、优势互补、风险共担，为我国剑麻产业的繁荣做出积极贡献。

4. 营造良好对外合作环境

首先，加强与相关部委、金融机构等的沟通协调，争取支持政策。利用农业对外合作部际联席会议机制和农业对外合作平台,与相关部门建立紧密的合作关系,共同制定支持剑麻企业走出国门的政策,并为企业争取专项资金支持。其次,积极推动剑麻产业与其他国家和地区的合作与交流,建立合作机制和平台。政府应该鼓励企业参与国际性的剑麻产业展览、论坛和研讨会,并为之提供支持和便利,促进企业的国际交流与合作。同时,通过引进和消化吸收国际先进技术和管理经验,提升剑麻产业的竞争力和附加值;通过建立合作伙伴关系,设立联合研发、技术转让等合作项目,推动产业的升级和创新。此外,注重全球市场营销和品牌建设,通过各种媒体渠道,积极宣传剑麻产业的优势和特色,提高国际市场对剑麻产品的认可度;参加国际展览会、贸易洽谈会等活动,寻找合作伙伴,拓展海外市场,扩大产品出口规模。最后,加强人才培养和交流,鼓励人才的国际交流和培训,吸引国内外专业人才参与剑麻产业的发展;通过组织学术研讨会、培训班等活动,促进国内外剑麻专家学者的交流与合作,推动技术进步和创新;通过营造良好的对外合作环境,促进我国剑麻产业获得更多的机遇和资源支持,实现高质量发展,并在国际舞台上展现世界一流的剑麻产业实力。

第七章 麻类副产物综合利用

一、食用菌基质化利用

(一) 苎麻副产物栽培食用菌

我国是苎麻生产大国，但苎麻的使用主要是利用其苎麻纤维，而其余苎麻副产品的利用率很低，由于利用场景有限，大多当作废料丢弃，或被用作肥料[34]。据研究发现，苎麻骨含有多种菌菇生长需要的营养物质，如木质素、半纤维素、粗蛋白质及多种矿物质等。此外，苎麻骨具有质地疏松、吸水性强、不板结、透气性较好的物理特性，是良好的食用菌栽培基质。近年来，研究结果表明苎麻副产物含量50%条件下栽培真姬菇的效果较好，生物学效率可达158%以上。此外，用苎麻骨生产的毛木耳，品质较传统种植方式更高。苎麻麻苑栽培刺芹侧耳效果与其他麻类副产物相当，显著高于棉籽壳，是栽培刺芹侧耳的理想替代原料。青贮苎麻副产物则解决了直接晾晒干燥成本高、体积大、不便于长途运输等问题，且与常规棉籽壳培养基相比，青贮苎麻副产物培养基栽培产品的蛋白质含量提高了30%，总糖和脂肪含量分别降低了24%和33%。

(二) 黄/红麻副产物栽培食用菌

黄/红麻的生物学产量高，富含木质素、纤维素与半纤维素，可用作食用菌栽培基料。近年来，有学者尝试利用红麻麻骨代替部分棉籽壳来栽培刺芹侧耳、金针菇、秀珍菇、猴头菇、茶树菇等食用菌，均取得了较好成效，出菇早、色泽好，且产品的蛋白质、脂肪、还原糖和粗纤维指标与棉籽壳培养基栽培的接近，表明红麻副产物是栽培食用菌的理想原料之一。此外，红麻副产物栽培榆黄蘑的菌渣通过柠檬酸缓冲液提取后，可做成脱色剂，与市售脱色剂相比效果相当且成本更低，得到的脱色液对刚果红和靛蓝脱色，脱色率分别达到59.7%和50.1%，从而实现了梯次利用。

在黄麻副产物利用方面，国内外学者主要利用黄麻秆与其他基料配合栽培侧耳属食用菌，取得了较好的成效[35]。通过五年的推广应用，累计规模达到500万袋。据统计，利用红麻副产物工厂化栽培秀珍菇，为企业累计节约生产原材料、劳动力成本投入110多万元，增加经济效益1 045.6万元。

(三) 亚麻副产物栽培食用菌

亚麻秸秆是香菇栽培的理想基质之一。研究表明，将亚麻秸秆与其他废弃物如稻草混合后，可作为香菇的培养基质，其富含纤维素和其他有机物质，为香菇提供了适宜的生长环境。此外，亚麻脱胶渣是亚麻加工过程中的副产物，研究发现可用于灵芝的栽培。亚麻脱胶渣富含有机质和营养物质，为灵芝生长提供了所需的养分。这种栽培方式能够充分利用亚麻副产物，同时获得高品质的农产品。

亚麻副产物作为食用菌的培养基质，为食用菌提供了丰富的营养物质，有助于其生长和发育，通过这种栽培方式获得的食用菌产品具有较高的品质，以满足市场需求[37]。此外，通过将废弃物转化为有价值的食用菌产品，可以提高亚麻种植的利润和农民的收入，促进农村经济的繁荣与发展。

（四）工业大麻副产物栽培食用菌

工业大麻（汉麻）秸秆是汉麻加工业的主要副产物，在我国黑龙江省原料充足、成本低。汉麻秸秆中纤维素比阔叶木屑高，而木质素和半纤维素与阔叶木屑含量相当，可以为食用菌生长提供必要的营养来源。近年来，有学者通过设置不同比例的汉麻秸秆替代阔叶木屑栽培珊瑚猴头菌，对其生长特性、营养成分含量以及食用安全性进行了分析，结果表明添加汉麻秸秆，菌丝生长旺盛、生长周期短，生物学效率和粗蛋白含量高，未检测到大麻素成分。这说明利用汉麻秸秆为主料栽培珊瑚猴头菌具有可行性。此外，亦有研究利用汉麻秸秆替代稻草栽培大球盖菇，结果显示可以促进菌丝生长和原基形成，并具有一定增产效果，适宜添加量可达50%。

二、饲料化利用

（一）苎麻嫩茎叶的饲用价值

苎麻嫩茎叶也称为苎麻嫩枝，是指苎麻植株生长初期的茎和叶子部分[34]。苎麻嫩茎叶具有丰富的饲用价值，其富含蛋白质、纤维、维生素C、维生素E和维生素K，以及钙、铁、锌和锰等矿物质，是一种天然的营养源，可以为动物提供多种必需的营养物质。苎麻嫩茎叶富含纤维，有助于促进动物的消化系统健康。纤维可以增大食物的体积，增加动物的饱腹感，同时促进肠道蠕动，改善排便情况。苎麻嫩茎叶中含有较高水平的蛋白质，是良好的蛋白质来源之一。蛋白质对于动物的生长、维持免疫系统的功能至关重要。但同时也要注意，苎麻嫩茎叶的能量含量相对较低，适合用作低能量饲料的补充。这对于需要控制能量摄入的动物，如肥胖动物或患有特定疾病的动物，是一个有益的选择。苎麻嫩茎叶可以作为传统饲料的替代品或补充品，与其他饲料搭配使用，提供不同的口感和营养来源。利用苎麻嫩茎叶作为饲料可以减少对其他资源的需求，而且对环境影响较小。

（二）亚麻籽粕的饲用价值

亚麻籽粕是由亚麻籽经过榨油过程后剩下的残渣，它具有丰富的饲用价值，是一种营养丰富的饲料原料。它富含蛋白质、脂肪、纤维和矿物质。亚麻籽粕的蛋白质含量高达30%~35%，并且含有多种必需氨基酸，是良好的蛋白质来源。此外，亚麻籽粕还含有丰富的脂肪,其中大部分是富含 ω-3 脂肪酸的亚麻酸,有助于维护动物的心血管健康、促进免疫功能、减轻炎症反应等。

亚麻籽粕富含可溶性和不溶性纤维。可溶性纤维有助于调节动物的胃肠道功能,促进消化和吸收;不溶性纤维有助于增加饲料体积,改善粪便质量,减少便秘问题。亚麻籽粕中含有丰富的抗氧化剂,如维生素 E 和类黄酮等,这些抗氧化剂能够帮助抵御自由基的损害,提供细胞保护,维持动物的健康状态。亚麻籽粕作为蛋白质和能量来源,可以促进动物的生长和生产性能。蛋白质的供给有助于组织生长和修复,能量的供给能够支持动物的代谢活动及产蛋、产乳等。

(三) 火麻籽粕的饲用价值

火麻籽粕是由火麻籽经过榨油过程后剩下的残渣,它具有多种饲用价值,是一种富含蛋白质的饲料原料,蛋白质含量为 35%~45%,且含有所有必需氨基酸[39]。作为优质蛋白质的来源,火麻籽粕对于动物的生长和发育非常重要。其纤维含量适中,有助于促进动物的胃肠道健康。火麻籽粕中含有丰富的抗氧化剂,如维生素 E 和多酚类物质。这些抗氧化剂能够帮助抵御自由基的损害,提供细胞保护,有助于维持动物的健康状态。最后,火麻是一种可持续性种植的作物,其种植过程中对环境的负面影响较低。使用火麻籽粕作为饲料可以减少对其他资源的需求,并有助于实现畜牧业的可持续发展。

三、材料化利用

中国是世界上领先的麻纤维生产大国。近十多年来,我国麻纤维的年产量已超过 9 万吨,其中 50%~60% 的麻纤维在分选过程中会被焚化、丢弃,不仅对环境造成了极大的污染,而且还会造成巨大的资源浪费。麻是一种全身都是宝的植物,汉麻的皮、茎、种子、根、叶、花都有很高的使用价值,麻类秆芯含有丰富的纤维素、木质素成分,在纺织、造纸、生物材料、食品、医药、建筑、国防军工、生物能源及交通运输等领域具有广阔的应用前景。基于此,为了使其更好地发挥作用,变废为宝,有必要对其进行深加工和充分利用。

(一) 造纸与包装材料

1. 造纸原料

造纸原料来源广泛,例如传统的竹材、木材等。然而随着近年来环境问题的持续加重和人们日益增长的环保意识,将麻类作物作为原料来造纸正吸引着越来越多的人关注和研究,使其成为未来造纸业前景广阔的应用材料[36]。亚麻和工业大麻是两种常用的麻类植物,它们的纤维质量较高,适合用于造纸工艺。亚麻纤维是一种细长而坚韧的天然纤维,适用于纺织和造纸行业。亚麻纤维的优点是耐久性好、耐酸碱、吸水性强,具有良好的纸张强度和质地,其通常用于高品质纸张的制造,如质地细腻的纸张和特殊用途的纸张,如钞票、证券、艺术画册等。工业大麻的纤维也被广泛应用于造纸工业,其具有较高的强度和柔韧性,适合用于制作纸浆。它可以与其他纤维材料混合使用,以改善纸张的质量和特性。

近年来，国内主要针对麻类造纸用原料部位及种类对成浆性能展开了进一步研究。相关研究表明，用碱量为20%时，两种汉麻秆芯纸浆获得率和性能相对较优。将打浆度均为40°SR的这2种汉麻秆芯浆（纤维长度1~3毫米）分别与针叶木浆（打浆度40°SR）按一定配比混合抄纸发现，配抄5%汉麻秆芯浆可改善纸张的强度性能，表明汉麻秆芯浆可作为生产箱纸板面层纸或牛皮纸等的替代原料。根据中国造纸协会统计数据，2021年我国纸及纸板生产量12 105万吨（同比增长7.50%），消费量12 648万吨（同比增长6.94%），人均年消费量为89.51千克（同比增加5.51千克）。用麻类造纸能够在一定程度上降低生产成本，以提高经济效益和土地利用率。

2. 包装材料

随着科学技术的进步，人们对包装缓冲材料的要求越来越高，寻找一种质量轻、价格低的可生物降解缓冲剂已成为一个新的研究热点。尽管EPS泡沫拥有质量轻、防震、力学性能好、加工性能好、装饰性能好等优势，在电子产品、家用电器、机械产品等领域得到了广泛的应用，但很多发达国家因为EPS泡沫的制造过程和回收处理存在很大的污染问题，并且会对人体造成伤害，故人们将逐渐减少使用该材料。生物质基纤维具有良好的自然降解性、资源再生性和环境协调性，而我国作为一个农业大国，生物质资源储量巨大，但利用效率不高。燃烧玉米、水稻、麦草、大豆等秸秆，以及分解菠萝叶片、香蕉果轴等生物质副产品，既是对生物质资源的一种浪费，也会对环境造成严重破坏。

基于以上环境破坏和资源利用不佳的现状，目前国内外致力于新材料的研发，以麻类作物秸秆为原料，从中提取有效成分或在一定条件下直接将其制成具有一定物理性能的包装材料。研究发现从大麻副产品中提取纤维素纳米材料，并通过力学响应、化学成分和形貌等对所制造的大麻纳米纤维素泡沫的关键特性进行分析研究，发现与木材纳米纤维素（NC）泡沫相比，大麻NC泡沫显示出更高的性能特征。此外，所得NC泡沫的热性能测试结果表明，大麻NC泡沫的应用可与常用的绝缘材料相媲美。在pH值为12的条件下，添加50%的甘油作为增塑剂，汉麻蛋白（HP）成膜液可获得较高的成膜性能。从大麻籽油饼中提取的谷氨酰胺转胺酶交联蛋白有可能生产用于保护食品免受物理污染的包装系统的生物基材料，从而延长其货架期。

综上，若从改善环境、治理沙漠化、增加CO_2吸收、提高当地农户收入等社会与环境效益的角度来看，将麻类作物用于制浆造纸、开发包装材料新技术等，以此构建农业收益型可持续发展模式，具有很好的发展前景。

（二）板材

木材在装饰、建筑、家具等领域有着广泛的应用，是家庭用板材的主要原料。自改革开放以来，我国木材消耗量逐年递增，为了缓解木材资源匮乏问题，亟待研制开发更多新颖且具有阻燃、消音、力学性能良好的多功能板材，以逐渐取代传统木材。除了现有已取得初步进展的竹子、秸秆、甘蔗以外，以麻类纤维为原料制作的板材也在逐渐进入人们的视野。其中，黄麻因其具有更为优良的抑菌、防霉、抗紫外线、易降解等生态环保特性而不断被加以拓展和使用，其应用前景十分广阔[40]。2021年6月30日经国家林业和草原局批准，全国林业生物质材料标准化技术委员会发布了行业标准LY/T 3276—2021《室内装饰墙板用黄麻纤维复合板》，其中对黄麻/聚酯纤维复合材料的术语和定义、分类、要求、检验方法、检验规则及标识、包装、运输、储存等方面做出了规定，并对轻质黄麻/聚酯纤维复合材料的适用性进行了详细的介绍。该标准的颁布，对于规范林业生物质材料产品的生产和市场交易，促进木塑复合材料产品的品质提升，引领林业生物质材料行业高质量发展，都有着十分重要的意义。

目前，国内外研究主要集中在麻类纤维复合板材上，通过与其他材料混合，经多样化的合成方法制得吸声、力学等性能良好的复合材料，其以这些麻基材料可降解性、轻质、高韧、成本低廉等优势将逐步取代传统板材。以废弃苎麻纤维为增强材料，设计实验以吸声系数为评测标准，测得在最优工艺条件下，材料的平均吸声系数为0.48，降噪系数为0.50，最高吸声系数可达0.9以上，为废弃苎麻纤维的回收利用提供了新的途径，可将其制造成新型吸声材料来治理噪声污染。大麻废料的梯次化利用策略，包括将大麻废料用作生物燃料，以及将生物燃料副产品大麻灰添加到混凝土中，作为部分水泥替代；将大麻废料在马弗炉中以不同的燃烧方式进行焚烧，并对大麻灰的残留进行分析，然后将其添加到一些混凝土混合料中；用不同的大麻灰替代混凝土（水泥重量的5%~25%）进行了抗压强度、空气含量、易燃性和吸水率的测试，结果表明，在水泥替代率为5%时，将大麻灰添加到混凝土中可降低环境影响和成本。

由于麻纤维的天然、轻质、延展性等优点，将其开发为具有塑性的麻纤维复合板材是近年来的研究热点，截至2019年已广泛应用于汽车领域。此外，麻纤维复合板材的市场规模正在不断增长。以某国产汽车行业龙头企业为例，该公司利用非织造布技术设法把废弃麻纤维重新利用，其麻纤维复合板材产量自2014年之后一直保持在25 000吨左右。这种板材可用于汽车车顶、门板、手套箱、后备箱盖等各部位，其中顶盖护板及侧围板综合占比达到62.5%。该公司得益于下游客户的稳定性，收入常年保持在4亿元以上，其中2017年收入为4.9亿元。

（三）燃料乙醇

能源问题与国家经济发展、人民生活质量、国家安全保障等息息相关。国际上以植物为原料的能源研究起步较早，并于20世纪80年代得到迅速发展，美国、巴西、法国、瑞典等国家纷纷提出和建立"能源林场"，选择并引入富油种进行栽培及改良，希望以植物油类（如棕榈油）替代不可再生能源。

我国对生物能源的研制虽起步较晚，但目前已取得一定的成果，尤其是我国在淀粉、糖类转化为乙醇的工艺上的技术已相当成熟，对于富含木质纤维素的植物原料如苎麻、稻秆、稻壳、甘蔗、玉米秸秆等的燃料乙醇转化研究已得到广泛开展[41]。麻类是众多植物种最重要的木质纤维素原料之一，因其种植范围广、对逆境适应性强、产出乙醇较为高效而成为生产燃料的理想原料；同时，相关技术手段较为成熟，中国农业科学院麻类研究所通过选育和引进高产纤维素酶、果胶酶的工程菌种，经试验生产逐步完善了戊糖乙醇发酵技术和工艺。基于以上进展，以麻类作物为原料生产燃料乙醇在近年来越来越受到人们的重视。

国内外学者主要致力于优化麻类生物质乙醇发酵工艺,以寻求更佳条件和更高效的技术手段来提高乙醇产量[42]。其中,从植物纤维质原料中制作乙醇的关键步骤之一是将纤维素和半纤维素水解为单糖,即糖化过程[43]。酶糖化技术是一种备受关注的糖化方法。例如,彭源德等学者在对苎麻韧皮进行微生物预处理的基础上,进行了苎麻纤维质酶解的单因子试验和正交试验,探究了pH值、酶用量、葡萄糖浓度和原料处理方式等因素对苎麻纤维质酶解的影响[41]。研究结果表明,苎麻纤维质酶解的最佳条件是pH值在4.5~5.5范围内,纤维素酶浓度为8%~11%,葡萄糖浓度小于0.5%,原料经过剪碎处理而无需洗涤预处理。通过采用高效、洁净的预处理方法,可以在6~8小时内实现发酵,最终实现高达72%的酶法转化率,为酶法降解苎麻制取燃料乙醇奠定了基础。同时,还观察到在相同的预处理条件下(使用2%的二氧化硫浸渍,随后在210℃下蒸汽预处理5分钟),与青贮大麻相比,干燥的大麻生物质显示出更高的乙醇产出量(171克/千克)和转化率(74%)。通过比较四种大麻生物质品种在生产生物乙醇方面的潜力,研究发现,在相同的预处理和发酵条件下,Tygra品种的乙醇产量最高,达到96.7%。这些研究表明,在麻类生物质乙醇生产方面,通过优化预处理和发酵条件,可以实现更高的乙醇产量和转化率,为麻类生物质资源的可持续利用和生物能源发展奠定了基础。

(四)护肤品原料

伴随着人们生活品质的不断提高,人们对于过量照射紫外线的危害意识也在不断增强,防晒类护肤品越来越成为人们保护皮肤健康的佳品,因此其研发成为护肤化妆品研究的热点。当前,市面上的防晒类护肤品都存在着防晒方法单一的问题,高防晒指数的护肤品中,大部分都包含了大量的物理防晒剂和化学防晒剂,使用之后会给皮肤带来一定的负担,对皮脂腺和汗腺的分泌产生影响,从而导致皮肤过敏,产生不适的感觉。在人们回归大自然的强烈呼声中,将天然植物成分用作防晒剂已成为护肤化妆品界关注的焦点。大量研究证明,天然植物中的某些成分具有防晒效果,主要是通过消除或者降低紫外线辐射导致的氧自由基的生物活性物质,来防止或者减轻日晒后皮肤组织的损伤,同时还能提高修复的功效,发挥到间接防晒的作用。此外,这些天然成分对皮肤作用温和、刺激性小、安全性高,对人体危害性小。因此,将天然植物成分用于防晒霜类化妆品,将会是一种非常有前途的路径。

汉麻所具有的特殊防紫外线功效在一些研究中已有相关表述。然而国内外对于麻类副产物的利用还存在较大差距。我国对其利用仍局限于汉麻纤维和汉麻籽,而汉麻籽主要被用来榨油,一些天然有效的成分因此而流失;而在美国、加拿大和其他一些国家,则有专门的企业购买优质麻籽,并将其加工成含有麻籽油或麻籽提取物的化妆品原材料或护肤产品。基于以上,充分利用汉麻中的植物精华,开发出一种新型的防晒型化妆品,对于突破技术壁垒、提升我国产品竞争力具有重要的现实意义。

汉麻有极佳的防晒功效,是麻类植物中最理想的防晒品制造原料。目前国内外有关汉麻抗紫外线能力的研究,多以汉麻纤维和汉麻籽为主。首先,由于汉麻纤维横截面有多种形状,且外截面形状与中腔形状有差异;随着生长周期的变化,纤维壁也会发生变化，它的巨原纤的排列方向也会发生变化，分为多层。这些结构特殊性使得光纤射到纤维上的时候，一部分会形成多层的折光被吸收，另一部分则会被漫反射，因此一部分的紫外光可被遮挡住。此外，汉麻茎秆中含有多种不同种类的化学物质，包括纤维素、木质素、半纤维素、果胶和灰分等，汉麻茎秆中木质素的含量约占20%，对230~320 nm、350 nm，尤其是205~280 nm 范围内的紫外线有很好的吸收效果。根据中国科学院的试验，用汉麻纤维制成的服装对紫外线的吸收率达到了95%，而汉麻帆布更是达到了全部吸收紫外线的效果。其次，对于汉麻籽而言，其核仁经压榨后的汉麻籽油中富含丰富的不饱和脂肪酸，主要成分是不饱和脂肪酸甘油三酯，它可以吸收紫外线。在这些物质中，含量高达50%的α-亚麻酸可以减少丙二醇的生成，提高体内谷胱甘肽过氧化物酶（GSH-Px）及过氧化物歧化酶（SOD）的活性，消除因过度接触紫外光而引起的大量游离基团，以减少紫外光对肌肤的损害。汉麻籽油中所含的微量多肽有很好的消炎功效，还能缓解因紫外光所致的红斑和炎性反应。

从抗氧化试验、抗敏试验、防晒剂防晒性能对比这三个方面对汉麻叶提取液的防晒性能的影响，研究结果表明，汉麻叶提取液具有清除DPPH·自由基、羟自由基、超氧阴离子自由基的性能，可以清除紫外线照射导致皮肤产生的自由基，预防光老化和病变。该研究还对汉麻籽油的防晒性能进行了测试，发现汉麻籽油具有消除自由基DPPH的功效，可有效防止肌肤的光老化及病变。将汉麻籽油的防晒特性与其在防晒产品中的防晒特性进行比较，发现其对UVB辐射有一定的吸收性，但对UVA辐射的吸收性很差。

四、功能食品应用

（一）食用价值

1. 火麻籽

火麻籽，也被称为芝麻菜籽、大麻籽或蓖麻籽，是一种营养丰富的食用籽粒。火麻籽具有坚果般的香味和口感，可以用于增添食物的口感和美味，可以作为调味品，添加到麦片、沙拉、面包、酸奶、果汁等食物中，也可以用于制作火麻酱、火麻糊等食品[46]。火麻籽富含多种营养物质，包括蛋白质、脂肪、纤维、维生素和矿物质等，是优质植物蛋白的来源，富含必需氨基酸，且脂肪主要是健康的多不饱和脂肪酸，如亚麻酸和亚油酸，对心血管健康有益。火麻籽含有多种抗氧化物质，能够帮助中和自由基，减少氧化损伤，保护细胞免受损害，有助于维护身体的健康。此外，火麻籽还富含膳食纤维，有助于促进消化系统的健康，有助于增加饱腹感、促进肠道蠕动、预防便秘，并有助于调节血糖和胆固醇水平。其富含多种矿物质，如镁、铁、锌、钙和磷。这些矿物质对于骨骼健康、免疫系统功能和许多生理过程至关重要。火麻在我国食用历史悠久，南朝梁萧子显撰的《南齐书·皇后传·宣孝陈皇后》中提到"太祖年二岁，乳人乏乳，后梦人以两瓯麻粥与之，觉而乳大出"。到近代，随着食品加工产业的不断发展，火麻籽由于其独特的营养质量和成分，已被开发成多种产品。目前，在食品中的应用主要有：用于榨油，做蛋白产品，做饮料以及加工肉制品等，如火麻油、火麻蛋白粉、火麻饮料和火麻龟苓膏等。

（1）火麻油

食用油提供人体必需的营养素（亚油酸或亚麻酸），火麻仁含有较多油脂，且不饱和脂肪酸含量占比超过90%，多不饱和脂肪酸含量超过80%，是一种非传统油脂产品。火麻油中多不饱和亚油酸ω-6脂肪酸含量是55.6克/100克，ω-3脂肪酸含量是17.2克/100克，γ-亚麻酸质量分数高达4%，高于大多数植物油。火麻油的多不饱脂肪和饱和脂肪的比值为9.7，即使每日食用一小部分的火麻仁油，都可达到世界卫生组织推荐的膳食平均目标。除了能提供人体所需的营养素外，火麻油中还富含生物活性物质，如每1千克油含有700毫克多酚、1 905.00毫克β-谷甾醇、505.69毫克菜油甾醇、167.59毫克植醇、90.55毫克环蒿素和733.80毫克γ-生育酚，对人体健康有重要作用。据报道，火麻籽全国种植面积为60万公顷，每年可产出80万吨火麻籽，亩产量为125~150千克，售价12~15元/千克，亩产值1 500~2 250元。每8千克火麻籽可获得1千克火麻仁，每1千克火麻仁通过榨油机物理冷榨可得到200克左右的初榨火麻仁油，而市面上一瓶（500毫升）火麻油约120元，亩产火麻仁生产为产品的价值约为3 600元，加工的亩产成本约600元，由此估算，除去加工成本，火麻油的产品价值提高了25%。

（2）火麻蛋白产品

火麻中富含丰富的蛋白质，每100克火麻中约有31.56克蛋白质，其中球蛋白为65.0%、清蛋白为33.0%，以及2.0%左右的谷蛋白及醇溶蛋白，对人体新陈代谢和器官功能有积极影响，是一种优质的植物蛋白。精氨酸约占火麻仁蛋白的12%，火麻蛋白的精氨酸/赖氨酸比率为3.0~5.5，显著高于大豆蛋白（1.41）和酪蛋白（0.46），火麻蛋白具有高含量的支链氨基酸，消化率可达90.8%~97.5%。哈尔滨商业大学通过提取火麻蛋白中的L-精氨酸，以L-精氨酸为主药原料，配伍葡萄籽粉和益智仁粉，添加益生菌和益生元作为辅料后，并优化口感调配成了固体饮料。

（3）火麻酸奶

火麻酸奶是将火麻籽磨成粉末，与牛奶混合后再发酵制成的一种奶制品。火麻酸奶不仅保留了牛奶的营养成分，还附加了火麻籽的营养成分，是一种营养丰富、风味独特的健康食品。火麻酸奶富含奶类的优质蛋白质、维生素和矿物质，其中的乳酸菌和其他有益的微生物群，可以促进肠道健康和消化吸收，同时还能抑制有害菌的生长，对于维持肠道健康具有重要作用。不同于常规的酸奶，火麻酸奶具有一种轻柔、丰富的奶香味，加入了火麻籽的口感，同时有助于改善体内需要平衡摄入性质良好脂肪所带来的美味。火麻籽营养丰富，含有一定浓度的异黄酮和大量的亚麻酸及麻酸，具有一定的保健功效。

（4）其他食用用途

火麻籽可以磨浆做成火麻汤，或者冲泡成火麻茶，以享受火麻纯正的火麻香和营养。火麻汤和火麻茶具有预防心血管疾病、降低胆固醇、润肠排毒、延年益寿等功效。火麻籽富含碳水化合物，是构成机体的重要物质，贮存和提供热能，增强肠道功能。火麻籽是一种既美味又营养的食物，但也要适量食用，以避免过敏或不良反应。

2. 亚麻籽

亚麻籽是亚麻植物的种子，被广泛认可为一种营养丰富的食物，是一种优质植物蛋白的来源，富含必需氨基酸。亚麻籽的蛋白质含量为20%～25%，对于素食者或那些寻找替代动物蛋白的人来说，是一个很好的选择。亚麻籽中含有一种称为谷胱甘肽前体的物质，是一种重要的抗氧化剂，有助于维护身体的健康。亚麻籽可作为食物的添加剂，可将其整粒加入燕麦、酸奶、沙拉、Smoothie等中，也可以使用亚麻籽油作为食用油。需要注意的是，亚麻籽的外壳难以消化，因此最好磨碎或浸泡后食用，以提高其营养吸收效果。

（1）亚麻籽油

亚麻籽作为主要的特色油料作物之一，富含α-亚麻酸、植物甾醇、维生素E和多酚等多种活性物质，是备受青睐的保健油脂[44]。亚麻籽油中所含的亚油酸，可以调节肝脏脂肪代谢，具有保护肝脏健康的作用。亚麻籽油中含有大量的ω-3和ω-6脂肪酸，这些脂肪酸可以促进免疫系统，增强机体抵抗力，对于提高机体免疫力有一定作用。亚麻籽油是一种非常健康的食用油，可以降低血脂、保护心脑血管和肝脏健康、促进免疫系统，并且对缓解炎症反应和改善一些皮肤疾病等也有好处。根据我国油料作物批发价格统计，2023年亚麻籽的价格约为10元/千克，亚麻籽出油率为30%～40%，即约3千克亚麻籽可出1千克油，按照亩产75千克计算，亩产亚麻籽价格为750元。1亩地生产的亚麻籽可榨油25千克，1千克亚麻籽油市场价以100元计，亩产价值约为2 500元，去除包装成本600元（按照每千克8元计算），亩产亚麻籽油的经济价值提高了约1.5倍。由于我国食用油市场持续增长，因而亚麻籽油将拥有广阔的市场。

（2）亚麻籽面包、饼干、肉制产品

在面食制品的加工过程中，可以将亚麻籽粕加入面粉中，制作出营养丰富的亚麻籽面包、饼干等面点食品。亚麻籽粕的加入能够增加食品中膳食纤维的含量，提高口感和营养价值。在谷物食品中加入亚麻籽粕，如早餐麦片、燕麦、米粥等，可以增加膳食纤维的含量，降低卡路里消耗，有助于保持饱腹感。此外，在肉制品中加入亚麻籽粕，如熟肉干、火腿等，可以增加蛋白质和矿物质的含量，降低脂肪含量，使食品更加营养和健康。

（3）亚麻籽饮料

亚麻籽粕还可以用于饮料制作之中，如加入果汁、牛奶、酸奶等，可以增加维生素、矿物质、营养素的摄入，从而增加饮料的营养价值[45]。亚麻籽粕是一种营养丰富、多功能的食品配料，可以用于多种食品加工和制作过程中。在使用时，应注意亚麻籽粕的质量和卫生问题，并适量使用，以达到更好的健康效果。

3. 黄麻叶

黄麻叶是一年生草本植物，黄麻属约有40个种。由于黄麻叶本质上是蔬菜，因此制作简单，可以掺入各种菜肴中，使人们能够利用其中的维生素和矿物质。黄麻属中的长蒴黄麻和白黄麻，由于其营养价值，它们的叶子被用作叶类蔬菜。长蒴黄麻也是许多亚洲、非洲和欧洲国家的主要绿叶蔬菜。

黄麻叶由于其浓稠的质地，被用于许多国家的菜肴中。在孟加拉国，黄麻叶被认为是一种滋补品，经常加入米饭中用作调味品。干燥的黄麻叶是印度东北部 Boros 人的最爱，他们用黄麻叶来制作 narji，这是一种用肥肉和碱液制成的黏液制剂。夏天，在桑巴尔普尔和奥里萨邦西部，人们通常将黄麻叶轻轻炒一炒，与米饭或米粥一起食用。在菲律宾，长蒴黄麻的叶子通常与竹笋一起食用。而在泰国，它与普通米粥一起食用，味道像菠菜和海参。在越南菜中，它被称为 rau day，和虾一起做成汤。肯尼亚西部的卢希亚人吃黄麻叶和淀粉类食物，如 ugali，是大多数肯尼亚社区的主食。黄麻叶通常被用作淀粉类食品的调味品，如阿玛拉、木薯、山药或小米，以及用于促进分娩和分娩的民族医药，特别是在尼日利亚的约鲁巴人。有研究表明，尼日利亚的一些部落使用黄麻叶子提取物来治疗月经期间与子宫过度收缩相关的疾病，并阻止先兆流产和诱导早产。此外，黄麻叶煎液还用于治疗缺铁、叶酸缺乏症和贫血等。在许多西非烹饪传统中，黄麻叶被用来制作传统黏糊糊的汤或酱汁。在埃及，黄麻叶已经被公认为是埃及的国菜，并且很受欢迎。锦葵叶炖饭是中东地区著名的菜肴。最近，黄麻叶也被用于开发寿司卷，作为紫菜的一种有前途的可行替代品。长蒴黄麻和白黄麻的嫩叶是最可食用的部分，在世界上许多地方，长期以来主要食用沙拉或作为锅菜烹饪。在日本，这两种植物的叶子都被视为健康食品，干燥的嫩叶被认为是咖啡或茶的替代品，也是汤的增稠剂。

4. 玫瑰茄

玫瑰茄是锦葵科木槿属植物，一年生草本植物，高达 2 米。叶片楔形，掌状脉，下部叶卵圆形和半裂，上部叶尖而具齿状，密集生于分枝顶端[47]。20 世纪初引入我国，目前的栽培地主要位于福建、广东、广西、云南。玫瑰茄的营养丰富，功用独特。玫瑰茄的花萼为肉质结构，多汁，含有丰富营养、天然色素及人体所需的矿物质。由于其营养价值和特殊功用，玫瑰茄在食品工业中的应用广泛。从玫瑰茄产量来看，玫瑰茄一般每公顷可产干花萼 750~1 050 千克，2019 年平均收购价为 22 元/千克，按每公顷产 900 千克玫瑰茄干花萼计算，每公顷可获得 19 800 元的收入。新产的玫瑰茄价格普遍较高，2019 年的收购价在 32 元/千克左右。

(1) 天然食用红色素

合成食品色素在食品加工中的应用日益增多，从而会对人体造成损害，而天然食品色素由于其高安全性近年来受到广泛关注。玫瑰茄呈现玫瑰色，因含有花青苷色素，具有艳丽的色彩，其作为天然红色素，无毒，还兼有营养和药用价值。我国卫生部(86)防字 66 号文件规定，在饮料、糖果、配制酒等食品上不受限量使用玫瑰茄等天然着色剂。从此可以看出，玫瑰花作为天然食用红色素，具有广泛的应用前景。

(2) 饮料

在我国，玫瑰茄干花萼的原生态利用，是作为花茶直接浸泡饮用的。因其浸泡液的颜色鲜艳夺目，风味独特、清醇可口，在食品工业中不断开发出具有一定保健功能的玫瑰茄果汁、玫瑰茄制剂、玫瑰茄可乐等，而近几年对玫瑰茄酒的研究呈上升趋势。除了饮料领域，玫瑰茄也在一般的食品中有所应用，通过提取红色素，能够制作蜜饯、玫瑰茄糕点、玫瑰茄果冻等。

(3) 食用油

玫瑰茄籽含油率比较高,并且玫瑰茄籽油已鉴定为是一种良好的油源。陈木赠等研究认为,福建玫瑰茄籽含油量及粗蛋白含量达到食用油标准,有较高的开发利用价值。玫瑰茄籽油具有很好的脂肪酸比例,能够进行优质食用油的产品开发,并具有多种功效,例如预防动脉硬化、高血压,并对儿童发育不良、老年消化不良、胃酸缺乏等症均有辅助疗效。

(二) 药用价值

1. 大麻二酚

大麻二酚(Cannabidiol,CBD)是大麻植物中的一种重要成分,属于大麻素类化合物[48]。与大麻中的另一种主要成分——四氢大麻酚(THC)相比,大麻二酚不具有使人产生精神活性或"高"感的特性。大麻二酚在近年来引起了人们广泛的兴趣和研究,因为它被认为具有多种潜在的药用特性和健康益处。研究表明,大麻二酚具有抗炎、镇痛、抗惊厥、抗氧化、抗焦虑和抗抑郁等药理作用。它还与神经保护、免疫调节、抗肿瘤和抗癫痫等领域的研究相关联。大麻二酚通常以油的形式出现,可以通过口服、皮肤涂抹或吸入等方式进行使用。在医学领域,已经批准使用大麻二酚治疗某些癫痫症状和多发性硬化症等疾病。值得注意的是,尽管大麻二酚被广泛认为是相对安全的物质,但在使用前仍应咨询医生或专业人士,并遵循相关法律和法规。此外,大麻二酚的长期使用和潜在的副作用还需要进一步的研究和了解。总的来说,大麻二酚作为大麻植物中的一种化合物,具有潜在的药用价值和健康益处。随着进一步的科学研究和临床实践,我们可以期待更多关于大麻二酚的发现和应用,为人类健康和医学领域带来更多突破和可能性[49]。以下是大麻二酚的分子结构(图7-1)。

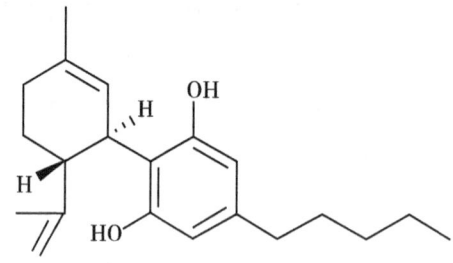

图7-1 CBD分子结构

(1) 抗炎作用和镇痛作用

大麻二酚被广泛认为具有显著的抗炎效果。它可以通过抑制炎症介质的产生和调节免疫细胞的活动来减轻炎症反应。这对于炎症性疾病如风湿性关节炎、炎症性肠病和炎症性皮肤病的治疗具有益处。大麻二酚被广泛研究用于疼痛管理。它可以通过多种机制发挥镇痛作用,包括抑制疼痛信号的传导、减少神经炎症和降低痛觉敏感性等。大麻二酚被用于缓解各种类型的疼痛,包括神经性疼痛、炎症性疼痛和慢性疼痛等。

(2) 抗焦虑和抗抑郁作用

大麻二酚显示出对焦虑和抑郁症状的缓解作用。它可以与大脑中的神经递质系统相互作用，调节情绪和情绪反应。研究发现，大麻二酚可以减轻社交焦虑、广泛性焦虑障碍和抑郁症状。大麻二酚被认为具有神经保护特性，它可以减少神经细胞的损伤和死亡，并促进神经细胞的再生和修复。这对于神经退行性疾病如帕金森病和阿尔茨海默病的治疗具有益处。

（3）抗癫痫和抗肿瘤作用

大麻二酚已被证实可用于癫痫的治疗。它可以通过调节神经传导和减少神经兴奋性来减少癫痫发作的频率和严重程度。大麻二酚被用于治疗多种类型的癫痫，包括儿童癫痫综合征和难治性癫痫。此外，大麻二酚显示出一定的抗肿瘤潜力。它可以抑制肿瘤细胞的生长和扩散，诱导肿瘤细胞凋亡，阻止新血管生成，从而抑制肿瘤的发展。大麻二酚在多种癌症类型的治疗中被研究，包括乳腺癌、肺癌和大肠癌等。

截至2021年底，全球大麻二酚产业的价值已达到181亿美元，而中国的大麻二酚行业市场规模与全球相比仍存在较大差距。目前，中国的大麻二酚生产主要由汉麻集团旗下的子公司汉素生物以及少数其他企业进行小批量生产，其他企业则主要从事工业大麻种植。总体而言，中国的大麻二酚行业仍处于发展的初期阶段。中国大麻二酚市场规模约为9.92亿元人民币，2016—2021年间年均复合增长率超过22%。

由于不同国家和地区对大麻二酚的政策不同，全球大麻二酚应用领域的技术主要源自美国和英国，占比分别为36.17%和28.1%。其次是加拿大和以色列，占比分别为8.26%和7.25%。而中国在大麻二酚技术领域拥有119项产出技术，占比为5.72%，位列第五。相比之下，德国、以色列和印度等国家的专利申请量相对较少，中国的专利申请量为171件，排在第四位。

2. 木酚素

亚麻木酚素，也称为木脂素，是一类重要的植物雌激素，具有弱雌激素和抗雌激素特性[50]。它是高等植物中的一种二酚化合物，通过连接两个松柏醇残基而形成（图7-2）。其中，开环异落叶松脂酚（SECO）是亚麻籽中最主要的木酚素。研究表明，SECO的前体是开环异落叶松脂酚二葡萄糖苷（SDG），通常将SDG作为亚麻籽木酚素的代名词[51]。SDG约占亚麻木酚素总量的95%，是肠内酯的重要前体物质。经过肠道菌群的代谢作用，SDG被转化为更具生物活性的肠二醇和肠内酯。研究显示，SDG在抗肿瘤、抗氧化和降血脂等方面具有积极的作用。

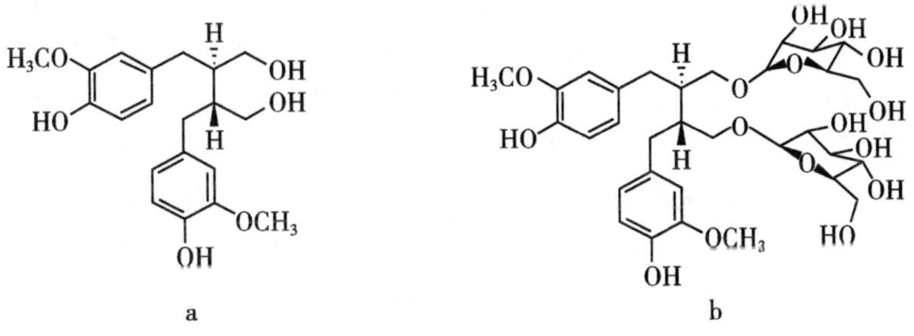

图7-2 亚麻木酚素SECO（a）和SDG（b）的化学结构式

(1) 抗肿瘤活性和预防癌症

研究发现，亚麻木酚素具有抗肿瘤的潜力。它能够抑制肿瘤细胞的生长和增殖，诱导肿瘤细胞凋亡，阻断肿瘤的血液供应，抑制肿瘤的侵袭和转移。这使得亚麻木酚素在癌症的预防和治疗中备受关注。

(2) 抗雌激素特性

亚麻木酚素也表现出抗雌激素的作用。它可以与雌激素受体竞争结合，从而减弱或阻断强雌激素的作用。这对于乳腺癌等雌激素相关疾病的治疗具有潜在意义。除了具有弱雌激素活性外，亚麻木酚素还可以减弱或阻断雌激素对乳腺组织的作用，有助于预防乳腺癌的发生。

(3) 降血脂和预防心血管疾病

亚麻木酚素可以促进血液中低密度脂蛋白（LDL）的清除，减少胆固醇的吸收和合成，提高高密度脂蛋白（HDL）水平，从而降低血液中的胆固醇水平。这对于预防心血管疾病具有积极的作用。

(4) 抗炎作用

亚麻木酚素显示出一定的抗炎活性，可以抑制炎症因子的释放，减轻炎症反应。这对于缓解炎症相关疾病，如关节炎、炎症性肠病等具有积极的作用。需要注意的是，亚麻木酚素的具体作用机制和效果可能受到个体差异和剂量的影响。

3. 剑麻皂素

剑麻又名菠萝麻，是一种龙舌兰属的常绿草本植物。剑麻具有喜温畏寒、耐旱的特点，适于栽培在热带、亚热带地区，目前在我国广西、广东及海南部分区域有大面积种植，主要用于硬质纤维的生产[52]。剑麻叶片中含有种类繁多的甾体皂苷类物质，截至目前在剑麻中已发现的皂苷元接近20种，若以皂苷来统计就更复杂了。因为天然的皂苷类物质是以皂苷的形式存在的，在甾体皂苷中C3位和C26位上的皂苷键往往与糖链相连接，且常见的糖也有多种，如葡萄糖（glucose）、半乳糖（galactose）、阿拉伯糖（arabinose）、木糖（xylose）和鼠李糖（rhamnose）等，从而形成了数量庞大的甾体皂苷。

存在于剑麻中的甾体皂苷及其苷元的种类因其产地和品种差异较大，1992年从剑麻叶片中分离得到了7种剑麻皂苷，分别命名为剑麻皂苷（sisalanin）A、B、C、D、E、F和G。其中，剑麻皂苷B由海柯皂苷元（hecogenin）和葡萄糖、半乳糖及木糖所组成，剑麻皂苷D由海柯皂苷元和葡萄糖、半乳糖、木糖及鼠李糖所组成。1989年和1993年从我国华南地区栽培的剑麻东1号中分离得到了5种剑麻皂苷，分别命名为剑麻东1号皂苷（dongnoside）A、B、C、D和E，该皂苷的糖基经水解后得到替告皂苷元（tigogenin），属于螺甾烷醇的衍生物（5α，25D-螺甾烷-3β羟基）。现有研究证实，剑麻皂苷元不仅能够合成各种甾体激素类药物，还可以通过参考现有的天然甾体皂苷中糖的连接方式，定向地半合成为更高药用价值的甾体皂苷，也可研制出新的甾体皂苷[53]。

(1) 抗炎

剑麻皂素大剂量能明显地抑制二甲苯引起的小鼠耳肿胀，小剂量组也有一定作用，提示剑麻皂素具有抗炎作用。糖皮质激素可有效抑制炎症反应和过敏病原体和自身免疫性疾病的初始状态，它们通过多种作用模式干扰与炎症反应相关的微循环中的所有细胞成分功能。糖皮质激素抑制血管通透性的增加、血浆蛋白的外渗，随后是炎症损伤，减少白细胞向发炎部位的迁移，并抑制血管舒张（Perretti & Ahluwalia, 2000）。以烯醇酮酯为原料可以合成糖皮质激素：氢化可的松、地塞米松和倍他米松，属于糖皮质激素的一种，是一种常用的皮质激素药物，法幼华等研究了以烯醇酮酯为原料的合成路线；地塞米松是一种含氟强效皮质激素药物，马如鸿等研究了以烯醇酮酯为原料的合成方法。

（2）抗肿瘤

体外测定显示，剑麻具有非常弱的抗增殖活性，但剑麻三糖苷元及其三种带有不同碳水化合物部分的衍生物对人早幼粒细胞白血病 HL-60 细胞和人上皮宫颈癌细胞表现出有效的细胞抑制活性。研究者合成了一系列剑麻新糖苷，并评估了它们对五种人类癌细胞系的体外抗肿瘤活性。一些剑麻新糖苷类抗生素对一种或多种人癌细胞系显示出增强的抗肿瘤活性。例如，上海药物研究所成功地利用替告皂苷元为母核与寡糖合成了 OSW-1，它的抗癌活性比临床用药如 Mitomycinc Adriamycin siplatin 等强近 100 倍。

（3）降血脂

CP-88,818（β-tigogenin 纤维生物苷；tiqueside）是一种合成皂苷，通过抑制胆汁和膳食胆固醇的吸收来治疗高胆固醇血症。在机理研究中，它降低了胆固醇吸收率，增加了粪便中性甾醇排泄率，这些变化与降低低密度脂蛋白胆固醇水平的趋势有关。其他如胆汁酸排泄以及脂溶性维生素吸收也不受影响。因此，CP-88,818 剂量与效应成正比地抑制人体胆固醇吸收，会导致血清低密度脂蛋白胆固醇水平降低。

（4）降血糖

剑麻皂素是一种天然植物提取物，源自剑麻（Agave sisalana）植物。提取剑麻渣中的皂素所用的原料是麻膏。如果将 0.119 6 吨麻膏直接生产成皂素，可得到 0.017 39 吨皂素。根据每吨皂素利润 10 万元计算，所产皂素的利润为 1 739 元。平均每吨麻片的皂素利润为 80 元，从而提高了经济效益。通过使用新制麻膏提取工艺进行经济效益估算，可以得知 21.74 吨剑麻叶片可生产出 0.119 6 吨麻膏。每吨麻膏的售价为 13 500 元（按照含量 15% 计算，每 1% 含量价值为 900 元），成本为 1 500 元，利润为 12 000 元。因此，这种工艺可以获得麻膏的利润为 1 435.2 元，每吨麻片的麻膏利润为 66 元。

主要参考文献

[1] 彭定祥. 我国麻类作物生产现状与发展趋势 [J]. 中国麻业科学, 2009, 31 (S1): 72-78+71.

[2] 陈继康. 我国苎麻生产的问题与发展建议 [J]. 中国麻业科学, 2012, 34 (01): 34-37.

[3] 张利晨, 王延庆, 郭丽萍. 工业大麻: 一株命运跌宕起伏的植物 [J]. 黑龙江粮食, 2021 (01): 31-33.

[4] 刘志远, 唐守伟. 我国麻类作物的生产现状、问题及发展趋势 [J]. 农业科技管理, 2014, 33 (03): 86-89.

[5] 汪波, 彭定祥. 苎麻产业现有问题的若干思考 [J]. 中国麻业科学, 2007 (S2): 393-395+403.

[6] 谭龙涛, 喻春明, 陈平, 等. 麻类作物多用途研究现状与发展趋势 [J]. 中国麻业科学, 2012, 34 (02): 94-99.

[7] 刘丹, 严涛, 张尚勇, 等. 热湿处理对苎麻纱线性能的影响 [J]. 棉纺织技术, 2017, 45 (07): 23-25.

[8] 向伟, 马兰, 刘佳杰, 等. 苎麻剥制加工技术与装备研究进展 [J]. 中国麻业科学, 2019, 41 (01): 24-35.

[9] 龙超海. 国内外麻类收获机械的现状、问题与对策 [J]. 中国麻业科学, 2007 (S2): 420-424.

[10] 刘政, 聂春玲. 苎麻纺织技术的创新及在针织领域的应用 [J]. 针织工业, 2012 (10): 15-17.

[11] 黄其椿, 李初英, 赵艳红, 等. 广西麻类产业现状及发展前景 [J]. 中国麻业科学, 2011, 33 (04): 202-205+214.

[12] 吴广文, 袁红梅, 宋喜霞, 等. 黑龙江亚麻产业发展前景分析 [J]. 中国麻业科学, 2018, 40 (02): 92-94.

[13] 吴广文, 袁红梅, 宋喜霞, 等. 2017年我国亚麻行业发展概况 [J]. 东北农业科学, 2020, 45 (04): 33-35.

[14] 张建春, 张华. 工业用大麻纤维综合开发研究 [J]. 中国麻业科学, 2007 (S1): 63-65+67.

[15] 马兰, 龙超海, 刘佳杰, 等. 国内外工业大麻加工处理机械发展现状 [J]. 安徽农业科学, 2017, 45 (19): 205-213+217.

[16] 张晓艳, 孙宇峰, 韩承伟, 等. 我国工业大麻产业发展现状及策略分析 [J]. 特种经济动植物, 2019, 22 (08): 26-28.

[17] 吕江南, 马兰, 刘佳杰, 等. 黑龙江省工业大麻产业发展及收获加工机械情况调研 [J]. 中国麻业科学, 2017, 39 (02): 94-102.

[18] 吴红玲, 蒋少军, 丁丽文. 大麻纤维性能及其产品的研制生产 [J]. 毛纺科技, 2004 (06): 36-39.

[19] 吕江南,马兰,刘佳杰,等.工业大麻剥麻机传动系统的分析与设计[J].中国麻业科学,2015,37(05):264-270.

[20] 颜红宇.中国大麻育种历史进程、现状与未来发展方向[J].现代园艺,2014,267(15):45-46.

[21] 方斌,章文龙,章友鹤,等.大麻混纺纱线的开发与生产[J].纺织导报,2016,875(10):98-100.

[22] 李丁奕,周永凯,张华.麻类材料在抗菌纺织品的应用展望[J].中国个体防护装备,2009,95(04):15-20.

[23] 杨阳,张云云,苏文君,等.工业大麻纤维特性与开发利用[J].中国麻业科学,2012,34(05):237-240.

[24] 郭丽,王明泽,王殿奎,等.工业大麻综合利用研究进展与前景展望[J].黑龙江农业科学,2014,242(08):132-134.

[25] 梁莉萍.鑫宝莱:打造纺织布料领军品牌[J].中国纺织,2015(08):86-86.

[26] 殷祥刚,滑钧凯,朱若英.大麻加工技术现状及发展[J].天津工业大学学报,2003,22(01):13-17.

[27] 田华.大麻产品开发现状与发展趋势[J].纺织科技进展,2006(05):7-11.

[28] 梁瑞丽.长丝织造:产品开发获肯定转型升级加快:专访中国长丝织造协会会长徐文英[J].中国纺织,2015(12):46-48.

[29] 罗玉成.麻纺织各分行业发展不平衡现状待突破[J].上海毛麻科技,2016,2:42-43.

[30] 齐顾波,马俊乐,徐秀丽.全球经济"双循环"结构的产生和发展:以剑麻产业为例[J].文化纵横,2018,62(06):72-79.

[31] 黄艳.世界剑麻生产现状及未来展望[J].中国热带农业,2008(05):25-27.

[32] 薛刚,王越川.近十年世界剑麻生产与贸易概况[J].热带农业科学,2010,30(04):62-66.

[33] 孙娟,钟鑫,郑红裕,等.我国剑麻产业概况及对策研究[J].中国热带农业,2020(05):27-32.

[34] 孙进昌,童华兵.麻类副产物的综合开发与利用价值[J].农产品加工(学刊),2006(12):22-25.

[35] 李宁,白洋.黄、红麻纤维的特点、生产种植现状及应用范围[J].广西纺织科技,2007(02):48-51.

[36] 麻类作物在造纸业的应用前景广阔[J].农村实用技术,2013(08):57-58.

[37] 王金贺,关凤芝,吴广文,等.利用亚麻屑栽培黑木耳试验研究[J].中国麻业科学,2015,37(04):194-199.

[38] 王鑫,王延周,戴求仲,等.苎麻嫩茎叶的饲用价值及其在动物生产中的应用研究进展[J].动物营养学报,2021,33(10):5511-5518.

[39] 王芳,刘美玉.火麻粕的深加工工艺研究及其在饲料中的应用[J].今日畜牧兽医,2021,37(04):55-56.

[40] 李德芳.红/黄麻新用途综合开发与国际合作[J].中国麻业科学,2007(S2):411-414+419.

[41] 彭源德,郑科,杨喜爱,等.苎麻纤维质酶降解生产生物燃料乙醇的工艺[J].农业工程学报,2007(04):6-10.

[42] 刘瑛,李选才,陈晓蓉,等.麻类作物副产品的综合利用现状[J].江西棉花,2003(01):

[43] 李亚玲,唐朝霞.苎麻植物的多功能开发与利用[J].四川农业科技,2014(03):45-46.
[44] 刘倩,刘燕,张红妮.亚麻籽油食品小作坊食品安全问题及质量控制建议[J].现代食品,2023,29(03):98-101.
[45] 吕蕾,曹凤.亚麻籽粕综合利用的初步研究[J].农产品加工,2022(15):87-91.
[46] 谭冰.药食同源火麻仁作用机制研究进展与产品开发[J].黑龙江中医药,2022,51(02):361-363.
[47] 李玉萍.玫瑰茄及其利用[J].世界热带农业信息,2003(11):24-26.
[48] 蒋鸿雁,张瑞林,曹艳,等.大麻二酚在医学上的应用前景[J].昆明医科大学学报,2021,42(02):147-152.
[49] 殷莎,唐双奇,陆阳.大麻二酚神经保护作用机制研究进展[J].中草药,2014,45(03):432-436.
[50] 孙伟洁.亚麻木酚素的提取和分离纯化技术研究[D].大庆:黑龙江八一农垦大学,2009.
[51] 赵利,党占海,李毅.亚麻木酚素研究进展[J].中国农学通报,2006(04):88-93.
[52] 李燕婧,周桂芬,韦善新,等.剑麻皂素药理作用的实验研究[J].时珍国医国药,2006(10):1958-1959.
[53] 李燕婧,钟正贤,陈学芬.剑麻皂素对2型糖尿病(T2DM)大鼠的治疗作用及其机制探讨[J].中医药导报,2016,22(06):43-46.